BIBLIOTHÈQUE CONTEMPORAINE

CORENTIN GUYHO
ANCIEN DÉPUTÉ

ÉTUDES D'HISTOIRE PARLEMENTAIRE

LES

HOMMES DE 1852

« Sire, la France se livre tout entière à vous!... »

(M. Billault, président du Corps législatif d'Napoléon III, proclamé empereur. — Nuit anniversaire du 2 Décembre.)

PARIS
CALMANN LÉVY, ÉDITEUR
RUE AUBER, 3, ET BOULEVARD DES ITALIENS, 15
A LA LIBRAIRIE NOUVELLE

1889

LES HOMMES DE 1852

ÉTUDES D'HISTOIRE PARLEMENTAIRE

LES

HOMMES DE 1852

PAR

CORENTIN GUYHO

ANCIEN DÉPUTÉ

> « Sire, la France se livre tout entière à vous !... »
> (M. Billault, président du Corps législatif, à Napoléon III, proclamé empereur. — Nuit anniversaire du 2 Décembre.)

PARIS

CALMANN LÉVY, ÉDITEUR

ANCIENNE MAISON MICHEL LÉVY FRÈRES

3, RUE AUBER, 3

—

1889

Droits de reproduction et de traduction réservés.

PRÉFACE

Je ne sais s'il sera agréable pour tout le monde, mais je pense qu'il sera utile pour quelques-uns de se reporter avec moi à trente-six années en arrière de la date où j'écris.

Connaissant mieux cette époque, le lecteur français ne risquera pas, du moins, de la recommencer inconsciemment.

La France de 1852 a vu, dans le cours d'une seule et même année, le césarisme revêtir deux formes successives : d'abord, dictature plébiscitaire ; bientôt après, empire héréditaire.

Cette période de développement financier, en même temps que d'abdication politique, est, à la fois, presque contemporaine et, pour ainsi dire, inédite.

On continue à la maudire, ou on songe à l'imiter ; mais, des deux côtés, sans s'en faire une juste idée, par cette raison qu'il en a été dit trop de bien pendant la puissance, et trop de mal après la chute.

Qu'a-t-on vu en 1852 ? — *Tous les sentiments éteints,* comme disait déjà Benjamin Constant en l'an VIII ; un besoin général de repos allant jusqu'au sacrifice spontané des libertés les plus nécessaires ; une opinion plus complaisante encore que comprimée ; une presse n'ayant l'autorisation de discuter que quand « elle entendait la politique du gouvernement comme il fallait pour la bien critiquer[1] » ; la tribune supprimée ; les Chambres délibérant dans une sorte de sous-sol où la voix se perdait ; la candidature officielle fonctionnant en véritable institution d'État.

Dans le pays, il n'y avait plus qu'un seul homme élevant la voix, avec le préfet pour seul interprète. A l'intérieur, un pouvoir personnel sans contrôle sérieux et sans responsabilité effective ; à l'extérieur, la nation cessant d'être maîtresse de ses destinées.

Oui ! voilà ce que tout le monde était réduit à voir ; mais ce que peu de gens osaient s'avouer à eux-mêmes, et ce que personne ne pouvait dire publiquement.

C'est surtout en m'efforçant de faire revivre les hommes du temps que, — pour entretenir l'attention d'un lecteur réfractaire aux études arides, — j'ai cherché à faire connaître les institutions de l'époque.

Au théâtre, il faut avoir vu se développer la pièce avant de pouvoir juger les acteurs ; dans la vie

---

1. Déclaration de M. Billault, ministre de l'intérieur, à M. Louis Veuillot.

politique, au contraire, ce sont les acteurs qui font la pièce. Avant d'assister au drame, il faut donc savoir quelles idées ils apportent, quels sentiments les animent, quels principes ils veulent faire triompher.

Orateurs du gouvernement ou de l'opposition de droite, — la seule qui subsistât, — tous ceux qui, — par un acte ou un discours quelconque, — ont participé à la vie parlementaire de cette année 1852, où le parlementarsime a achevé de succomber, sont représentés ici : portrait en pied, buste ou médaillon, suivant l'importance du personnage.

Sans doute, il est délicat de dire — rien que la vérité, mais, en même temps, tout ce qu'on croit la vérité — sur des hommes dont quelques-uns survivent, et qui, surtout, ont des héritiers directs de leur nom. J'ai dû, cependant, noter au passage les farouches démocrates de 1848 devenus préfets de l'empire, et les ultra-parlementaires de Louis-Philippe transformés en conseillers d'État de Louis-Napoléon.

Sans haine comme sans indulgence, j'ai tâché de voir juste, de dire vrai, et, tout en signalant les défaillances, de ne pas trop accuser les traits, déjà assez noirs, de certains tableaux.

De même, pour les institutions, je me suis tenu à égale distance des apothéoses et des injustices contemporaines. Une organisation gouvernementale, qui a pu être supportée pendant dix-huit ans par ce pays, devait être, dans une certaine mesure, appropriée aux qualités, ou, si l'on préfère, aux faiblesses de notre démocratie. J'ai indiqué brièvement, à l'occasion, quelles avaient été les causes de succès, et, aussi, quels étaient les germes de ruine.

Comparant les documents de l'époque, les corrigeant l'un par l'autre, j'ai pris, autant que possible, le milieu entre la flatterie intéressée dans l'éloge et l'opposition systématique dans l'attaque.

Ce livre n'est donc pas une œuvre passionnée de polémique courante, mais un essai d'histoire sincère sur une époque trop voisine de nous jusqu'ici pour avoir encore été jugée impartialement.

Je n'ai pas la prétention outrecuidante d'influer sur l'avenir ou de le prophétiser, — heureux si je pouvais servir à éclairer le présent par l'étude indépendante du passé.

CORENTIN GUYHO.

Paris, 2 décembre 1888.

LES
HOMMES DE 1852

I

PREMIÈRE COMPOSITION DU CORPS LÉGISLATIF
ET DU SÉNAT

Nous sommes au 2 février 1852, jour de la convocation des collèges électoraux pour la nomination du Corps législatif. Le coup d'État est entièrement consommé ; la presse rendue muette par l'état de siège ; la constitution du 14 janvier en vigueur ; les ministères d'État et de la police générale institués ; les deux décrets sur la reprise par l'État des *propres* de Louis-Philippe et sur la vente des biens de la famille d'Orléans rendus, et blâmés encore plus comme une faute politique que comme une mauvaise action ; même, l'honnête indignation du premier jour passe déjà de mode : elle se calme surtout chez MM. de Morny, Rouher, Magne et Fould, qui, après être sortis du gouvernement par la grande porte du ministère, se préparent à rentrer à petit bruit par les portes basses du Sénat, du Corps législatif et du conseil d'État; enfin, les commissions mixtes sont sur le point de faire leur œuvre de départ entre les opposants sans conséquence, auxquels on n'a voulu donner qu'une leçon, et les chefs de la résistance qu'on entend éloigner définitivement : telle est l'heure redoutable, et surtout obscure, à laquelle commence notre histoire.

Il fallait convenir que le prince Louis-Napoléon n'était pas l'*idiot* que les hommes de la droite avaient dédaigneusement choisi, ou *le perroquet mélancolique* que la petite presse avait longtemps caricaturé. C'était un nouvel Octave porté au pouvoir grâce à l'accord d'hommes d'État trompés par son faux air d'insignifiance. Le 2 Décembre était un crime, mais aussi un coup de maître. Victor Hugo lui-même, entraîné par la force de la vérité, y reconnaissait des combinaisons profondes : « Habileté, sang-froid, audace, adresse, affaire admirablement préparée et conduite, instant bien choisi, secret bien gardé, mesures bien prises. »

Louis-Napoléon a, par deux fois, déconcerté dans ses calculs et ses impressions l'élite intellectuelle de la France : il est arrivé à la toute-puissance par les paysans, les soldats et les socialistes césariens des grandes villes, au moment où les salons, les académies et les assemblées politiques ne voyaient encore en lui qu'un maniaque ; et le jour où, de toutes parts, les chefs des anciens partis se ralliaient, où M. Guizot paraissait dans les salons ministériels de M. Émile Ollivier, où Prévost-Paradol acceptait un poste diplomatique, et où les républicains modérés désarmaient presque, il s'est précipité dans une sorte d'expédition de Boulogne à l'extérieur, finissant par le ramollissement après avoir commencé par l'idée fixe.

Pour tracer de ce personnage énigmatique un portrait à peu près exact, il faut prendre le milieu entre les appréciations de Victor Hugo, un vaincu encore frémissant de la lutte, et celles de M. de la Guéronnière, un flatteur déjà prêt à saluer le soleil levant.

Dans Napoléon III, l'homme physique est connu par les pièces de monnaie qui circulent; ce qu'on n'y voit pas cependant, c'est la taille qui était moyenne. Le buste long, les jambes courtes, le prince était surtout bien à cheval, montant d'ailleurs en écuyer consommé. Il avait le front sombre, la démarche lente, l'air d'un paresseux toujours mal réveillé. La parole était indolente et traînait avec un léger accent allemand; la moustache épaisse couvrait le rire, comme chez le duc d'Albe; l'œil était terne, au point de sembler éteint, comme chez Charles IX. Quand il voulait plaire, il devenait séduisant, paraît-il : son regard prenait alors une flamme douce de pâle veilleuse, et son sourire s'accentuait avec une grâce féminine, legs de la reine Hortense; mais le voile, soulevé un instant, retombait bientôt sur ce visage impassible de sphinx. C'était une nature qui tenait de l'Orient, tant par la patience que par le fatalisme. La volonté était enveloppée de langueur, et l'élan était retenu, sans que l'audace fît défaut.

Ce cerveau avait des lacunes : il était en proie aux hallucinations troubles du rêveur après l'opium; il roulait vaguement dans sa tête des projets chimériques; il causait plus avec lui-même qu'avec ceux qui l'entouraient, et entendait plus les voix intérieures de sa pensée que la parole des hommes qui cherchaient à le conseiller.

Du moins à cette époque de sa vie, il savait ce qu'il voulait, et il y allait; il y allait à travers la justice, à travers la loi, à travers l'humanité, s'il le fallait; mais il y allait. Son idée fixe, c'était de restaurer le culte de Napoléon 1er, pour en être le grand prêtre. Pour lui, il n'y avait qu'une croyance : la croyance du retour au régime impérial, et qu'un pouvoir : celui qui lui avait été transmis par l'empereur. Il était loisible de douter de Dieu, mais pas de Napoléon. Le prince attendait, avec la ferveur et la certitude d'un fakir, l'heure marquée d'avance par le destin où son étoile devait luire, et, en effet, c'est l'illuminé qui a eu raison. La morale éternelle, l'opinion, la foi publique, la constitution étaient d'un côté; la fortune a été de l'autre. Ce voyant de l'ambition, en quête de proie, avait su lire dans l'âme obscure des masses profondes du suffrage universel.

La France aime la gloire, surtout quand elle la voit de loin. On ne se rappelait déjà plus ce qu'avaient coûté de larmes et de sang les victoires du premier Empire, souvenirs immortels coulés dans le bronze et dans l'airain. La douleur des mères pleurant leurs fils ensevelis dans les neiges de Moscou; la tristesse des campagnes privées des bras qui fécondent le sol; le poids toujours si lourd à porter de la dictature militaire, même quand cette dictature s'appelle Napoléon, tout cela s'était effacé dans le souvenir du peuple. Pour tous, il ne restait que le grand empereur, le héros de cent batailles chanté par Béranger et dont l'image enluminée, appendue aux murailles les plus humbles, formait le musée de chaque chaumière. Louis-Napoléon apparaissait comme une légende vivante; le sentiment populaire remonta de son nom à sa personne, et il fut librement élu, le 10 décembre, chef de l'État.

Le même fatalisme, qui l'avait porté au pouvoir, devait le précipiter du trône. L'échec de la fédération italienne ébranla la confiance qu'il avait dans son étoile; la mort de Maximilien à Queretaro lui porta un coup irréparable. Il ne fit dès lors que décliner, affaibli par la déliquescence progressive de la volonté plus encore que par les secousses réitérées de la maladie, oscillant entre des conseils contradictoires sans parvenir à prendre un parti, et surtout sans pouvoir s'y tenir; enfin, s'effondrant déjà sur lui-même avant le désastre extérieur.

Une autre marque distinctive de ce caractère, c'était une insouciance absolue pour tout ce qui ne se rapportait pas directement à lui; le plaisir fut toujours son grand objectif, soit comme convive affamé du festin de don Juan, soit comme jouisseur saturé et podagre.

Avant de faire ou d'écrire quelque chose, il ne se demandait jamais : « Sera-ce bon et juste? » mais : « Cela me sera-t-il utile, et dans quelle mesure? »

Il savait que beaucoup de gens de son entourage étaient accusés de recevoir des *pots de vin* pour leurs complaisances ou de s'être fait associer à des entreprises, soit de travaux publics, soit de fournitures; mais il voulait paraître l'ignorer jusqu'au jour où se produisait un scandale menaçant de rejaillir sur son gouvernement; alors, il sévissait contre l'auteur de l'éclat; mais il ne le punissait pas comme coupable, il l'écartait comme compromettant. Il ne haïssait personne; rien ne pouvait l'étonner et, à plus forte raison, le révolter; il se contentait de retenir le fait comme un élément du compte qu'il ouvrait, dans sa pensée, à tous ceux qui lui semblaient destinés à jouer vis-à-vis de lui un rôle utile ou nuisible. A l'occasion, il faisait un pont d'or à ses anciens adversaires, non par véritable grandeur d'âme, mais parce que la vigueur de leurs coups passés lui avait fait apprécier la valeur de leurs services futurs. Il se servait lui-même en se servant d'eux !

De ce dédain général pour les hommes, qui n'étaient à ses yeux que des « pions à faire évoluer sur les cases de son échiquier », naissait une défiance, parfois justifiée du reste. Jamais il ne s'ouvrait nettement, même à son entourage le plus intime, de ses projets d'avenir. Il aimait à sonder les hommes compétents sur tel ou tel projet, sans paraître avoir pris encore de décision. Il écoutait avec une attention flegmatique et un intérêt apparent les objections qui lui étaient faites ; puis, quelques mois après,... il faisait la chose ! Ses desseins à longue portée ressemblaient à ces fleuves qui, à leur point de départ, sont de maigres filets d'eau, se perdent longtemps sous le sable, ne reparaissent d'endroit en endroit que pour se cacher de nouveau, et n'attirent décidément l'attention que déjà loin de leur source. Il croyait que le grand art de la politique, comme celui de la guerre, est de dérober ses marches à l'ennemi.

Croyant tromper les gens, et ne parvenant ainsi qu'à les mettre en défiance, il allait de l'avant, puis revenait sur ses pas, croisant ses voies, essayant de faire perdre sa piste, et, à travers tous ces détours, poursuivant une idée connue de lui seul ; seulement, vers la fin, ce but devint obscur pour lui-même, tant il avait mêlé et compliqué ses intrigues de conspirateur couronné. Il resta, jusque dans la vieillesse « ce doux entêté », dont la reine Hortense avait remarqué, dès les premières années, la ténacité fuyante.

Confiance fataliste dans son étoile, égoïsme utilitaire et défiance mélangée d'indécision, tels sont les trois défauts saillants de cette physionomie morale. En revanche, il y avait deux bons côtés : une qualité de cœur, la reconnaissance, et un mérite intellectuel, le talent d'écrire pour l'âme du peuple.

Louis-Napoléon sut, dès l'origine, se faire des amis et, ce qui est plus rare, les garder jusqu'au bout. Ayant naturellement la main large, il a aidé, dans la prospérité, ceux qui l'avaient aidé dans l'épreuve. Les services d'autrefois trouvaient chez lui souvenir et récompense. Il ne se bornait pas à calculer que l'ingratitude des princes est un mauvais encouragement au zèle futur; il cédait au mouvement spontané d'un cœur que traversaient, en ces occasions, de véritables éclairs de bonté.

Jamais il ne s'est séparé d'un ministre sans lui donner une compensation et sans voiler sa disgrâce d'un procédé amical, ou tout au moins courtois. Jamais il n'a livré en pâture à l'opinion ameutée ceux qui, même en se trompant, avaient cru le servir; il ne connaissait ni les reniements ni les abandons; il soutenait jusque dans l'insuccès et défendait fermement devant les accusations, d'où qu'elles vinssent, ceux qui avaient fait vœu d'être siens. Au lieu de chercher à dégager toujours sa responsabilité personnelle, il savait couvrir ses agents, envers et contre tous. Il était ainsi parvenu à grouper, autour de lui, quelques dévouements fidèles.

Enfin, il avait conscience d'un réel talent d'écrivain.

Il poussait, en effet, à un point singulier l'art de flatter le sentiment démocratique, de faire appel à l'instinct des foules et de se placer dans la perspective populaire. Aussi aimait-il à composer, soit des discours pour les cérémonies officielles, soit des lettres renouvelées de Caprée, non pas de ces lettres cachetées que porte innocemment le facteur, mais de ces lettres qui sont adressées à un seul, pour être lues par tous ; il se plaisait à se mettre directement en communication avec la démocratie française, ou même avec l'Europe. Le gouvernement personnel par correspondance a été une des originalités du second empire.

Ce qui mérite également d'être retenu, c'est qu'au fur et à mesure que la date du coup d'État s'est éloignée, ce souvenir a communiqué à la figure de Louis-Napoléon une teinte plus sombre. Voici comment s'explique cette contradiction apparente :

Dans une panique, quand les conduits de gaz sont brusquement coupés, la nuit se fait tout à coup, qui enlève aux victimes le moyen d'être secourues, et même d'être plaintes. C'est bien plus tard que l'enquête minutieuse de la justice arrive à reconstituer la tragique vérité. De même, à la suite du coup d'État, la lumière avait été interrompue par la suppression de toute presse indépendante ; aussi, les contemporains n'ont-ils su des événements d'alors que ce dont ils avaient été personnellement témoins.

Qu'en ont-ils lu au moment même ? un récit officiel transformant en émeutes contre l'ordre social la défense de l'ordre légal et déshonorant la lutte politique soutenue par les républicains grâce à l'imputation des crimes de droit commun les plus odieux. C'est sur cette légende engendrée par l'esprit inventif d'écrivains à gages et entretenue par l'indifférence d'une génération uniquement soucieuse de son bien-être matériel ; c'est sur cette ignorance, à la fois vraie et invraisemblable, de ce que le 2 Décembre avait eu d'arbitraire et de violent que le second empire a vécu ; mais, un jour, les documents accusateurs, contenus dans le livre de M. Eugène Ténot, sont descendus jusqu'au grand public. C'était comme un cadavre de noyé qui, après une longue immersion, remonte à la surface de l'eau, révélation tardive de la vérité nue et sanglante !

Il était évident que le suffrage universel, depuis peu réintégré dans un droit électoral exercé seulement jusque-là au milieu de la confusion de 1848, allait se laisser diriger avec une entière docilité. Restait à savoir de quelle façon et en quel sens il fallait le conduire.

Il est curieux de remarquer que, parmi les amis les plus dévoués de l'empire, entre deux ministres de l'intérieur se succédant à court intervalle au commencement de 1852, il s'est produit, sinon une divergence de vues, du moins une opposition caractéristique de procédés.

Ces deux ministres étaient MM. de Morny et de Persigny ; ils représentaient deux genres différents de dévouements : l'un qui, après avoir tâché d'éviter une faute à son ami, s'abstient de la commettre avec lui, se ménage dans les circonstances secondaires pour être plus utile dans les circonstances graves, et sert les intérêts vrais, sans flatter les caprices passagers ; l'autre qui suit aveuglément, en tout et partout, l'homme auquel il s'est attaché, sans discuter les ordres, sans scruter les intentions, sans se préoccuper des résultats, allant où on lui a dit d'aller, faisant ce qu'on lui a prescrit de faire, — bâton qui, après avoir soutenu les pas de l'exilé, sert à frapper sur les adversaires.

M. de Morny était lymphatique et d'un calme imperturbable; M. de Persigny bilieux et rageur. M. de Morny, comme disait M. Thiers, était « *le vice* » des gens les plus rigoristes; M. de Persigny inspirait encore moins de sympathie que d'estime. M. de Morny avait le rang d'un conseiller, M. de Persigny le rôle d'un instrument.

M. de Morny fut l'homme politique le plus éminent d'un gouvernement sérieux; M. de Persigny avait été l'agent le plus actif de deux complots d'aventuriers.

M. de Morny donnait son concours en grand seigneur qui a ses idées à lui; M. de Persigny faisait son service en sous-officier qui a la routine de la conspiration militaire.

Tous deux étaient aimables; M. de Morny toujours et par un don de nature; M. de Persigny quelquefois, et seulement par un effort de volonté.

Aucun des deux ne reculait, en politique, devant l'emploi de la force; mais M. de Morny n'y avait recours que discrètement, quand cela était nécessaire et juste dans la mesure utile, sans en abuser, et surtout sans s'en vanter, jugeant qu'il faut couper le nœud gordien seulement lorsqu'on n'est pas parvenu à le dénouer; M. de Persigny, à l'opposé, avait l'orgueil brutal de la puissance matérielle; il se complaisait à l'étaler, comme l'hercule de foire à faire saillir devant la foule les gros muscles de ses bras nerveux.

M. de Persigny, ministre de l'intérieur, croyait la machine gouvernementale désorganisée dès qu'elle n'était plus en action, et se conduisait toujours despotiquement, même en octroyant la liberté de fait; M. de Morny, au contraire, avait autant qu'il dépendait de lui entouré jusqu'aux actes du 2 Décembre de formes, sinon libérales, du moins courtoises.

Ils furent les deux favoris alternatifs : celui-ci des jours de sagesse, celui-là des jours de passion.

Tous deux ont fini par compromettre le régime qu'ils avaient contribué à fonder : M. de Persigny, par des intempérances d'intervention où l'adresse n'était pas à la hauteur du zèle; parfois brutal, vulgaire et déplaisant comme un laquais; toujours rancunier comme un sacristain; en un mot, gouvernant comme on joue le gros mélodrame dans la banlieue; M. de Morny, parce que le spéculateur avide d'émotions, curieux d'aventures, faisait taire chez lui le politique clairvoyant et que le mirage des mines d'or du Mexique lui cachait l'empire « n'ayant plus aucune faute à commettre » !

M. de Persigny, séparé de sa femme qui avait une grande fortune personnelle, est mort pauvre. Être resté toujours en dehors des affaires d'argent, en même temps que fidèle jusqu'au bout à son maître : telle fut sa seule supériorité sur M. de Morny.

La circulaire aux préfets que M. de Morny avait signée le 20 juin 1852 portait la marque de son esprit à la fois ferme et lucide, cherchant à obtenir le maximum de résultats autoritaires, avec le minimum de formes despotiques. Voici les principaux passages de ce document :

Pénétrez-vous bien de l'idée que le suffrage universel est un élément nouveau et inconnu, facile à conquérir à un nom glorieux, unique dans l'histoire, représentant aux yeux des populations l'autorité et la puissance, mais très difficile à fixer sur des individualités secondaires ; aussi n'est-ce pas en suivant les anciens errements que vous y parviendrez.

Vous voyez que la constitution a voulu éviter toute la partie théâtrale, dramatique des assemblées, en interdisant la reproduction des discours ; de cette façon, les membres de ces assemblées, n'étant plus préoccupés de l'effet que doivent produire les paroles qu'ils prononcent à la tribune, songeront davantage à faire sérieusement, simplement les affaires de leur pays.

Comme le gouvernement est fermement décidé à ne jamais user de corruption directe ni indirecte, et à respecter toutes les consciences, le meilleur moyen de conserver au Corps législatif la confiance des populations est d'y appeler des hommes parfaitement indépendants par leur situation et par leur caractère. Quand un homme a fait sa fortune par le travail, l'industrie, l'agriculture ; s'il s'est occupé d'améliorer le sort de ses ouvriers ; s'il s'est rendu populaire par un noble usage de son bien, il est préférable à ce qu'on est convenu d'appeler un *homme politique*; car il apportera, dans la confection des lois, un esprit pratique et secondera le gouvernement dans son œuvre de pacification et de réédification.

Le scrutin de liste créait une telle confusion, une telle nécessité de se concerter, de s'entendre, que l'action d'un comité était indispensable ; mais, aujourd'hui, ces sortes de réunions n'auraient aucun avantage puisque l'élection portera sur un seul nom ; elles n'auraient que l'inconvénient de créer des liens prématurés, des apparences de droits acquis, qui ne feraient que gêner les populations et leur ôter toute liberté. Veuillez donc dissuader les partisans du gouvernement d'organiser des comités d'élections.

L'opinion politique d'un département dépend, plus qu'on ne le croit, de l'esprit et de la conduite de son administration. Depuis longtemps, les administrations locales ont été subordonnées aux exigences parlementaires ; elles s'occupaient bien plus à plaire à quelques hommes influents à Paris qu'à satisfaire les légitimes intérêts des communes et des populations ; ce temps est heureusement passé.

Que la bureaucratie ne se croie pas créée pour l'objection, l'entrave et la lenteur, tandis qu'elle ne l'est que pour l'expédition et la régularisation. Si j'attache autant d'importance à ces détails, c'est que j'ai été à même de remarquer que les agents inférieurs croient souvent grossir leur importance par des difficultés et des embarras. Ils ne savent pas ce qu'ils valent de malédictions et d'impopularité au gouvernement central !

Deux jours après, le 22 janvier 1852, date de l'apparition des décrets sur les biens de la famille d'Orléans, M. de Morny se retirait.

Le viveur qui, en rentrant de l'Opéra, avait, comme ministre nocturne, ordonné froidement l'arrestation de ses collègues et signé sans hésiter les arrêtés qui allaient fermer la salle de l'Assemblée législative, ne semblait pourtant pas redouter les responsabilités. Mais voilà ! s'il y avait mérite pour le gentleman qu'était avant tout M. de Morny, à se mettre, en vue « d'un coup de balai, du côté du manche », il était de mauvais ton de paraître s'associer au « premier vol de l'aigle », comme on disait dans les salons d'alors. M. de Morny voulait continuer à aller tous les soirs faire sa partie au cercle ; il n'entendait pas y être disqualifié. Sans hésiter, il avait pris la part principale d'un crime politique ; il reculait maintenant devant la solidarité d'une vilenie.

Faire couler le sang sur le boulevard Montmartre pouvait encore revêtir quelque grandeur tragique ; faire main basse sur des sacs d'écus était mesquin, en même temps qu'odieux.

M. de Persigny, lui, ne se lançait pas dans ces distinctions subtiles. Serviteur à tout faire, il prenait les biens, comme il avait pris les vies, en vertu d'une consigne qu'il exécutait militairement, sans la raisonner.

La fortune des princes déchus pouvait en faire des prétendants redoutables; c'était un danger qu'il fallait supprimer. De même, des députés indépendants pouvaient, à un moment donné, devenir une gêne pour le pouvoir; c'était un embarras qu'il fallait prévenir en étouffant dans l'œuf les candidatures tentées d'éclore sans l'approbation préalable du gouvernement.

M. de Morny avait parlé de *respecter toutes les consciences*; ce n'était évidemment chez lui qu'une forme de langage. M. de Persigny, qui avait moins de valeur, voulait plus d'obéissance. Aussi envoya-t-il de Paris à ses préfets une liste de candidats agréés. Voici cette seconde circulaire, qui ressemble à la première comme une injonction de gendarme ressemble à une invitation de diplomate :

La nouvelle constitution ne permet plus sans doute ces vaines agitations parlementaires qui ont si longtemps paralysé les forces du pays; mais il ne suffit pas d'avoir rendu ce régime impuissant à faire le mal; il faut rendre le gouvernement puissant à faire le bien. Comme c'est évidemment la volonté du peuple d'achever ce qu'il a commencé, il faut que le peuple soit mis en mesure de discerner quels sont les amis et quels sont les ennemis du gouvernement qu'ils vient de fonder.

En conséquence, monsieur le préfet, prenez des mesures pour faire connaître aux électeurs de chaque circonscription de votre département, par l'intermédiaire des divers agents de l'administration, par toutes les voies que vous jugerez convenables selon l'esprit des localités, et, au besoin, par des proclamations affichées dans les communes, celui des candidats que le gouvernement de Louis-Napoléon juge le plus propre à l'aider dans son œuvre réparatrice.

On connait maintenant le langage ; comment a-t-il été mis en pratique ?

M. de Persigny, agissant sur les éligibles avant de s'occuper des électeurs, a surtout pris à tâche d'arrêter les candidatures indépendantes ; au besoin, il arrêtait les candidats eux-mêmes !

Il a mis obstacle à toute propagande concurrente, tantôt par des exigences administratives de timbre, de dépôt et d'autorisation préalables ; tantôt par des mesures de répression contre les afficheurs de circulaires et les distributeurs de bulletin de vote. Au dernier moment, il a pressé sur le corps électoral lui-même. Dans les campagnes, il a secoué l'ignorance nonchalante des paysans en faisant adresser des appels de plus en plus impérieux au concours actif des maires. Moins heureux dans les faubourgs parisiens, il n'est pas parvenu à faire sortir les ouvriers de leur abstention défiante ; il n'a rien épargné pourtant. Notamment, il forma au ministère de l'intérieur un bureau central de l'esprit public, dirigé par le jovial Romieu, devenu le soutien de l'ordre après n'avoir pas pu se soutenir lui-même au sortir du café Anglais.

A l'appui de ce tableau résumé des élections de 1852, nous citerons quelques faits, mais en ne les prenant que parmi ceux qui sont officiels, ou qui paraissent démontrés.

Pour décourager, dès le début, toute velléité de résistance, la *Patrie*, organe officieux, annonçait *a priori* que, si la majorité envoyée au Corps législatif n'était pas satisfaisante, le gouvernement ne reculerait pas devant la dissolution à jet continu. Irritée de ce que, dans sept ou huit circonscriptions, il se produisait d'autres candidatures que celle des préfets, elle s'écriait avec menace :

Serait-ce déjà trop, pour le tempérament politique de la France, que d'avoir à élire deux cent soixante députés? Le pays que des rêveurs et des utopistes, qui ont toujours les yeux de l'intelligence et de l'esprit braqués sur l'Angleterre et l'Amérique, voulaient doter d'un régime *impossible avec le caractère bouillant, capricieux, mobile, irréfléchi de sa population,* n'est-il pas même en état *de supporter la liberté que la constitution nouvelle lui a laissée?*

N'est-ce pas quelque chose d'incroyable et d'étrange que d'en être déjà, quoique à peine à six semaines du vote présidentiel, à ces agitations sourdes, à ces luttes ardentes, à ces intrigues souterraines, à ces excitations passionnées qui ont fait tant de mal à la France, chaque fois que les monarchies écroulées de 1815 et de 1830 procédaient à des élections législatives? Ce pays *aura-t-il donc toujours trop, pour son repos et pour son bonheur, de ce qu'on lui laissera d'institutions parlementaires?*

Pourquoi aussi avoir eu la faiblesse d'accorder à ce peuple insoumis quelque chose du parlementarisme? Point de réticences, point de périphrases, point d'ambages, point de détours. Dans ce temps-ci, la profession de foi la plus éloquente ne serait qu'une arme à deux tranchants, destinée à servir avec l'un et à blesser avec l'autre. Le pays a déclaré solennellement *qu'il voulait, qu'il ne voulait que le prince Louis-Napoléon. Le pays ne peut sans se donner un éclatant et funeste démenti,* nommer qu'un Corps législatif qui partage et qui résume ses sentiments; car, s'il n'en était pas ainsi, *tout serait à recommencer!*

C'était vraiment un acte héroïque que se présenter à cette époque comme député. Qu'on y songe! Pas de réunions contradictoires ouvertes à tous les électeurs de la circonscription; pas même de réunions privées, si ce n'est celles qui avaient déjà eu le temps de se séparer lorsque la police, par hasard avertie après coup, se présentait trop tard pour les dissoudre ; aucun moyen de propagande, ni la parole, ni la presse ; les journaux silencieux ou ne publiant que ce qui plaisait au gouvernement ; les imprimeurs, dont le privilége pouvait être administrativement supprimé, se refusant à laisser sortir de chez eux aucune circulaire d'opposition, et hésitant à tirer les bulletins de vote eux-mêmes ; aucune espérance de pouvoir éclairer le pays, rétablir la vérité, réfuter les calomnies et les mensonges mis au service de la candidature officielle. Voilà dans quelles conditions égales luttait le gouvernement :

C'est à peu près de la sorte, disait Prévost-Paradol, que, pendant les jeux publics, le divin Commode, costumé en hercule, entrait volontiers en lice contre les malades et les blessés tirés des hôpitaux de Rome et remportait de glorieuses victoires à condition qu'aucun homme ayant le corps sain et le bras vigoureux ne fût admis dans l'arène.

Et d'abord, au point de vue des dépenses électorales, l'administration aidait, quand elle ne le suppléait pas, le candidat officiel ; elle augmentait, au contraire, vis-à-vis du candidat opposant ses rigueurs d'interprétation et ses exigences fiscales. Aussi le correspondant de *l'Indépendance belge*, après avoir exposé que le gouvernement avait bien voulu permettre aux candidats non ministériels de publier des professions de foi, ajoutait-il :

Malheureusement la question du timbre diminue sensiblement en fait, ce que les concessions du ministère ont de libéral. M. Mortimer-Ternaux, par exemple, se proposait dans la deuxième circonscription (quartiers de la Chaussée-d'Antin et du Faubourg-Montmartre) de faire tirer quarante mille exemplaires de sa circulaire, chiffre du tirage de son concurrent, M. Devinck. *Les circulaires de celui-ci sont exemptes du timbre.* Un électeur de la circonscription, qui en a reçu un exemplaire par la distribution ordinaire, me l'a remis et m'a affirmé que tous ceux qui ont été adressés à ses voisins étaient de même, sans timbre. M. Mortimer-Ternaux, au contraire, a été officiellement averti que, s'il faisait distribuer des exemplaires non timbrés, ils seraient saisis et procès-verbal serait dressé. Or, le timbre est de cinq centimes par exemplaire. Cela élève notablement les frais. M. Mortimer-Ternaux, en présence de cette obligation, a réduit son tirage de quarante mille à quatre mille. Il s'en faut, vous le voyez, que la partie ainsi jouée soit égale entre les candidats du gouvernement et les candidats indépendants.

Pendant ce temps-là, c'était aux frais de la ville de Paris que, non seulement les affiches, mais les bulletins de vote des candidats officiels étaient imprimés. C'était sur le budget municipal qu'étaient payés les afficheurs et les distributeurs gouvernementaux. Il n'y avait pas grand honneur à être élu de la sorte; en revanche, il y avait peu à débourser.

En province, les obstacles apportés à la propagande libérale étaient plus accentués encore : Dans le Puy-de-Dôme, M. Combarel de Leyval, ancien député, homme d'ordre par excellence, de plus, riche propriétaire, se représentait en quelque sorte par habitude. Il ne put faire imprimer ni une circulaire, ni même de simples bulletins de vote. Sur quatre de ses amis qui, sans salaire, par sympathie personnelle, distribuaient des bulletins portant son nom, et écrits à la main, non sur la voie publique, mais à l'intérieur d'une auberge, deux furent arrêtés et emprisonnés. Dans l'Allier, un candidat est d'abord recommandé par le sous-préfet comme le « seul digne de la sympathie des électeurs et le seul capable de réunir la majorité »; mais un autre nom est désigné de Paris; aussitôt, changement de front; on poursuit comme perturbateurs les électeurs restés fidèles à la candidature primitive. Un individu, soupçonné d'avoir été commander des bulletins au nom de cet ami méconnu du gouvernement, est emprisonné. A Chartres, les bulletins de M. le marquis de Gouvion Saint-Cyr sont saisis à la poste et les distributeurs mis au violon. Malgré ces violences, le fils du célèbre maréchal obtient les deux tiers des voix dans la ville; malheureusement, les campagnes ne connaissent même pas l'existence de sa candidature.

Parfois, suivant la gravité des circonstances et le zèle des agents, c'était contre les candidats eux-même qu'on sévissait. Ainsi, M. de Gasté, ingénieur du port de Brest, se présente aux électeurs de cette circonscription. Aussitôt un ordre ministériel le déplace et l'expédie à Cherbourg, où il reste sous une étroite surveillance. Le 25 février, dans la Dordogne, M. Ducluzeau, fils d'un ancien représentant du département, est arrêté par la gendarmerie de Vertillac; son incarcération est motivée par la publication d'une profession de foi *exaltée et anarchique*. A Paris même, M. Crocé-Spinelli, qui pose sa candidature indépendante, reçoit l'ordre de quitter le territoire français.

C'étaient là des vexations inutiles; car la masse du corps électoral était spontanément dans des dispositions de docilité volontaire.

Aussi, le *Constitutionnel* écrivait-t-il avec un aplomb superbe :

Dira-t-on que, dans d'autres temps, l'intervention du gouvernement dans les élections a été blâmée comme abusive? On répond que, sous le régime actuel, tout est changé, et qu'avec le prince Louis-Napoléon, non seulement rien de ce qui vient de lui ne saurait être suspect aux électeurs, mais encore que *la seule crainte qu'ils puissent avoir est de ne pas connaître assez clairement sa pensée, pour lui apporter leur appui dans tous les détails.*

Pourquoi les électeurs se plaindraient-ils du droit que l'on réclame pour les préfets de leur indiquer les candidats les plus disposés à seconder l'élu de la France? Ils doivent bien plutôt s'en féliciter; car, en votant pour les candidats de Louis-Napoléon, n'auront-ils pas « comme une occasion naturelle de voter une seconde fois pour lui » ?

Les maires ruraux s'entraînaient eux-mêmes, se serrant les coudes. Sans qu'on les en priât, ils luttaient entre eux de démonstrations exubérantes de dévouement. Dans plusieurs communes, et notamment dans la Sarthe, des présidents de bureaux électoraux exigeaient, de ceux qui venaient voter, un serment préalable de fidélité au chef du pouvoir exécutif. Beaucoup forçaient moralement les électeurs à prendre et à déposer immédiatement dans l'urne les bulletins officiels qui étaient en tas devant eux. Tantôt le billet était franchement déplié par le maire; tantôt il était palpé avec une telle lenteur et un tel sans-gêne que le secret du vote n'était plus qu'une fiction légale.

D'un côté, des précautions excessives; de l'autre, pas d'esprit de résistance : on devine quels résultats écrasants devait donner un pareil scrutin. Si, en 1852, le nombre des fraudes électorales fut relativement restreint, c'est surtout parce qu'il n'y avait pas besoin d'en commettre !

L'administration n'avait à craindre que les répugnances et les susceptibilités locales naissant, par exemple, de ce que le candidat imposé à la circonscription était un article d'importation étrangère, inconnu de la veille, oiseau de passage. C'est ainsi qu'un certain mécontentement se produisit dans l'Ariège, lorsque le prince président, pour épargner à un ancien libéral ce premier embarras qui suit les évolutions brusques et les conversions intéressées, eut l'idée singulière de vouloir transplanter dans le Midi la candidature de M. Billault que tout : son passé, ses intérêts de fortune et ses relations politiques rattachait jusque là à la Loire-Inférieure. Il fallut demander au sous-préfet un effort plus vigoureux, et le sous-préfet adressa aux maires de la circonscription un appel plus énergique. Voici cette circulaire qui mérite de rester comme le modèle du genre :

Monsieur le maire,

Le prince président de la République a donné naguère de grandes marques de confiance à M. Billault, ancien représentant; il lui en donne une nouvelle preuve en ce moment. Par son ordre formel, M. Billault est le candidat du gouvernement pour la deuxième circonscription électorale du département de l'Ariège.

Je viens porter ce fait à votre connaissance, monsieur le maire, et vous demander franchement votre concours actif pour faire réussir cette candidature.

Faites, je vous prie, comprendre aux habitants de votre commune de quelle importance il est, pour le département de l'Ariège, de réussir à faire nommer M. Billault avec une forte majorité, puisque nous donnerons par là, au prince président, une nouvelle preuve de notre sympathie pour lui, et que nous ferons un bien immense à notre pays en lui procurant l'influence d'un homme haut placé par son talent et par la confiance du chef de l'État, influence qui peut être utile, en particulier, *pour les besoins de votre commune.*

Agréez, monsieur le maire, etc.

En général, les campagnes étaient faciles à manier; mais, quand l'administration avait à agir sur les ouvriers, même ceux des villes de province, il y avait des mécomptes. Prenons pour exemple la ville de Reims, où la population des faubourgs s'était d'abord montrée favorable au socialisme césarien. Voici les résultats pour Reims-Ville :

Candidat du gouvernement..................	2.337
Candidats divers........................	947
Voix perdues...........................	147
Bulletins blancs (de fonctionnaires, dit-on).	770
Désignations insuffisantes.................	278
	4.479
Abstentions............................	6.895
	11.374

De 1815 à 1848, le nom de Napoléon avait représenté, pour les ouvriers, la forme armée de la Révolution triomphante, par opposition aux essais plus ou moins déguisés de retour vers un passé craint et haï. Depuis la proclamation de la République, ceux des travailleurs qui restaient bonapartistes étaient des démocrates autoritaires espérant la réalisation instantanée des réformes sociales par l'intervention décisive du pouvoir absolu. Depuis le coup d'État, qui avait du reste atteint la bourgeoisie républicaine plus que le prolétariat socialiste, les masses ouvrières étaient devenues, non pas systématiquement hostiles au nouveau régime, mais instinctivement défiantes. Sans connaître son La Fontaine, et sans avoir « perdu sa queue à la bataille » de décembre, dont il avait à peine compris la portée, le rat populaire se faisait, à part lui, la réflexion prudente que « la méfiance est mère de la sûreté ».

Cependant, à Paris, l'immobilité *des vieux bonzes*[1], enfermés dans une foi purement contemplative, n'était ni comprise, ni surtout partagée par la masse sans cesse rajeunie d'une population naturellement avide d'action, et pour laquelle abstention a toujours été synonyme d'abdication. Elle était désireuse d'avoir de nouveau un drapeau à arborer, des noms à faire triompher dans la bataille électorale, appelant déjà de ses vœux des chefs plus jeunes, puisque les anciens s'obstinaient à gémir stérilement sur le passé, au lieu de conduire virilement l'assaut vers un avenir meilleur.

L'impatience naissante des soldats arracha un semblant d'action au morne découragement des généraux. Il fut arrêté, dans un embryon de comité électoral, que des ombres de candidatures républicaines seraient présentées aux électeurs dans trois circonscriptions de Paris, les troisième, quatrième et cinquième. Les trois candidats dont le nom fut choisi, comme une sorte d'emblème allégorique, étaient MM. Cavaignac, Carnot et Goudchaux; ils représentaient : l'un, l'honneur militaire; l'autre, la vertu civique; le troisième, le dévouement fraternel de la démocratie.

Ces candidatures étaient jetées à la face de la dicta-

1. Allusion à un mot de Gambetta.

ture triomphante comme la protestation dernière de la légalité et de la foi publique foulées aux pieds. Mais la manifestation était destinée, quoiqu'il arrivât, à rester platonique. En cas de succès, MM. Cavaignac, Carnot et Goudchaux, candidats à Paris, et M. Hénon, candidat à Lyon dans le même esprit, étaient d'avance résolus à refuser le serment. Comme il y avait là une formalité préalable à l'admission des députés, c'était donner leur démission, même avant que d'avoir siégé. On retombait dans l'abstention, abstention, non plus des électeurs, mais des élus.

Quelle satisfaction donnait-on ainsi au peuple? L'espérance de lire (et encore la publicité en serait-elle permise?) une lettre de démission, digne, dédaigneuse, soufflet appliqué en termes académiques; puis, plus rien que le silence; aucune représentation du parti républicain, un sommeil de six années entières pour l'idée politique. Or, au bout de ce répit laissé à la dictature pour corrompre et domestiquer l'opinion, dans quel état retrouverait-on le pays? serait-ce un réveil tardif, ou la fin irrémédiable de l'esprit libéral?

Dans le présent, il y avait défaut d'énergie; pour l'avenir, défaut de prudence chez les hommes d'État du parti. Heureusement, les simples électeurs de Paris sont presque toujours merveilleux de discipline, de modération malicieuse et de bon sens clairvoyant quand il s'agit de faire échec par le vote à une autorité établie par les armes. Le scrutin du 29 février 1852 devait révéler, une fois de plus, ces qualités électorales chez le Parisien opprimé.

Le gouvernement n'avait pas grande crainte pour la banlieue.

Dans la neuvième circonscription (Sceaux), le docteur Véron, heureux en tout, même en électeurs, n'avait aucun concurrent sérieux. Porté sur le pavois du *Constitutionnel*, le Silène de la pharmacie, de l'Opéra et de la presse escomptait déjà un triomphe certain.

Dans la huitième circonscription (Saint-Denis), M. Kœnigswarter, Allemand naturalisé et banquier retiré, avait la chance de ne rencontrer devant lui qu'un candidat de droite, M. de Lasteyrie, lequel était vaincu d'avance dans un milieu purement ouvrier. Le protégé de l'administration se présentait là, appuyé sur des piles d'écus, se chargeant lui-même de sa propagande, et faisant parade de doctrines, mi-partie césariennes, mi-partie socialistes.

M. de Persigny redoutait particulièrement les abstentions dans la première circonscription (quartiers des Champs-Élysées, du Roule et des Tuileries), zone de la grande fortune consolidée; — dans la deuxième (quartiers de la Chaussée-d'Antin et du Faubourg-Montmartre), zone des sociétés de finances, — et dans la septième (quartiers de l'Observatoire, de la Sorbonne et du Jardin des Plantes), zone des écoles et du travail intellectuel. Le danger venait surtout de la personnalité effacée des candidats que le gouvernement imposait à des circonscriptions où ils étaient à peine connus jusque-là.

Dans la première circonscription, M. Guyard-Delalain, propriétaire et capitaine de la garde nationale, devait sa désignation au courage avec lequel il avait marché au feu lors des journées de Juin, et à la promptitude avec laquelle il avait adhéré au coup d'État en voie de perpétration dans une lettre aussi prud'homesque qu'enthousiaste. C'était une cervelle étroite dans une grosse tête; une docilité de mouton de Panurge, avec une crinière de lion; une voix de tonnerre pour crier des choses qui valaient à peine d'être dites; bref, une nullité bruyante qui ne tardait pas à être percée à jour.

Le candidat de la deuxième circonscription, M. Devinck, ancien président du tribunal de commerce, ne manquait ni de valeur commerciale ni de capacité financière; il savait étudier un budget et parler dans les questions de chiffres; mais c'était, en politique, un de ces Pangloss innés qui trouvent toujours tout au mieux sous un gouvernement fort, et sont incapables de se persuader qu'un pouvoir énergique peut, parfois, ne pas avoir raison.

Il avait été nommé à la Législative par le parti de l'Assemblée, contre la politique du président, élection proclamée le 1er décembre et qui contribua peut-être à décider le coup d'État; il ne siégea point, puisque le lendemain matin l'enceinte législative était fermée par la force; mais, cette force même rallia du coup le nouveau représentant qui, après être entré dans la politique comme *thiériste*, devait être, par deux fois dans la suite, le concurrent, du reste malheureux, de son ancien chef de file.

Une fois rentré à la Chambre par la porte basse de la candidature officielle, il se montra prêt à accepter tous les mandats, et à faire, pour justifier toutes les solutions, des rapports où sa sagacité s'exerçait à colorer sa condescendance. En un mot, son caractère était tout docilité, comme son chocolat tout cacao. Les électeurs ne lui donnèrent jamais leur clientèle qu'à contre-cœur, faute de trouver chez lui l'article auquel ils tiennent le plus : l'indépendance.

Enfin, dans la septième circonscription, le gouvernement portait M. Lanquetin, brave homme, bon commerçant, dont le principal titre politique consistait à avoir déjà été choisi comme président de la commission municipale de Paris.

Cette pauvreté de personnel apparaissait moins dans un temps où il n'y avait, ni comités électoraux proprement dits, ni réunions contradictoires, ni discussions de presse; mais, s'il n'y avait pas de résistance à craindre de la part des électeurs, il n'y avait pas non plus à espérer d'enthousiasme.

Aussi, dans la première circonscription, y eut-il 13 462 abstentions et 9187 opposants pour 13 310 suffrages favorables que recueillait M. Guyard-Delalain. Dans la deuxième circonscription, le nombre des voix opposantes ne fut que de 6482, mais le chiffre des abstentions montait à 16 411, tandis que M. Devinck n'était élu qu'à 12 189 suffrages. M. Lanquetin, dans la septième circonscription, luttait contre un concurrent trop avancé pour l'heure et pour le quartier, Eugène Sue; aussi passa-t-il dans des conditions plus larges : 14 385 suffrages contre seulement 9835 abstentions et 8113 voix opposantes; le succès n'était pas éclatant, mais il était réel, diminué par l'indiférence bien plutôt que par l'hostilité des électeurs.

Le gouvernement remporta deux victoires plus chaudement disputées : l'une, dans la sixième circonscription contre M. Bixio ; l'autre, dans la cinquième, contre M. Goudchaux.

M. Bixio, par la netteté de l'attitude antigouvernementale qu'il avait prise et le caractère exagéré de l'horreur qu'il témoignait, en toute occasion, pour les choses de la religion et du culte, répondait mal à l'opinion moyenne d'une circonscription où figuraient les quartiers de Saint-Thomas-d'Aquin, du Faubourg-Saint-Germain, du Luxembourg et du Palais de Justice. Le noble faubourg, qui était avant tout catholique, et le Palais, qui était surtout conservateur, devaient hésiter à lui donner leurs voix ; cependant, l'administration avait jugé prudent d'user contre lui de tous les moyens de pression dont elle pouvait disposer ; un, entre autres, mérite d'être relevé.

En 1850, les pensionnaires de l'hôtel des Invalides avaient voté en masse pour Eugène Sue. Les amis de M. Bixio avaient compté là sur un contingent, moins fort peut-être, mais encore notable, de suffrages opposants. Ces espérances furent trompées : en effet, les invalides, convoqués par sections, reçurent chacun un bulletin d'un officier supérieur, tandis qu'un autre officier leur présentait l'urne. Cet exercice militaire produisit 2229 voix pour le candidat du gouvernement, M. Fouché-Lepelletier, vice-président du conseil des prud'hommes, contre 58 aux deux candidats de l'opposition, MM. Bixio et Lannes de Montebello.

Dans la cinquième circonscription, le candidat officiel avait été choisi avec un soin particulier, et il en était besoin. Là, en effet, étaient groupés les quartiers du Marais, du Temple et du Faubourg-Saint-Antoine; c'était le centre du Paris ouvrier d'alors, la forteresse jadis redoutable de l'opinion républicaine. Les hommes d'ordre tenaient le candidat opposant en haute estime comme ancien ministre des finances; les hommes de cœur le vénéraient pour l'abnégation avec laquelle il usait sa vie à monter les escaliers, quêteur obstiné au profit des malheureux que le 2 Décembre avait jetés hors de la frontière.

L'administration avait bien encouragé, si même elle ne l'avait suscité, l'affichage d'un placard signé : BURGY, *typographe*, et dans lequel les frères du pseudo-travailleur étaient fortement engagés à aller voter pour les candidats du pouvoir; seulement, cette affiche officieuse n'avait fait que provoquer le sourire discret des passants, en sorte que les espérances du candidat du gouvernement reposaient surtout sur les sympathies personnelles qu'il avait su inspirer.

Bienfaisant comme maire du VIIIe arrondissement, connu comme avocat, aimable comme homme, M. Perret avait assez d'indépendance de caractère pour présenter des garanties aux libéraux, et assez de talent de parole pour jouer un rôle au Corps législatif. Dans une circonscription plus sûre, il eût été écarté comme ayant un dévouement trop tiède; il ne devait d'avoir vu son nom adopté qu'aux chances qu'il avait déjà, par lui-même, de passer député. Le calcul avait été juste de la part de l'administration. Il fut, en effet, élu, et au premier tour, mais avec 13 478 suffrages, dépassant seulement de 81 voix le chiffre légal de la majorité absolue. M. Goudchaux le serrait de près avec 12 096 suffrages, et il y avait 11 045 abstentions.

Tel était, à Paris, l'actif gouvernemental des 28 et 29 février 1852. Il y avait pourtant une ombre au tableau, et nous allons l'indiquer :

Dans la quatrième circonscription (quartiers de la Porte-Saint-Denis, du Faubourg-Saint-Martin et de la rue des Lombards), zone du commerce moyen et des petits fabricants, M. Carnot, le ministre de 1848, le fils de *l'Organisateur de la victoire*, l'héritier d'un nom conventionnel, arrivait avec plus de 1200 voix d'avance sur M. Moreau, ancien notaire à Paris et ex-représentant de la Seine ; l'élection du candidat républicain était, dès lors, assurée au second tour.

L'autre échec de l'administration devait être personnellement plus sensible au prince. En effet, dans la troisième circonscription (quartiers du Faubourg-Poissonnière, du boulevard Bonne-Nouvelle, de la pointe Sainte-Eustache, de la Banque et du Louvre), c'est-à-dire au cœur même de Paris, au sein d'une population à la fois active, intelligente et riche, — sans qu'on pût y voir ni les rancunes du passé, comme au faubourg Saint-Germain, ni les excitations du socialisme, comme au faubourg Saint-Antoine, — le général Cavaignac, ex-chef du pouvoir exécutif de la République, était élu au premier tour de scrutin par 14 471 suffrages, — près de 1500 voix de plus que le candidat officiel.

C'était l'image sévère de la République trahie qui, évoquée par un verdict partiel du suffrage universel, se dressait comme un reproche et une menace devant le parjure heureux. Cette rencontre nouvelle des deux destinées, ce choc des deux noms, Cavaignac et Bonaparte, amenait la pensée publique sur cette scène fameuse dans laquelle le président de la République, nouvellement élu, avait prêté le serment qu'il ne devait pas tenir devant le pouvoir parlementaire qu'il songeait déjà à détruire.

Avant de sortir de la salle des séances, le prince gravit les marches du centre gauche; tous les représentants, debout, le suivaient du regard; il s'approcha courtoisement de son prédécesseur, et lui tendit une main que celui-ci, étonné, n'accepta qu'avec hésitation; on prit alors pour un sentiment de rancune personnelle et de regret égoïste ce qui n'était, chez le général, que défiance instinctive et perspicacité attristée. Après avoir été sur le point de refuser sa main, Cavaignac allait refuser son serment!

Ce qui était particulier dans l'élection du 29 février 1852, c'est que le seul moyen de propagande employé en faveur des candidats opposants avait été la publication de leur nom en tête du *Siècle*, organe attitré du parti qui s'intitulait démocratique, n'osant plus s'avouer républicain. Cette publication avait suffi pour faire passer MM. Cavaignac et Carnot à Paris, M. Hénon à Lyon; M. Havin restait surpris tout le premier d'une puissance qu'il ne se soupçonnait pas encore.

C'était le résultat, bien à tort imprévu, du régime nouveau de la presse. En effet, plus une force est concentrée, et plus elle devient irrésistible; plus le nombre des journaux est restreint, et plus chacun a d'action; plus la liberté générale est limitée, et plus une opposition, même intermittente, même timide, attire la faveur du public. Par cela même que le *Siècle* existait encore, et qu'il survivait seul de sa nuance, la dictature lui avait, sans le vouloir, ajouté en influence ce qu'elle avait retiré à tous en liberté.

Seulement, les feuilles officieuses qui, même avec tant de journaux supprimés, voyaient toujours les lecteurs se détourner d'elles étaient mal placées pour se rendre compte du phénomène. Aussi, la *Patrie*, plus rogue et plus irritée que le pouvoir lui-même, ne voulait-elle voir dans le succès de MM. Cavaignac, Carnot et Hénon, qu'un réveil de « l'esprit révolutionnaire ». « C'est là, écrivait-elle, un symptôme grave et qui témoigne assez que le gouvernement de Louis-Napoléon a encore besoin de beaucoup de fermeté et de vigilance pour achever son œuvre de *préservation sociale*. » On savait trop quelle portée pouvaient avoir des menaces si peu voilées, sous une plume si officieuse.

Voilà pour Paris ; revenons à la province.

De son côté, l'Ouest qui restera jusqu'au bout le dernier refuge de la foi monarchiste, — comme Paris et Lyon ont toujours été les foyers de l'esprit républicain, — avait envoyé le 29 février 1852 trois opposants d'extrême droite, légitimistes irréductibles, tous les trois élus contre la candidature officielle.

C'était d'abord le comte Henri de Durfort-Civrac, grand propriétaire de Maine-et-Loire, nommé dans son fief rural de l'arrondissement de Cholet, avec plus de 4000 voix de majorité. M. de Durfort-Civrac qui, depuis, au 16 Mai et dans les conditions les plus honorables, a refusé la candidature officielle, en avait triomphé en 1852 avec d'autant plus de facilité que l'administration s'attendait moins à cet échec. Le député de Cholet professait pour les Bourbons un dévouement traditionnel dans sa famille ; aussi devait-il être pour le régime du 2 Décembre ce qu'il a été pour le régime du 25 Février : un adversaire toujours courtois, et en général silencieux, mais un granit que rien n'a pu entamer.

C'était, ensuite, M. Bouhier de l'Écluse, natif et élu des Sables-d'Olonne ; convaincu, courageux, dévoué, il avait toutes les qualités du cœur, mais aussi tous les défauts de l'esprit, sans pourtant manquer d'esprit. Il était taquin, brouillon, agité et par-dessus tout aussi ennuyeux que prolixe. Il tomba de suite sur lui une pluie de quatrains, dont le meilleur contenait ces deux traits :

> Berryer est tombé dans l'Écluse !...
> Dieu ! quel robinet que l'Écluse !

Enfin venait le seul orateur de ce parti légitimiste d'action qui, à l'exemple de M. de Falloux, désobéissait au *roy* recommandant l'abstention, pour mieux servir la royauté, fût-ce malgré elle. C'était M. Audren de Kerdrel, élu en Ille-et-Vilaine, dans la circonscription de Fougères, avec 1000 voix de majorité sur le candidat officiel. M. Paul-Marie-Casimir-Vincent Audren de Kerdrel n'était plus le jeune et sémillant député de la Constituante, prénommé comme un hidalgo, blond comme un chérubin, souple comme un valseur hongrois ; le papillon tendait à se poser ; la chevelure était moins bouclée, l'âme moins candide, et l'ambition naturellement moins pressée dans ce nouveau rôle d'opposition. Bien que M. de Kerdrel ne sût pas encore assez contenir son ardeur et concentrer son éloquence, il allait devoir à l'origine indépendante de son mandat, de passer prophète, — qui l'eût dit ? — chef de parti, — qui l'eût cru ? — au temps où les têtes chauves de l'Assemblée assistaient à des débuts plus brillants que sérieux.

Ainsi donc, MM. Cavaignac et Carnot, candidats de la bourgeoisie libérale, M. Hénon, candidat du prolétariat socialiste, pour le parti de la protestation républicaine; — MM. de Durfort-Civrac, de l'Écluse et de Kerdrel, pour le parti de la protestation royaliste : — tels étaient les six députés opposants qui entraient au Corps législatif en vainqueurs avérés de l'administration, bannière déployée, dans le dessein de jeter publiquement le gant à l'Empire, qu'on sentait déjà poindre sous la dictature du 2 Décembre.

Il y avait encore un député qui ne devait pas son élection à la candidature officielle : — M. Pierre Legrand, député très modéré de la circonscription très avancée, sinon socialiste, de Lille. On le soupçonnait républicain; il ne s'avouait que libéral. Lorsqu'un jour M. Billault constata, en le regardant, que les doctrines de 1848 n'étaient plus représentées au Corps législatif, il resta silencieux à son banc; c'était un homme timide, qui est mort subitement en 1859, sans avoir osé déployer au Corps législatif la réelle valeur qui était en lui; il se tenait à part, également isolé, et des députés de la majorité pour lesquels il était trop indépendant, et des opposants d'alors qui étaient trop catholiques pour lui.

De ces sept députés, les seuls élus en 1852 sans l'attache officielle, trois ont donné leur démission dès l'ouverture du Corps législatif; deux se sont retirés dès la proclamation de l'Empire; deux ont prêté les divers serments qu'on leur a imposés, et ont conservé leurs sièges; mais l'un de ces deux-là, M. de Durfort-Civrac, est resté muet, et l'autre, M. Pierre Legrand, n'a été qu'un trop modeste et, dès lors, un peu pâle précurseur des futurs « cinq ».

Voilà comment fut élu le premier Corps législatif du régime de Décembre.

Dès le 26 janvier avait paru un décret élevant à la dignité de sénateurs soixante-dix personnages dont il est curieux de rechercher, et les titres, et l'origine : cinq avaient été choisis à cause de leur parenté plus ou moins éloignée avec la famille Bonaparte, ou d'un nom aristocratique impliquant l'adhésion de la vieille noblesse au nouveau gouvernement ; vingt-quatre occupaient de hautes fonctions publiques, sans avoir jusque-là touché à la politique, magistrats, généraux ou membres de l'Institut. Il y avait un ancien député de Louis-Philippe ; huit des nouveaux sénateurs avaient été pairs de France sous la Restauration et la monarchie de Juillet ; trente-quatre, enfin, avaient appartenu à l'Assemblée législative dissoute au 2 Décembre.

C'est sur ces derniers que s'étaient exercées et qu'avaient réussi les séductions que M. de Falloux raconte dans ses *Mémoires* :

M. de Persigny, dit M. de Falloux, qui ne remplissait avant le 2 Décembre aucune fonction officielle, s'était réservé les tentatives hasardeuses qui allaient bien à son caractère. Il avait inventé un genre de diplomatie particulier, et c'est par l'excès de sa franchise qu'il déroutait la curiosité. Passant un jour devant un groupe de la droite, où l'on causait avec animation, il s'arrêta et dit, avec son calme apparent :

— Eh bien, messieurs, vous complotez contre le président !

— Pas du tout, répondit un des interpellés ; nous nous demandions pour quel jour nous devons retenir notre place à la diligence pour retourner chez nous.

— Vous feriez bien mieux de retenir votre place au Sénat! répliqua M. de Persigny.

Et il continua tranquillement son chemin.

A l'origine, le décret du 26 janvier contenait certains noms qui, avant la publication au *Moniteur*, en furent effacés, par exemple ceux du comte de Montalembert, du duc d'Albuféra, du comte Duchâtel et du vicomte Henri de Mortemart. Tous quatre furent d'avis qu'il ne leur convenait pas d'accepter une faveur si éclatante, au moment même où étaient rendus les décrets sur les biens de la famille d'Orléans. Ils ne voulaient pas que le public pût établir un lien quelconque de solidarité entre leur entrée au Sénat et cette confiscation. Plus tard, M. de Montalembert, exclu du Corps législatif par les élections de 1857, réduit à un silence qui pesait doublement à son caractère et à son talent, regrettait amèrement, dans l'intimité, de n'avoir pas assuré à son indépendance l'abri de l'inamovibilité législative : « Bien des choses, aimait-il à dire, ne se seraient pas passées ! »

Au fond, la composition première du Sénat fut ce qu'elle pouvait être ; il était surtout recruté parmi les doublures des régimes de liberté. Le parti bonapartiste, qui a eu beaucoup de soldats, a toujours péché par les généraux. L'empire raillait le parti légitimiste de passer des revues de « colonels sans régiments » ; mais, en attendant, il était obligé d'emprunter quelques-uns de ces colonels pour donner à ses troupes un état-major assez nombreux, et de quelque brillant. Cette transfusion de parcelles de sang aristocratique dans les veines de la démocratie césarienne était un spectacle qui échauffait doublement la bile du parti républicain, seul objet de toutes les mesures de répression et de défiance. Aussi, M. Schœlcher, dans son livre sur *le Gouvernement du 2 Décembre*, dit-il, avec une amertume particulière : « L'auteur de la constitution rassemble les transfuges de tous les partis, les vétérans de toutes les trahisons, les ouvriers de toutes les réactions ; il enferme une centaine de ces vieux débris au Luxembourg, et il écrit sur la porte : « Ceci est le Sénat, gardien des libertés publiques ! »

Les cardinaux, maréchaux et amiraux faisant, de droit, partie du Sénat, en vertu du paragraphe 1er de l'article 20, la Chambre haute se trouvait ainsi constituée.

Deux jours après, 28 janvier, parut un second décret qui nommait le bureau. La présidence était conférée au prince Jérôme, choix plus dynastique que parlementaire. C'était, en effet, le plus jeune et le seul survivant des frères de Napoléon Ier, qu'on avait tenu à prendre plus pour son nom que pour sa compétence ; car, dans la marine d'abord ; dans l'armée ensuite ; puis, après la chute de Napoléon, dans l'exil, il n'avait eu aucune occasion de se former à la direction des débats législatifs. Seulement, c'était un pas de plus vers le rétablissement de l'empire que d'assurer d'avance une grande situation à celui qui semblait devoir devenir l'héritier présomptif du trône, pour le cas où Louis-Napoléon mourrait sans enfant mâle.

Dans la pensée du prince Louis-Napoléon, le choix de M. de Morny comme président du Corps législatif devait suivre de près celui du prince Jérôme nommé président du Sénat. Déjà M. de Morny avait été officiellement autorisé à donner des ordres au Palais-Bourbon en qua lité de président. Le décret de nomination, tout signé, fut même porté au *Moniteur*, et, s'il ne parut pas, ce fut grâce à la présence d'esprit du directeur de la feuille officielle qui, au courant par métier des textes et des traditions parlementaires, fit observer que cette désignation préventive violait la disposition constitutionnelle aux termes de laquelle le président du Corps législatif ne pouvait être pris que parmi les députés élus. Cette pièce, sortie trop tôt des cartons, allait y faire pénitence pendant trois longues années.

En effet, la nomination de M. de Morny, que l'envoi au *Moniteur* avait révélée au monde officiel avant qu'elle fût passée à l'état de fait accompli, devint plus difficile. M. de Persigny, nommé ministre de l'intérieur pour contresigner les décrets du 22 janvier dont M. de Morny s'était refusé à prendre la responsabilité morale et surtout mondaine, eut le temps de battre en brèche la candidature d'un antagoniste politique, qui était surtout un rival d'influence. Certains intimes, dont le courage à l'heure du danger n'avait pas été en proportion de l'appétit à l'heure de la curée, en voulaient à M. de Morny d'avoir percé à jour, de son regard à la fois fin et ferme, leurs pâleurs, leurs hésitations et même leurs défaillances.

De son côté, le prince Jérôme savait de source certaine que l'empire auquel poussait M. de Morny, c'était le gouvernement personnel de Louis-Napoléon, sans succession collatérale. M. de Morny, qui, lui aussi, était un peu de la famille, avait pu voir de près les parents du prince et, les connaissant mieux, il s'en défiait davantage. Il eût préféré, à coup sûr, le retour des d'Orléans ; à leur défaut, le comte de Chambord, et peut-être même la République à une exploitation de la légende napoléonienne par des Bonaparte, d'une naissance authentique, mais d'une impopularité non moins certaine. Le prince Jérôme, naturellement peu favorable à qui lui était si opposé, intervint à son tour, et mit tout en œuvre auprès de son neveu, pour le faire renoncer au dessein de conférer au comte de Morny la présidence du Corps législatif. Il le mit même en demeure, dit-on, ou d'écarter ce candidat, ou de recevoir sa démission de président du Sénat.

Le prince président, avec une franchise rare chez lui et une bonne grâce qui, au contraire, était fréquente en pareille occasion, consulta l'intéressé sur les obstacles qui surgissaient. M. de Morny, dont le petit hôtel des Champs-Élysées, la fameuse *Niche à Fidèle*, venait d'être saisi à l'époque du 2 Décembre, ne songeait qu'à rétablir sa fortune par des spéculations financières. Il était désormais à la source des affaires ; on peut dire que, souvent, il était lui-même la source des affaires. Il ne lui déplaisait donc pas de conserver sa liberté. Ce fut ainsi, d'un commun accord entre le prince président et M. de Morny, que le projet primitif de nomination fut abandonné.

M. de Morny une fois écarté, deux candidats restaient en présence : le comte de Chasseloup-Laubat et M. Billault.

Tous deux répugnaient également à la violence en politique. Ni l'un ni l'autre n'avaient pourtant une de ces âmes fermes qui persistent indéfiniment dans leur résistance, qui maintiennent jusqu'au bout leur avis en face d'un adversaire convaincu, et qui, dans les conseils du pouvoir, prennent, au risque de se compromettre, la défense d'un ami menacé. Tous deux possédaient la facilité de l'abord, la grâce et le charme de l'accueil, l'esprit de conduite, la modération du langage et la flexibilité d'un talent préparé à tous les incidents et apte à toutes les fortunes. Tous deux avaient un égoïsme enveloppé de formes bienveillantes, tous deux étaient habiles à colorer, des plus hautes raisons de l'intérêt général, une conduite dictée, en réalité, par l'intérêt le plus particulier.

Ce qui aurait pu faire pencher la balance du côté de M. de Chasseloup-Laubat, c'est que, évidemment inférieur comme homme de parole, il aurait été probablement supérieur comme président, surtout dans une Chambre assez peu nombreuse pour ressembler à un salon de bonne compagne.

D'une laideur intelligente, et, au second coup d'œil, pleine de séduction, M. de Chasseloup-Laubat avait des traits grands, larges et un peu fatigués. Le nez aquilin, avec des narines très ouvertes, était légèrement épaté; c'était le nez d'un épicurien éclairé, d'un jouisseur qui savait travailler, et d'un sceptique qui avait conservé le don de l'émotion instantanée, mais passagère. Les yeux étaient plissés, comme ceux d'un homme qui ne veut pas être dupe de la vie et qui cherche, au dedans de lui-même, ce qu'en vaut l'aune! Il avait l'esprit vif et l'à-propos d'un méridional; le tact exquis que développe la société habituelle des femmes; la conception nette et l'expérience administrative d'un des doyens du conseil d'État; enfin, la parfaite possession de soi d'un vétéran parlementaire, qui, à travers les fluctuations de la politique, est toujours resté dans une même moyenne d'opinions.

Se rattachant par son nom aux souvenirs du premier empire, toujours fidèle à la cause et à la politique de Louis-Napoléon, il n'avait pas à faire oublier, par les exagérations d'un conservatisme tardif, ou des commencements indisciplinés, ou des équipées socialistes. Il était d'humeur conciliante et n'avait que des sympathies dans le monde officiel : assez libéral pour s'être accommodé longtemps d'un régime de discussion comme celui de 1830; assez monarchiste pour se plier sans trop de peine à un régime d'autorité, comme celui de 1852. Il ne s'agissait pour lui que de s'orienter à nouveau.

Comme candidat à la présidence du Corps législatif, il manquait par trop, peut-être, de ce *snobisme*, de ce goût et, en même temps, de cette entente de la pose, qui ont réussi à d'autres. Au fauteuil, il aurait eu l'air d'un maître de maison devant sa cheminée, plutôt que d'un président sur son siège.

Il laissait percer, à chaque instant, la bonhomie simple d'un lord anglais, causant plus qu'il ne parle, la main dans la poche de son pantalon et discutant d'une façon serrée et approfondie, sans avoir l'air d'attacher à ce qu'il dit toute l'importance que mériteraient la justesse et la force des arguments. Du reste, quand M. de Chasseloup-Laubat voulait forcer son organe à prendre de la gravité, il en altérait la douceur insinuante.

Ce qui le fit décidément éliminer de la présidence, c'est l'erreur dans laquelle lui, l'homme fin et perspicace, tomba sur la durée probable de la période de pouvoir absolu qu'il y avait encore à subir. Il était persuadé qu'avec le personnel gouvernemental, à la fois restreint comme nombre et médiocre comme compétence, dont Louis-Napoléon disposait, la dictature ne pouvait se prolonger au delà d'une année sans commencer à fatiguer le pays.

« Cela ne peut durer! » telle était l'opinion qu'il avait recueillie dans les salons parisiens. Telle était aussi l'impression des réfugiés de Londres. Les uns et les autres se trompaient également; ceux-ci pour avoir été jetés hors de France; ceux-là pour rester en dehors de leur temps.

La crise aiguë de Décembre s'était tournée en maladie de langueur, et la convalescence ne devait pas se produire de sitôt. M. de Chasseloup-Laubat commettait l'anachronisme de vouloir immédiatement couronner l'édifice de l'ordre rétabli par la liberté restituée; ces tressaillements d'indépendance le rendaient suspect. Ses adversaires affectaient de voir en lui un vieux Romain :

Il ronge, en frémissant, le frein de l'esclavage.

Au fond, ce n'était qu'un marin qui, pour un jour, avait mal pris le vent. Cette méprise n'eut, d'ailleurs, d'autre conséquence que de retarder son heure.

M. Billault fut nommé président du Corps législatif le 6 mars.

Entre lui et le président de la République, il y avait, non pas des liens secrets de famille, comme la calomnie l'a murmuré, mais des affinités personnelles qui, pour rester inavouées, n'en étaient pas moins puissantes.

Comme M. Billault, et plus fermement encore, le prince avait, dès la jeunesse, cru à son étoile.

Comme M. Billault, et avec plus d'audace, le prince avait plusieurs fois essayé de brusquer la fortune.

Comme M. Billault, le prince avait, dans sa prison de Ham, parlé en faveur du droit au travail.

Comme M. Billault, le prince, une fois arrivé au pinacle par les idées conservatrices, cherchait de temps en temps un regain de popularité dans les réminiscences du vieil homme, retour aux conceptions chimériques du démocrate révolutionnaire ou du socialiste césarien.

Tout ce qui, pour un autre, eût créé des obstacles à ce choix, constituait donc pour Louis-Napoléon autant de motifs d'arrêter sa préférence sur un auxiliaire déjà si semblable à lui par le passé, et qui devait le devenir chaque jour davantage, grâce à un tempérament en quelque sorte passif.

Le nouveau président, en effet, tenait plus de la nature morale de la femme que de celle de l'homme en ce qu'il était prédisposé à recueillir, à transmettre et à interpréter les idées d'autrui plus qu'à se montrer spontanément inventif, novateur et profond.

C'est cette certitude de trouver toujours dans son collaborateur un autre lui-même, qui porta surtout Louis-Napoléon à donner à M. Billault la tête de son gouvernement et la confidence de ses desseins.

Si attacher un tel homme à sa fortune fut une des meilleures inspirations de Louis-Napoléon, en faire le président du Corps législatif n'était pas le placer au poste qui lui convenait le mieux. Voit-on cet orateur, dont la fonction allait être, seul silencieux, d'autoriser les autres à parler? A cette gêne d'un rôle peu en rapport avec son genre de talent se joignait un sourd remords de jacobin converti. Sans l'avouer, M. Billault s'en voulait à lui-même de l'acte de reniement qu'il avait la faiblesse de commettre; il sentait, mieux que personne, la gravité du démenti que, par impatience d'ambition, il donnait sciemment à son passé d'opposant libéral sous Louis-Philippe et de démocrate, faisant des grâces au socialisme sous la République de 1848.

Ses collègues allaient s'étonner, il le devinait, de le trouver le premier « à l'honneur, » quand il s'était dispensé d'être, le 2 Décembre, « à la peine ». S'il avait voulu se faire élire par le Corps législatif au lieu de se laisser imposer par le pouvoir, il n'aurait pas recueilli vingt suffrages. Il lui manquait donc l'autorité morale d'un président sympathique à l'assemblée qu'il dirige; aussi s'en vengeait-il en déployant l'autoritarisme matériel d'un président bien en cour.

Si c'était sa faiblesse au point de vue parlementaire, c'était sa force, comme fonctionnaire maintenu contre tous et malgré tout, de n'être, de ne vouloir et de ne pouvoir être que le représentant du chef de l'État.

Complaisance empressée vis-à-vis du prince et rigueur parlementaire vis-à-vis des députés; face de courtisan désireux de plaire et face de pédagogue empressé à punir, tel était le Janus du Palais-Bourbon.

Cette entente parfaite entre le maître et le serviteur se révéla avant même l'installation officielle de M. Billault. On connaît le règlement imposé au Corps législatif par le décret du 22 mars. Eh bien, le président de la Chambre (il eut raison de s'en cacher) l'inspira certainement, si même il ne le rédigea point de sa main. Il consacra tout ce qu'il avait d'adresse et d'expérience parlementaire à calfeutrer les fenêtres, à verrouiller les portes par lesquelles l'air et la lumière auraient pu pénétrer dans l'enceinte législative, à fermer toutes les issues par lesquelles la parole libre aurait pu s'échapper pour retentir au dehors.

Il ne cherchait à être aimable à l'égard des hommes que lorsqu'il croyait pouvoir se dispenser de rien céder sur les choses; il accueillait avec une bonne grâce extérieure les journalistes, mais sans jamais se départir d'aucune interdiction, d'aucune restriction de publicité; en définitive, il exagéra plutôt qu'il n'adoucit l'application du régime nouveau. Le gant de velours manquait parfois; mais il y avait toujours la main de fer.

La visite que, quelques semaines avant l'ouverture de la session, Louis-Napoléon fit au Corps législatif, où il fut reçu par M. Billault déjà installé à l'hôtel de la Présidence, achève de montrer le caractère de l'un et de l'autre.

C'est dans cette visite que fut définitivement approuvée la suppression d'un rang de tribunes pour le public et de la tribune pour les orateurs, ces deux signes matériels du régime de la liberté de discussion.

M. Billault, qui naguère avait parlé avec succès et qui, sur la fin de sa vie, devait développer un talent de premier ordre, ne sut pas trouver un mot de défense, même de regret, pour cette plate-forme parlementaire où étaient apparus, dès le premier jour, dédaigneux du passé qu'ils servaient, deux vieillards mélancoliques, Royer-Collard, la probité hautaine, et Chateaubriand, le génie amer; où Thiers, l'adresse, avait lutté contre Guizot, la force; où les partis s'étaient rencontrés, abordés, combattus parfois avec violence, souvent avec gloire.

3.

Quant à Louis-Napoléon, il croyait, depuis son séjour en Angleterre, et il avait écrit de longue date qu'il n'y a pas besoin de tribune pour qu'un peuple soit prospère, et même libre. Ces idées préconçues s'étaient fortifiées d'une rancune personnelle dont l'origine est assez curieuse à rappeler :

Un représentant du peuple du nom d'Antony Thouret avait déposé une proposition tendant à rendre inéligibles, comme président de la République, tous les membres des familles ayant régné sur la France. Malheureusement M. Antony Thouret n'était pas tout à fait pris au sérieux, malgré ses nombreux sacrifices à l'opinion démocratique, et son surnom de « diamant des Flandres ». Il était affligé d'un embonpoint incompatible avec une réputation de victime, même de victime politique, aussi les dessinateurs des journaux satiriques s'étaient amusés à le représenter rayonnant de bonne mine au sortir des prisons de Louis-Philippe et s'écriant: « J'ai tant souffert! » Et pourtant le projet, sinon son auteur, méritait l'attention.

Pour la première fois, les regards se tournèrent vers Louis-Napoléon Bonaparte qui, en qualité de simple député, siégeait depuis plusieurs mois à l'Assemblée, et était venu s'asseoir sur les bancs supérieurs de la gauche, dans la cinquième travée, au milieu de cette zone communément appelée la *Montagne,* derrière son ancien précepteur, M. Vieillard.

Le prince monta à la tribune pour repousser l'amendement Thouret; il le fit de son air flegmatique, tirant de sa poche un petit papier, sur lequel avaient été écrites d'avance quelques phrases assez maladroites, qu'il lut d'une voix traînante et avec un léger accent étranger.

Les assemblées ont le tort de croire qu'on tue les popularités démocratiques avec des exécutions parlementaires. Ici la majorité interrompt par les rires les plus bruyants, les exclamations les plus outrageantes. Le prince ne s'émeut pas un instant; il ne s'irrite pas; il replie tranquillement son papier; puis, il attend quelques minutes, immobile, comme pour se donner le temps de compter ses rares amis et de juger quels sont ses plus implacables adversaires; enfin, toujours impassible, il descend avec la même lenteur les degrés de la tribune, sans paraître se douter, ni se soucier de ce qui s'est passé.

M. Schœlcher avait eu, sur le moment même, l'impression que cet homme était plus dangereux qu'on ne le supposait en général; il dit à un de ses amis :

La tribune fait toujours peur la première fois qu'on y monte; eh bien! quand, avec son accent tudesque, il nous a lu sa déclaration, je le regardais bien avec ma lorgnette; son papier n'a pas tremblé dans sa main; nous n'aurons pas aussi bon marché de cet homme-là que nous croyons.

Louis-Napoléon venait d'inspirer à ses collègues un dédain qui remplaçait l'hostilité. Devant cette impression générale de pitié méprisante, M. Thouret reprit la parole et se contenta de cette épigramme : « Après ce que l'Assemblée vient d'entendre, et ce que la France entière lira demain, mon amendement paraît inutile! Je le retire. » L'injure fut aggravée par les applaudissements prolongés de la Chambre et Louis-Napoléon resta à la fois éligible à la présidence de la République et profondément ulcéré contre le régime des assemblées.

Le ressentiment fut silencieux; mais ce taciturne regardait la vengeance comme un plat qui doit se manger froid.

En 1852, la salle de la Constituante était démolie; M. Antony Thouret pestait contre lui-même au Mont-Valérien; la publicité des débats parlementaires subissait de navrantes mutilations, et la tribune disparaissait! La riposte, pour s'être fait attendre, n'en était que plus violente!

II

SESSION ORDINAIRE DE 1852 AU CORPS LÉGISLATIF
AVANT LE BUDGET

Louis-Napoléon était loin de se défier d'une Assemblée dont, à sept exceptions près, il avait lui-même choisi un à un tous les membres; cependant il aimait mieux que, le jour de leur réunion, les députés se trouvassent en présence de faits accomplis, d'un régime entièrement constitué, avec ses moyens d'action et ses garanties, après les restrictions de liberté et les épurations de personnel que l'auteur du coup d'État estimait nécessaires. Investi encore du droit de rendre dictatorialement des décrets-lois, il jugeait commode d'éviter toute résistance, même la plus faible; toute discussion, même la plus respectueuse.

C'est ainsi que, les 17 et 18 février, c'est-à-dire après la convocation des électeurs pour le Corps législatif, il avait, de sa seule autorité, réglé le régime de la presse et attribué à la police correctionnelle la connaissance des délits politiques. C'est ainsi que le 1er mars, c'est-à-dire après l'élection de la Chambre, il avait, de son chef, décimé la vieille magistrature en établissant la limite d'âge de soixante-dix ans pour les cours d'appel et de soixante-quinze ans pour la cour de cassation. C'est ainsi que, le 14 mars, c'est-à-dire après la convocation du Parlement, il avait décidé, à l'improviste, la conversion du 5 pour 100 en rente 4 pour 100, opération financière qu'une publicité insuffisante faillit un moment compromettre. Il se hâtait, serrant les derniers écrous de la machine gouvernementale, écartant tous ceux dont il pouvait avoir à craindre, ou une résistance dangereuse, ou seulement des regrets trop avoués. Sur le point de passer forcément la main aux représentants du pays, il ne leur laissait à prendre aucune mesure devant laquelle la nouvelle Chambre parut susceptible d'hésiter.

Il y eut plus ! Presque à la veille de l'entrée en session, le 17 mars, une atteinte aussi grave qu'évidente fut portée au droit représentatif des élus de la France.

Violant le principe fondamental introduit par la Révolution de 1789 dans notre droit public, le pouvoir exécutif s'arrogea la faculté de disposer arbitrairement de l'impôt et de régler, par simple décret, le budget de 1852. Il est bon de mettre sous les yeux du lecteur les arguments à l'aide desquels le ministre des finances d'alors, M. Bineau, essaya tout au moins d'expliquer, ne pouvant la justifier, la décision qu'il présentait à la signature du président de la République.

Voici ce rapport :

Monseigneur,

L'Assemblée nationale n'ayant pas terminé le vote du budget de 1852, vous avez dû pourvoir aux premiers besoins de cet exercice, et votre décret du 11 décembre dernier a satisfait à cette nécessité en autorisant les perceptions et en ouvrant les crédits nécessaires pour assurer les services pendant les trois premiers mois de cette année.

Le Corps législatif se réunit le 29 de ce mois; mais, comme son vote sur le budget de 1852 ne pourrait avoir lieu avant un mois ou deux, pour lui réserver ce vote, il faudrait ouvrir encore trois nouveaux douzièmes provisoires.

La continuation de ce provisoire aurait de graves inconvénients pour les nombreux services dont les dépenses ne se répartissent pas également sur tous les mois de l'année et qui ont besoin de pouvoir disposer, dès le commencement de l'exercice, de la totalité de leurs crédits; elle serait sans avantages, car, presque toutes les dépenses étant engagées, le Corps législatif serait amené, par la nécessité même des choses, à n'avoir qu'à enregistrer les faits accomplis.

Aussi, pour satisfaire aux besoins du service, et pour laisser la responsabilité à qui elle appartient, je crois devoir, monseigneur, vous proposer de régler aujourd'hui le budget de 1852.

Dès le commencement de la session, le Corps législatif recevra le projet de budget de 1853; il aura ainsi à exercer le droit que la constitution lui donne pour le vote de l'impôt.

Enfin, arriva le 29 mars, jour fixé pour le commencement de la session. Ce fut aux Tuileries, dans la salle des Maréchaux, qu'eut lieu la cérémonie plus militaire que législative d'installation. En vain le parti démocratique essaya d'éveiller les susceptibilités des députés en faisant remarquer que la reine de la vieille monarchie anglaise allait elle-même ouvrir le parlement à Westminster, tandis que le dictateur du 2 Décembre obligeait les représentants du pays à venir jusque chez lui prêter serment d'allégeance à sa personne, confondus dans la masse des fonctionnaires convoqués également pour prendre part à cette revue décorative du nouveau personnel gouvernemental; ceux qui tenaient de la désignation de Louis-Napoléon, autant que du choix des électeurs, leur siège au Corps législatif, ne pouvaient guère refuser de venir occuper, en face du prince, sur les banquettes de la salle des Maréchaux, une place de courtisan plus que de député. Les membres des deux Chambres étaient donc là presque tous.

Le discours du président commence par déclarer que la période de dictature est close; il rappelle combien la situation était incertaine, troublée et anarchique avant le 2 Décembre; il établit, l'histoire à la main, que lorsque le pouvoir a été longtemps poussé à l'excès, la liberté est sans doute la bienvenue; mais que, quand les Chambres ont empiété sur les attributions de l'exécutif, au point de tout concentrer en elles, le principe d'autorité a tôt ou tard sa revanche.

Voici les passages significatifs de ce discours :

La dictature que le peuple m'avait confiée cesse aujourd'hui. Les choses vont reprendre leur cours régulier. C'est avec un sentiment de satisfaction réelle que je viens proclamer ici la mise en vigueur de la constitution; car ma préoccupation constante a été non seulement de rétablir l'ordre, mais de le rendre durable en dotant la France d'institutions appropriées à ses besoins.

Il y a quelques mois à peine, vous vous en souvenez, plus je m'enfermais dans le cercle étroit de mes attributions, plus on s'efforçait de le rétrécir encore, afin de m'ôter le mouvement et la force. Découragé souvent, je l'avoue, j'eus la pensée d'abandonner un pouvoir aussi disputé. Ce qui me retint, c'est que je ne voyais, pour me succéder, qu'une chose : l'anarchie. Partout, en effet, s'exaltaient des passions ardentes à détruire, incapables de rien fonder. Nulle part, ni une institution, ni un homme à qui se rattacher; nulle part, un droit incontesté, une organisation quelconque, un système réalisable.

Aussi, lorsque, grâce au concours de quelques hommes courageux, grâce surtout à l'énergique attitude de l'armée, tous les périls furent conjurés en quelques heures, mon premier soin fut de demander au peuple des institutions. Depuis trop longtemps la société ressemblait à une pyramide qu'on aurait retournée et voulu faire reposer sur son sommet; je l'ai replacée sur sa base.

Le président établit ensuite, par des exemples, que la solidité des institutions politiques ne peut reposer que sur un juste équilibre des pouvoirs publics limités, non seulement en droit, mais en fait :

Pourquoi, en 1814, a-t-on vu avec satisfaction, en dépit de nos revers, inaugurer le régime parlementaire? C'est que l'empereur, ne craignons pas de l'avouer, avait été, à cause de la guerre, entraîné à un exercice trop absolu du pouvoir.

Pourquoi, au contraire, en 1851, la France applaudit-elle à la chute de ce même régime parlementaire? C'est que les Chambres avaient abusé de l'influence qui leur avait été donnée et que, voulant tout dominer, elles compromettaient l'équilibre général.

Enfin, pourquoi la France ne s'est-elle pas émue des restrictions apportées à la liberté de la presse et à la liberté individuelle? C'est que l'une avait dégénéré en licence, et que l'autre, au lieu d'être l'exercice réglé du droit de chacun, avait, par d'odieux excès, menacé le droit de tous.

Le président convient que c'est au tour de la liberté d'être sacrifiée, et que, cette fois, c'est l'autorité qui reconquiert son ascendant; mais, cet équilibre des pouvoirs politiques, qu'il préconise, tout en le détruisant, il en laisse entrevoir dans le lointain le rétablissement possible :

Cette constitution qui, dès aujourd'hui, va être mise en pratique, n'est pas l'œuvre d'une vaine théorie ou du despotisme ; c'est l'œuvre de l'expérience et de la raison. Vous m'aiderez, messieurs, à la consolider, à l'étendre, à l'améliorer.

Ce qu'il y avait de plus effrayant pour l'avenir dans ce discours, c'était d'entendre le prince dire, avec une tranquille audace d'affirmation, qu'on avait vu, le 20 décembre 1851, le spectacle imposant d'un grand peuple votant en toute liberté la forme de son gouvernement et que la Chambre était élue en vertu de la loi la plus libérale qui existât au monde. Comment comprenait-il donc la liberté pour la trouver au fond de l'urne électorale de cette époque ?

Enfin, — et c'est là surtout que la curiosité fut vivement excitée, — il fit allusion au projet qu'on lui prêtait de proclamer officiellement un empire qui existait déjà de fait. Quand il parlait de l'avenir, c'était son habitude de ne s'exprimer qu'en termes voilés et énigmatiques. Comme toujours, sa déclaration fut ambiguë. En effet, il faisait une promesse ; mais il la démentait, au même moment, par la réserve d'une hypothèse dont il conservait seul l'appréciation :

Résolu, dit-il, aujourd'hui comme avant, à faire tout pour la France, rien pour moi, je n'accepterais de modifications à l'état présent des choses que si j'y étais contraint par une nécessité évidente. D'où peut-elle naître ? Uniquement de la conduite des partis. S'ils se résignent, rien ne sera changé ;

mais si, par leurs sourdes menées, ils cherchaient à saper les bases de mon gouvernement; si, dans leur aveuglement, ils niaient la légitimité du résultat de l'élection populaire; si, enfin, ils venaient sans cesse, par leurs attaques, mettre en question l'avenir du pays; alors, mais seulement alors, il pourrait être raisonnable de demander au peuple, au nom du repos de la France, un nouveau titre qui fixât irrévocablement sur ma tête le pouvoir dont il m'a revêtu.

Il était évident, pour peu qu'on sût lire entre les lignes, que le rétablissement de l'empire n'était plus qu'une affaire de mois et de circonstances. La résolution du prince était immuable comme une foi fataliste; il n'hésitait que sur le choix du moment favorable pour mettre la dernière main à l'œuvre du 2 Décembre, c'est-à-dire transformer définitivement l'installation provisoire d'une République césarienne en établissement impérial dynastique.

Quand le prince eut cessé de parler, le ministre d'État annonça à l'assemblée que MM. les sénateurs et MM. les députés allaient prêter individuellement le serment prescrit par l'article 14 de la constitution et qu'après la lecture de la formule du serment, chacun d'eux, à l'appel de son nom, lèverait la main et répondrait : « Je le jure! »

Le serment fut prêté successivement par tous les membres du parlement présents à la séance, et il se produisit même un incident qui prouve combien certains d'entre eux tenaient à ne pas paraître vouloir s'en dispenser.

Un seul nom n'a pas été appelé; c'est le nom de M. le comte Portalis, premier président de la cour de cassation, — celui, très certainement, de tous les sénateurs qui a prêté le plus de serments. M. le comte Portalis n'a pas voulu renoncer à l'occasion de proclamer une fois de plus sa fidélité. Il s'est levé et a dit, non sans quelque emphase dans sa réclamation : « Mon nom a été omis! » Le ministre d'État a, de nouveau, relu la formule, et M. le comte Portalis a prononcé à très haute voix son serment.

Pendant cet intermède, un certain mouvement et de nombreux sourires ont constaté l'intérêt qu'y prenait l'assemblée. Le prince président regardait M. le comte Portalis, en frisant légèrement sa moustache. Parfaitement maître de lui, et plein du sentiment de sa position et de sa dignité, le prince ne riait pas comme beaucoup d'autres, mais dire qu'il n'y avait pas une pointe d'ironie dans son air et dans son regard, ce serait peut-être exagéré !

Sous la monarchie constitutionnelle, le discours du trône était un thème que les Chambres commentaient dans leur adresse, qu'elles contredisaient même parfois sur certains points; mais, pour le moment, le Corps législatif n'avait pas le droit de réponse. Il lui était prescrit d'entrer, de prime abord, dans l'ordre régulier et pratique de ses travaux. Le règlement lui faisait une obligation de se mettre sans désemparer à la besogne législative.

Le lendemain, 30 mars, M. Billault, en prenant possession du fauteuil, prononça l'allocution d'usage.

Ce petit discours allait-il être inséré *in extenso* au *Moniteur*? M. Billault inclinait pour la négative. Ce n'était pas véritable modestie de sa part, mais crainte réfléchie de ne pouvoir plus aussi facilement, après avoir joui pour lui-même du bénéfice d'une publication intégrale, appliquer à ses collègues le régime rigoureux du compte rendu analytique. Seulement, il s'agissait moins d'un discours proprement dit que d'un document officiel et la publicité des documents n'était soumise à aucune restriction légale ; c'est par cette distinction ingénieuse que fut levé le scrupule réglementaire du président.

Ce qui sortait de la plume de M. Billault était encore plus concis que ce qui tombait de sa bouche. Dans cette allocution, on trouve l'hommage attendu à « la volonté dont la calme énergie sait méditer longuement, et rapidement agir » ; la constatation de « la confiance sans précédent que la France a mise en son élu » ; enfin, un appel à « cette loyale fidélité », qui se dégage des « arrière-pensées ». Tout cela dit avec une brièveté que le président recommande à ses collègues, en la pratiquant le premier.

Ce qui, dépassant la concision, peut passer pour sec et tant soit peu raide, c'est la forme dans laquelle M. Billault demande à ses collègues une sympathie personnelle sur laquelle il sait ne pouvoir compter, en échange du dévouement qu'il montrera... au prince : « Accordez-moi, dit-il, messieurs et chers collègues, autant de bienveillance que je vous offre de dévouement. »

Se débarrasser, le plus rapidement possible, des banalités d'une installation, voilà le premier caractère du discours de M. Billault. Le second, c'est d'avoir, sans rougir, lui, l'ancien opposant libéral, jeté la pierre au régime de discussion, dont il avait jadis partagé toutes les ardeurs ; il présente comme le dernier terme du progrès le régime du silence, à la disparition duquel il devra pourtant de prononcer, plus tard, les quelques beaux discours qui, seuls, l'ont mis au rang des hommes supérieurs.

Retenons, pour lui servir de châtiment, les passages qui contiennent cette triste palinodie :

> Votre mission, quoi qu'on vous en dise, ne sera dépourvue ni de grandeur, ni d'autorité.
>
> Nous n'aurons plus, il est vrai, autour de l'urne législative, toutes ces évolutions des partis, tenant sans cesse le ministère en échec, le forçant de s'absorber en un soin unique, celui de sa défense, et n'aboutissant, trop souvent, qu'à énerver le pouvoir. Tout le temps que, ministres ou députés, nous donnions à cette stratégie parlementaire, c'est aux affaires maintenant qu'il nous faudra le consacrer; les affaires sérieuses, pratiques, voilà notre lot dans la constitution; ce qu'elle nous donne, c'est le vote de l'impôt, la discussion du budget, celle de toutes les lois; ce n'est pas seulement le droit de délibérer librement, publiquement, d'adopter ou de rejeter, c'est aussi celui d'amender, non plus sans doute avec cette facilité d'improvisation contre laquelle les assemblées antérieures cherchaient vainement à se défendre, mais avec cette maturité qui n'est funeste qu'aux utopies.
>
> Donnons au monde le spectacle, non plus d'une réunion d'hommes passionnés qui s'agitent, mais d'une véritable assemblée de législateurs, statuant, calmes et graves comme la loi elle-même, sur les grands intérêts qui leur sont soumis.

Aussitôt après avoir prononcé son allocution, M. Billault donna lecture de la lettre suivante :

AU PRÉSIDENT DU CORPS LÉGISLATIF

Monsieur le président,

Les électeurs de Paris et de Lyon sont venus nous chercher dans la retraite et dans l'exil.

Nous les remercions d'avoir pensé que nos noms protestaient contre la destruction des libertés publiques et les rigueurs de l'arbitraire.

Mais nous n'admettons pas qu'ils aient voulu nous envoyer dans un Corps législatif dont les pouvoirs ne s'étendent pas jusqu'à réparer les violations du droit.

Nous repoussons la doctrine immorale des réticences, des arrière-pensées et nous refusons le serment exigé à l'entrée du Corps législatif.

Nous vous prions, monsieur le président, de vouloir bien donner à l'assemblée connaissance de cette déclaration.

CAVAIGNAC, CARNOT, HÉNON.

Paris, le 29 mars 1852.

Ainsi, MM. Cavaignac, Carnot et Hénon n'apparaissaient que pour protester et disparaître. Une simple lecture, et ils n'étaient déjà plus ! Comme acte de conscience, rien n'était plus digne ; comme acte politique, rien ne pouvait être plus agréable au pouvoir. C'est, en effet, avec un visible soulagement que le président du Corps législatif déclara que, vu l'article 14 de la constitution et l'article 45 du décret du 22 mars, MM. Cavaignac, Carnot et Hénon, refusant de prêter le serment prescrit, étaient réputés démissionnaires.

Ce qui ne réjouit pas moins le gouvernement, ce fut de voir deux de ses adversaires notoires, MM. de Kerdrel et Bouhier de l'Écluse, se séparer publiquement l'un de l'autre, et même avoir une petite altercation personnelle à propos de la vérification des pouvoirs.

Comme député de la Vendée et à un point de vue exclusivement local, « sans soulever de question politique et en laissant de côté des événements que l'histoire appréciera », M. Bouhier de l'Écluse, malgré l'avis de Berryer, soutenait la protestation de l'abbé de Lespinay contre son concurrent heureux, le comte de Sainte-Hermine. Il demandait au Corps législatif d'ordonner tout au moins une enquête.

M. de Kerdrel intervint avec une certaine hauteur, en chef de groupe qui rétablit l'alignement dérangé par un auxiliaire indiscipliné.

M. Audren de Kerdrel. — Le gouvernement a avoué hautement l'influence nouvelle qu'il entendait exercer sur les élections. Quelle serait donc, en présence de ce système universellement proclamé et mis en œuvre, la signification de quelques faits particuliers ? Combattre une élection, ce serait acquiescer à toutes les autres. Il faut, au contraire, laisser l'avenir juger le système ; il faut laisser la responsabilité tout entière au gouvernement, qui la revendique avec une louable franchise.

Comme conséquence du principe qu'il ne devait être « acquiescé à aucune élection », M. de Kerdrel semblait devoir s'abstenir. Mais, non ! il alla gracieusement audevant du vote de validation que la majorité se préparait à émettre. Il n'avait donc fait que tirer sur ses propres troupes, et donner à M. Bouhier de l'Écluse, en lui reprochant ses « anachronismes », une leçon d'opportunisme, contre laquelle celui-ci regimba, du reste, en termes encore plus aigres que ceux de son peu endurant chef de file.

Reprenons le procès-verbal :

M. de Kerdrel termine en déclarant qu'il conclut à la validation de l'élection de M. de Sainte-Hermine, mais en réservant son opinion sur le système général adopté pour les élections, système qu'il ne juge point parce qu'il ne veut pas enlever au pouvoir une parcelle de la responsabilité qui pèse sur lui.

Aussitôt, M. Bouhier de l'Écluse, qui ne veut pas se trouver en reste de *réserves* et laisser le dernier mot à un contradicteur de son propre parti, « réclame la parole pour un fait personnel et dit qu'il ne saurait accepter l'espèce de remontrance qui lui a été adressée par le préopinant. Il se bornera à faire observer qu'*on* se serait épargné cette censure si l'*on* avait écouté ses paroles ; car il a eu soin de faire remarquer qu'il ne s'occupait pas des élections au point de vue général, et qu'à cet égard il réservait son opinion. »

A qui profita surtout cette escarmouche entre légitimistes, l'un plus préoccupé de son intérêt départemental, l'autre plus soucieux de l'attitude générale du parti ? A l'élection de M. de Sainte-Hermine qui fut validée haut la main.

En revanche, M. Billault, dans cette même séance du 2 avril, s'attira une petite mésaventure, bien méritée du reste, mais qui était un indice de sentiments peu sympathiques à son égard. Pendant son discours, M. de

Kerdrel se sentit la gorge sèche et se prit à tousser; on réclama autour de lui un verre d'eau. Cette demande parvint jusqu'au président qui, voyant là une sorte de retour aux habitudes des anciennes assemblées, dit d'un ton rogue : « Qu'il aille à la buvette! » M. le baron de Bussière, choqué de cette réponse, et en face de l'abstention des huissiers dont les ordres du président arrêtaient la complaisance ordinaire, s'élança hors de la salle, prit un verre d'eau sucrée à la buvette, vint le placer lui-même à côté de M. de Kerdrel; puis se retourna vers M. Billault d'un air de défi. Le président pinça les lèvres et comprit, par cette leçon, que partout en France, même dans une Chambre de candidats officiels, il sied d'être courtois vis-à-vis de ses adversaires.

Depuis que la constitution avait réduit à rien, ou du moins à bien peu de chose, la puissance du député, les nouveaux élus avaient chaque jour à défendre leur dignité personnelle contre les procédés insolents, non seulement d'un président imposé, mais surtout d'une bureaucratie qui sentait son règne enfin arrivé.

Ainsi, M. le vicomte Anatole Lemercier, député de la Charente-Inférieure, ayant écrit au ministre des cultes, M. Fortoul, pour appuyer une demande de secours formée par une paroisse de sa circonscription, reçut quelques jours après une circulaire imprimée. Cet avis, portant la signature illisible d'un scribe quelconque, disait, qu'après entente des ministres entre eux, il ne devait plus être répondu à aucune recommandation particulière d'aucun député. Plusieurs fois depuis, on a essayé, sans succès du reste, de rejeter dans le néant cette clientèle acharnée, cette nuée insatiable de parents ou d'amis, cet essaim dévorant qui pullule dans tout pays où l'on a abusé du fonctionarisme; cette fois, non seulement le refus était rigoureux, mais le mode de réponse était humiliant.

M. le vicomte Lemercier, habitué comme homme à plus d'égards et comme diplomate à plus de formes, renvoya l'imprimé dans une lettre personnelle adressée à M. Fortoul. « C'était sans doute une erreur des bureaux, disait-il au ministre. Il ne pouvait pas, en effet, venir à l'esprit d'un homme bien élevé de faire répondre, par une semblable voie et dans de pareils termes, à un élu du suffrage universel; il attendait donc que le ministre statuât lui-même. » Quelques députés, après entente dans la salle des Conférences, écrivirent des lettres analogues, si bien qu'il en arriva de cette décision comme de tant d'autres; ce fut une circulaire de plus enterré dans les cartons. Quelques jours après, à une réception des Tuileries, M. Fortoul expliqua que la résolution avait bien été prise, mais qu'on n'y persistait pas; en sorte qu'il y eut encore de beaux jours pour les solliciteurs!

Les hommes les plus dévoués subissaient eux-mêmes les conséquences de l'abaissement infligé collectivement à la Chambre. C'est avec peine qu'ils obtenaient d'être reçus hors tour dans les ministères, ou qu'ils se faisaient inviter aux bals des Tuileries. Ils étaient dédaignés ici, redoutés là, ayant à regretter, en toute circonstance, la situation prépondérante des anciens députés. Les faveurs étaient plutôt enlevées par ceux dont on craignait de voir le mécontentement sourd dégénérer en opposition déclarée. Aussi, un bonapartiste de l'avant-veille s'écriait-il, dans un moment de dépit : « A moins d'être légitimiste honteux, ou orléaniste renégat, il est maintenant impossible de rien obtenir! » Cependant les bonapartistes d'ancienne date étaient, en règle générale, l'objet d'une préférence marquée, à la condition de s'autoriser des souvenirs du passé. Ainsi, on citait ce mot d'un ministre à un député qui venait lui demander une faveur : « Est-ce le député qui parle? Alors, nous ne faisons rien ; nous n'aurons égard à la demande que si elle suit l'ordre hiérarchique. Est-ce l'ancien ami du président? Alors, j'accorderai ce que vous sollicitez. »

Les questions d'amour-propre et d'étiquette préoccupaient d'autant plus fortement le Corps législatif nouveau, que le gouvernement se hâtait moins de lui fournir de l'occupation législative. Règle générale : c'est une faute politique que de laisser une Chambre, même désarmée du droit d'interpellation, sans rien à son ordre du jour. L'oisiveté est une mauvaise conseillère pour les assemblées. Si l'opposition existe déjà, elle s'aigrit ; si elle n'existe pas encore, elle tend à naître.

Les députés, n'ayant rien à faire, pour le moment, se demandaient ce qu'ils auraient à faire plus tard ; quelles étaient au juste les limites de leurs pouvoirs, et quelle allait être la portée de leur rôle? Le budget des dépenses leur serait-il soumis au même titre que le budget des recettes? Bien que ce ne fut pas à proprement parler « voter l'impôt », le Corps législatif avait-il le droit d'examiner les dépenses de chaque ministère, en détail et par chapitre, ou par masse et en bloc? Le conseil d'État devait-il préparer le projet de budget dans les mêmes conditions que les projets de lois ordinaires?

Enfin, si les amendements présentés par un ou plusieurs députés étaient soumis à l'approbation préalable du conseil d'État, les amendements émanés des commissions élues du Corps législatif pouvaient-ils être paralysés par le même *veto*? Telles sont les questions qu'on se posait dans la salle des Conférences, et qui bientôt passèrent de là dans la presse.

Pendant tout un grand mois, du 2 avril au 3 mai, la Chambre eut à voter, plutôt qu'à discuter, un unique et court projet de loi sur la refonte des monnaies de cuivre, maigre chère pour un appétit de débutants.

Ce n'est pas que, sous une apparence vulgaire, ce projet n'eût une véritable portée politique. Il était habile de populariser le régime nouveau, de faire descendre dans les masses l'effigie gouvernementale de Louis-Napoléon, sous la forme de la monnaie la plus usuelle, le billon. Le peuple, hélas! a plus de sous que de pièces d'or et d'argent. Le cuivre devait lui faire connaître le neveu comme le bronze le faisait souvenir de l'oncle.

Un seul incident est à retenir. M. Guyard-Delalain, le député de la Seine, avait débuté dans ce débat. Prêtant aux autres la bonne opinion qu'il avait de lui-même, il voulut conserver son discours à la postérité. Il demanda donc, le premier des membres du Corps législatif, l'autorisation de faire imprimer et de distribuer à ses frais les paroles qu'il avait prononcées. A un membre de la majorité, et dans une question d'affaires, l'autorisation ne pouvait pas être refusée; mais cela créait un précédent dont bientôt des députés, plus éloquents et moins dévoués, allaient bénéficier. C'est cette crainte qui fit

4.

accueillir par quelques murmures l'initiative prise par
M. Guyard-Delalain. Il y avait, en effet, à la Chambre,
des ultra-conservateurs pour lesquels « la tribune n'avait
jamais été qu'une sonorité, la presse un vacarme, la pensée une insolence, et la liberté un abus criant. » A leur
avis, le pouvoir n'était pas encore assez fort, le Corps
législatif pas assez amoindri, la publicité pas assez restreinte, le sentiment du parlementarisme pas assez
éteint. Leur indépendance, à eux, consistait à pousser
plus loin encore que le gouvernement lui-même la haine
du contrôle, l'horreur du grand jour. Ils s'appliquaient
à souffler la petite lumière vacillante qui, seule, avait
survécu à la nuit du 2 Décembre. Ils étaient applaudis,
à ce moment, par la foule moutonnière de ceux qui, par
amour du repos, semblaient avoir peur de penser.

On vit se manifester cette tendance ultra-autoritaire
dans le premier discours de M. Granier de Cassagnac. Il
fut, à la fin du règne (il y avait alors quelque mérite à
cela), un des « Sept Sages de la Grèce »; mais, en 1852,
il n'était pas aussi isolé qu'en 1869 dans ses manifestations de guerre sans merci contre toute idée de liberté.
Cet orateur qui piétinait sur les ruines de la tribune, et
ce journaliste qui demandait qu'on alourdît les chaînes
de la presse excite l'intérêt par l'originalité plus que par
le charme de sa physionomie.

Un ami politique a dit de lui dans les *Profils parlementaires* qu'il avait été *Martyr de sa figure*. C'est
possible; on va, du reste, en juger.

Le corps était trapu et semblait taillé à coups de
serpe dans le tronc vert d'un chêne noueux. Il avait un
nez au dos aplati, aux ailes larges, aux narines frémis-

santes, comme celles d'un cheval de guerre au premier appel du clairon. Sous des arcades sourcillières profondes, l'œil semblait toujours guetter le moment d'atteindre l'adversaire. Le crâne était, non pas chauve, comme on l'aurait cru d'abord, mais rasé de trop près.

Le provincial qui entrait dans une tribune du Corps législatif, et qui parcourait du regard les bancs parlementaires, s'arrêtait, l'œil fixé sur un siège de la droite, et disait, à demi voix : « Ce doit être Cassagnac! »

Depuis Décembre, il poursuit la liberté de la presse d'une sorte de haine parricide; il s'impose comme auxiliaire au gouvernement, alors que celui-ci ne fait pas assez vite appel à son dévouement. Il guerroye en partisan isolé, ne craignant pas de se mettre, par une diversion hardie, en opposition apparente avec le chef de l'armée régulière.

Il aurait dû vivre au XVIe siècle, aux temps où les Arétin et les Scaliger donnaient la réplique aux Visconti et aux Sforza, hardi *condottiere* égaré dans notre démocratie moderne, où la plume a supplanté la rapière.

Ce qui lui fait une situation difficile, même dans le parti auquel il rend souvent des services et crée parfois des embarras, c'est qu'il a passé brusquement des subventions de Louis-Philippe aux subventions de Louis-Napoléon. Après avoir émargé pour défendre le système de la paix à tout prix, il a émargé pour défendre, au *Constitutionnel*, les décrets sur les biens de la famille d'Orléans.

Mais, du moins, il ressemble aux troupes suisses de l'ancien régime qui servaient bien et se battaient bravement, quand elles étaient exactement payées. Il n'est pas de ceux encore plus malins, qui se vendent, mais ne se livrent point; lui, au contraire, se lance à corps perdu dans la lutte. Les coups donnés et reçus lui ont bientôt fait une conviction enragée; il est *ultra* par tempérament, en même temps que conservateur par intérêt. Il apporte sa violence native jusque dans la défense des idées modérées.

Ce caractère est plein de contradictions : dans le monde M. de Cassagnac a des formes; il est poli, s'efforce même d'être gracieux; dans les couloirs, c'est un collègue obligeant qui s'apprivoise volontiers et a le mot pour rire; il trouve surtout le mot pour faire rire les autres. Sa plaisanterie gauloise, parfois trop épicée dans la forme, est spirituelle, mais méchante, — trait qu'il enfonce au défaut de la cuirasse avec une féroce clairvoyance. Aussi, rencontre-t-il, parmi les députés, ce degré d'égards qu'une crainte révérentielle inspire à la moyenne, toujours un peu timide, des hommes.

Même quand il parle, c'est un journaliste plus qu'un orateur. S'il ne lit pas, il a écrit. Il déploie, du reste, de l'érudition, du style, de la vigueur; il sait beaucoup, et comme il n'hésite pas à se servir de tous les arguments pourvu qu'ils portent, il passe pour un adversaire à craindre.

En résumé, M. Adolphe Granier de Cassagnac était un tempérament de lutteur; il avait ce qu'on appelle en phrénologie « la *bosse de la combativité* ». Il a été beaucoup haï; peut-être, au fond, valait-il mieux que sa vie !

Ce vieux politique, qui possédait parfois la vue lointaine, manquait souvent de l'esprit d'à-propos; ainsi, c'était une mauvaise entrée de jeu que de venir faire opposition à une loi unanimement approuvée, et toute préparée en quelque sorte par les discussions parlementaires des Chambres anciennes.

Le gouvernement présentait au Corps législatif le projet de réhabilitation des condamnés, tel qu'il avait été élaboré sous les régimes précédents et qu'il était accepté d'avance par l'opinion. D'après cette loi, c'est l'élément judiciaire, représenté par les Cours d'appel, qui statue sur la réintégration dans l'ancien état, comme il a jadis prononcé la condamnation. M. Granier de Cassagnac, au contraire, voulait étendre jusqu'à la faculté de la réhabilitation légale le droit de grâce appartenant au prince.

Rien au pouvoir judiciaire; tout au pouvoir exécutif : Tel était son système.

La thèse est simple. Le droit de grâce n'est pas *entier*, s'il n'est pas loisible au chef de l'État de tout faire disparaître de l'ancienne condamnation. Or, il faut que ce droit, ainsi que tous les autres, soit *entier* entre les mains du prince. Sous un régime comme celui qui dérive logiquement du coup d'État, l'autorité souveraine ne doit subir aucun partage, ne saurait accepter aucune diminution, ne peut se contenter des transactions dont vivaient, au jour le jour, des pouvoirs discutés. Sur ce point de départ, M. Granier de Cassagnac se livre à une série d'appréciations historiques qui eussent soulevé des tempêtes, s'il y avait eu alors au Corps législatif l'ombre d'une opposition démocratique. Il termine ainsi :

Pour l'orateur, il n'y a rien d'indifférent en fait d'ordre et de désordre; les petites choses sont les matériaux avec lesquels sa construisent les grandes. Pour lui, gouvernants et gouvernés ont même intérêt; il ne sépare pas la cause du but, l'armée du général, la société du gouvernement. A ses yeux, l'armée sans général n'est plus qu'une cohue, et lorsque, de la société, on enlève le gouvernement, il ne reste que le spectacle navrant et lugubre de toutes les passions, de toutes les folies qui se sont naguère déchaînées sur la France.

Avant de travailler à réhabiliter des coupables vulgaires, il importe de commencer à réhabiliter la France elle-même dans sa bonne renommée de pays intelligent et sage. Revenir à des transactions dont une longue expérience a fait justice serait un non-sens, au lendemain du jour où le pays a si hautement manifesté sa sympathie pour les pouvoirs forts et hardis. Ces nobles instincts de la nation doivent être la règle du législateur; il faut que les pouvoirs soient grands, pour que l'obéissance soit digne.

Ce discours, après avoir été attendu avec une grande curiosité, fut reçu finalement avec une certaine froideur. Les tribunes du Corps législatif étaient garnies de monde, et notamment de dames en toilettes élégantes. Le début de M. de Cassagnac faisait événement. L'orateur, après avoir commencé d'une voix assez ferme, se fatigua vite. Sa phrase parut, ou hasardée comme expression et comme image, ou traînante et longue. Les attaques contre la Révolution de 1789 soulevèrent quelques murmures. M. de Cassagnac fut plus heureux dans ses critiques contre la révolution de Février. Cette péroraison fut saluée par un grand nombre de *Très bien !*

En face de son rédacteur, le subtil directeur du *Constitutionnel*, M. Véron, prit une attitude doublement avantageuse.

En contredisant M. Granier de Cassagnac, et dans l'intérêt du pouvoir lui-même, et au nom de l'idée libérale, il était sûr d'avoir finalement le vote en sa faveur, et il avait chance de s'attirer les sympathies de ce qui restait d'opinion publique. C'est ce joint que saisit, avec sa perspicacité habituelle, le futé et malin docteur, qui, depuis quelque temps, guettait l'occasion de faire, lui aussi, son début parlementaire.

Mazarin qui, dans son langage moitié italien, moitié français, disait des choses fines et profondes, interrompit un jour, par cette singulière question, un jeune solliciteur qui lui demandait un emploi : — *Êtes-vous houroux, mossu?*

En cela se résumait pour le vieux politique, rompu à la pratique des affaires humaines, la qualité suprême. Il ne demandait pas : « Êtes-vous savant, loyal, courageux, spirituel? » Non. Il disait : « Êtes-vous heureux? » C'est-à-dire quand vous jouez, gagnez-vous? Quand vous allez à la chasse, rencontrez-vous du gibier? Quand vous entreprenez quelque affaire, cette affaire tourne-t-elle à votre avantage? En guerre, en voyages, en spéculation, êtes-vous heureux? Si vous êtes heureux, je suis votre homme. Le favori de la fortune est marqué d'un signe sacré pour le politique. A Dieu ne plaise qu'il contrarie cette puissante déesse! Place à l'homme heureux! Et, fût-ce le plus insuffisant des hommes, qu'on s'incline! La fortune ne doit pas mentir.

Le docteur Véron fut, par excellence, l'homme *houroux* du cardinal Mazarin. Il avait commencé par se faire nommer médecin officiel d'un musée, où il n'avait à réduire que des fractures de statues. Il gagna, à manquer une saignée, de quitter la médecine, qui le faisait à peine vivre, pour la spéculation qui l'enrichit. Il s'aboucha avec un pharmacien inconnu et mourant, s'intéressa à une pâte pectorale sans vogue et, sa chance aidant, il rendit le nom de *Regnault* célèbre; grâce à l'emploi judicieux de l'annonce, il gagna plus de milliers de francs qu'il ne guérit de rhumes. Passant du laboratoire de l'apothicaire aux couloirs de l'Opéra, il se trouva en rapports avec des musiciens peu exigeants sur les droits d'auteur et des danseuses accommodantes sur le chapitre des mœurs. Il fit, par hasard, représenter des chefs-d'œuvre, ayant par surcroît l'avantage de réaliser de grosses recettes. De la pharmacie à l'Opéra, et de l'Opéra à la presse, il y avait le trait d'union de cette publicité qu'il entendait aussi bien qu'Émile de Girardin. Là encore, il réussit.

Porté par le succès du journal le *Constitutionnel* et secondé par une phalange redoutable de rédacteurs grassement payés, il visa le pouvoir et le manqua; mais se rabattit sur la fortune, et l'atteignit. Il eut un pied dans tous les salons, une oreille à toutes les portes. Il vécut dans la familiarité et dans le conseil des grands; il reçut les cajoleries des ministres comme une coquette surannée qui sait qu'on ne la courtise pas pour ses beaux yeux, mais pour son large crédit et qui, du jeu, retire une épingle prête à piquer les parvenus ou les ingrats qu'elle a faits.

Rendu, par la vente forcée du *Constitutionnel*, aux loisirs de l'écrivain de longue haleine, et toujours soigneux des plaisirs du public, il allait, en 1854, composer ces *Mémoires d'un bourgeois de Paris*, dont il serait aussi injuste de louer le style que de nier l'intérêt. Ce bon docteur avait tant vu qu'il avait beaucoup à raconter! Il avait été le témoin de bien des choses, et l'ami de bien des gens. De sa loge de théâtre, de son bureau de journaliste, ou de son siège de député, il avait assisté aux débuts de tous ceux et de toutes celles qui devaient leur fortune à leur plume, à leur voix ou à leurs pieds; seulement ces gens-là, après avoir, comme il disait, « fatigué son escalier de leurs démarches », refusaient parfois de le recevoir. Il avait des souvenirs fidèles, des autographes curieux, et il était aussi instructif en parlant des autres que naïvement comique en parlant de lui-même.

Le docteur Véron n'était malheureux qu'en un point : la conformation physique.

Qu'on se figure un homme sans cou, la tête bouffie, un nez de carlin faisant à peine saillie entre deux joues énormes, et un ventre protubérant. Il portait une haute cravate blanche destinée à cacher des traces d'humeurs froides, et un gigantesque faux col, contemporain de celui de M. Saint-Marc-Girardin, et prédécesseur de celui de M. Garnier-Pagès.

Il était de mauvais goût, malgré son esprit, et maniéré, malgré son cynisme. Passant des plaisirs de l'alcôve à ceux de la table ; devant à son argent d'avoir eu Rachel pour amie, et d'avoir encore Sophie pour cuisinière, il était vaniteux comme un nègre, se montrant bardé de croix et de plaques d'origine exotique.

Au fond, personnage assez peu estimable. A tout ratelier où il avait vu pendre le foin des approbations, et surtout des profits, il avait mangé. Au râtelier du roi constitutionnel, au râtelier de la République, au râtelier de la réaction, il avait trouvé sa botte, et s'était attablé. Et, autant il avait salué et festoyé le râtelier garni, autant il avait honni et conspué le râtelier vide. Il se dérobait au service de toutes les causes vaincues ; il avait des éloges pour toutes les fortunes, des insultes pour tous les malheurs ; il ne doutait jamais de rien, dès qu'il avait fait le compte de la recette.

Cet habile homme partait de la remarque que ce qui plaît en général aux assemblées, c'est moins une pensée neuve, personnelle et profonde, qu'une forme correcte donnée à l'opinion commune. Les Chambres s'approuvent elles-mêmes en applaudissant l'orateur qui exprime ce que chacun a dans la tête. Il est des hommes politiques dont le succès tient surtout à ce qu'ils se contentent d'être les exacts réflecteurs de l'idée générale. Ils paraissent conduire l'assemblée, quand ils ne font qu'exprimer, en y cédant les premiers, l'impression de la majorité.

Le docteur Véron avait là une théorie juste et reposant sur la connaissance du cœur humain; mais le talent lui manquait pour en tirer le parti qu'il eût fallu.

La platitude de la forme s'unissait à la prudence du fond dans les considérations trop étendues qu'il fit valoir pour voter, tel quel, le projet en discussion. Il résistait avec indépendance aux opinions que le gouvernement n'avait pas; il accédait avec docilité aux propositions que faisait le pouvoir. Seulement, il était filandreux dans son indépendance comme dans sa docilité.

De ce discours, à la fois malin et terne, voici les deux seuls passages qui ressortent un peu :

Le pouvoir n'est plus une statue voilée; les ministres ne sont plus responsables. Le prince président a écrit, en tête de la nouvelle constitution, que le pouvoir exécutif prenait l'initiative de toutes les lois. Ainsi, le projet dont le Corps législatif est actuellement saisi émane du prince président, a été délibéré et voté en conseil d'État. Le préopinant voudrait, à ce projet, substituer un projet tout différent. Pour caractériser, d'un mot, l'intention du préopinant, il voudrait que le Corps législatif donnât plus qu'on ne lui demande...

L'orateur ajoute que, depuis le commencement du siècle,

la France a eu le triste privilège de voir tomber plusieurs gouvernements et d'assister à l'installation de plus d'un gouvernement nouveau. Bien souvent, les Chambres, en exagérant les principes du régime parlementaire, en faisant échec au pouvoir ministériel, derrière lequel était caché le chef de l'État, ont préparé, hâté, décidé les révolutions; mais, il faut le dire aussi, souvent il est arrivé que les gouvernements nouveaux ont exagéré le principe dont ils étaient issus et sur lequel ils s'appuyaient; souvent, il est arrivé que des conseillers imprudents ont poussé les gouvernements nouveaux à étendre inconsidérément le domaine de leur pouvoir. Ce sont là des excès qu'il faut prévenir. Selon l'orateur, un gouvernement qui voudrait tous les jours mettre dehors le capital de son pouvoir, à la moindre crise, serait ruiné. En definitive, il n'y a qu'une loi éternelle en politique, et cette loi, c'est que la sagesse, la modération sont les seuls appuis de la toute puissance.

Le docteur Véron, en se plaçant ainsi sur un terrain sympathique à la majorité, et en excitant chez elle le désir de bien entendre, obtint qu'on inaugurât, en sa faveur, un usage qui rétablissait officieusement une sorte de tribune. C'est ce que fit remarquer aigrement, quand le précédent fut invoqué dans la même séance au profit d'un autre orateur, un des membres du groupe des *Plats ventres* qu'inquiétait la tolérance exagérée de M. Billault. Ce qui prouve qu'on est toujours le libéral de quelqu'un !

Quinze jours s'écoulèrent de nouveau sans incident. Ce n'était plus, en effet, la vie mouvementée, haletante du régime parlementaire; plus de crise ministérielle en perspective; plus de modifications dans le gouvernement à craindre ou à espérer; c'était un grand silence, comme celui qui règne le matin dans la rue, lorsque, pendant la nuit, il est tombé une épaisse couche de neige assourdissant tous les bruits. Il en résultait un sentiment de repos général qui, au sortir du vacarme discordant de la liberté illimitée, n'était pas sans charme momentané. La lassitude de l'abdication politique devait venir plus tard; mais, pour le moment, c'était d'initiative, d'instabilité, de scandales et de luttes parlementaires, que l'opinion était à la fois saturée et écœurée.

Le 18 mai, il y eut, non pas une discussion, mais un discours de M. Rudel du Miral, député du Puy-de-Dôme.

M. Rudel du Miral est un produit, sans alliage libéral, de la candidature officielle. Son nom n'ira à la postérité, s'il y va, qu'escorté par le souvenir de certaine soupière dont les maires de sa circonscription s'étaient servis en guise d'urne, cuisine électorale qui fut plus tard critiquée par quelques mauvaises langues de l'opposition.

Il est très chatouilleux sur la légitimité de sa particule, que, de temps en temps, lui conteste un esprit pointu. C'est le blesser à un autre endroit sensible que de lui demander si son père, le citoyen Dumiral, n'a pas, comme membre de la Convention, voté la mort du roi Louis XVI. Au fond, il appartient à cette bourgeoisie arrivée qui voudrait voir reculer le flot révolutionnaire qui l'apporta.

Sa personne est taillée sur le même patron que celle de M. Rouher, son ami d'enfance et son protecteur. Nature plus vigoureuse que distinguée, il est finaud sans être fin, tenace comme un procureur, patient comme un campagnard, moitié robin et moitié *gentleman farmer*, mais encore plus paysan qu'homme du monde.

La figure est grande et correcte, forte tête sur un corps pesant; toute la barbe, moins la moustache, comme la portent quelques Américains; le dessous des yeux fatigué par le travail ou le plaisir, par les deux peut-être. Il s'avance à pas lourds, scandant sa marche et dodelinant de la tête.

Il fut, à l'origine, un de ces magistrats studieux et gourmés qui connaissent bien la lettre de la loi, mais ne lui prêtent point d'esprit. Il est devenu un de ces directeurs politiques de fermes-écoles, pour lesquels l'agriculture officielle est la meilleure des vaches à lait et la plus souvent traite.

Avocat, par surcroît, depuis qu'il est député, il se montre à la barre plus solide que brillant. Il a l'air de marteler à grands coups toutes ses phrases, comme s'il travaillait à un chaudron de son pays, et il reprend bruyamment haleine entre chaque période, à l'instar d'un soufflet de forge.

Au moral, c'est un ennemi personnel de la liberté à laquelle il doit faire, jusqu'à la fin, mauvais visage. Fier de sa force physique, il ne conçoit que la force gouvernementale en politique. Dans les grandes commissions où le crédit de M. Rouher, plus encore que son mérite, le fait nommer, son avis est arrêté d'avance; c'est celui de l'empereur, dès qu'il le connaîtra. Il cherche à plaire aux électeurs qui l'ont fait député, mais surtout il ne veut pas déplaire au préfet qui le fera, de nouveau, candidat officiel.

Dans le discours du 18 mai, la réclame électorale se double d'un trait de courtisan. M. du Miral veut, vis-à-vis des braves campagnards qui l'ont envoyé au Corps législatif, se donner l'apparence d'un député indépendant; dès le premier jour, il propose hardiment la réduction du contingent militaire, c'est-à-dire de l'impôt le plus lourd et le plus sensible aux familles; seulement, il ne tient qu'à l'apparence. Il sait que sa proposition va se heurter à une fin de non-recevoir, et il est disposé à s'incliner devant la première observation; il se résigne d'avance à voter lui-même en faveur du projet de loi qu'il critique pour la forme, et encore, le critique-t-il?

S'il en conteste la nécessité, c'est uniquement parce que la situation faite au pays, par le coup d'État, est sans pareille dans l'histoire : — paix digne à l'extérieur, tranquillité complète à l'intérieur, écrasement du parti révolutionnaire, et sentiment unanime de sécurité comme de satisfaction. Son langage est celui, non d'un indépendant sincère qui soutient avec conviction un amendement sérieux, mais celui d'un courtisan avisé qui, dans la crainte de rester confondu dans la foule des plats thuriféraires et des adhérents muets, prend le détour d'un air d'opposition pour faire mieux goûter la saveur, sans cela banale, de ses louanges.

Un commissaire du gouvernement répondit en quelques mots que la question de la quotité de l'effectif serait traitée lors de la discussion du budget; puis, l'on passa au scrutin et, M. du Miral, satisfait d'avoir mis sa personnalité en évidence, vota avec les autres, en bon candidat officiel qu'il ne voulait pas cesser d'être.

Quelques jours après vint devant la Chambre un projet qui, partiellement reproduit en 1866, devait être qualifié par M. Ernest Picard de *loi de sûreté générale à l'extérieur*. Le gouvernement français voulait étendre au dehors la protection exceptionnelle qu'au dedans il s'assurait à lui-même.

Louis-Napoléon avait un principe de gouvernement qu'il tenait de sa mère, la reine Hortense, Égérie aussi avisée que dissolue ; c'était celui-ci : « Ne souffrez pas qu'on
» parle quelque part sans votre autorisation expresse...
» Il n'y a presque pas de gouvernement qui puisse résis-
» ter à l'examen de son origine et à la discussion
» des actes personnels du maître. » Cet examen de l'origine du gouvernement de Décembre, cette discussion des actes personnels du prince qui venait de s'imposer en maître, étaient impossibles en France avec les lois sur la presse, l'imprimerie, et la juridiction correctionnelle appliquée aux délits politiques ; mais il y avait, à l'étranger, des Français réfugiés qui exhalaient dans des livres accusateurs et des poésies vengeresses leur âcre colère de vaincus contre le crime triomphant.

Le plus illustre de tous, Victor Hugo, venait de publier à Bruxelles son livre de *Napoléon le Petit* et allait composer dans les îles anglaises son poème des *Châtiments*. M. Schœlcher faisait successivement paraître à Londres ses deux volumes : *Histoire des crimes du 2 Décembre* et le *Gouvernement du 2 Décembre*. M. Pascal Duprat reconstituait les *Tables de la proscription*. M. Charles Ribeyrolles dépeignait les *Bagnes d'Afrique*. A Annecy, Eugène Sue écrivait son roman de *Jeanne* ou *la Famille d'un proscrit*. Le colonel Charras portait le premier coup à la légende de la Grande Armée avec son pamphlet : *Campagne de 1813* et *Waterloo*. Enfin, M. Marc Dufraisse commençait à Genève son *Traité du droit de paix et de guerre*, signalant d'avance le danger que court un peuple à remettre ses destinées extérieures entre les mains d'un homme.

Le prince président affectait de rire de ces manifestations de la pensée française à l'extérieur. Un jour qu'il tenait en mains un des exemplaires, saisis à la frontière, de *Napoléon le Petit,* il le montra à ceux qui l'entouraient en disant avec quelque esprit : « Tenez messieurs ; voilà *Napoléon le Petit,* par Victor Hugo le Grand ! » Cependant, à la veille de jouer la grande scène du rétablissement de l'empire, il avait besoin de ne pas inspirer en Europe de tels sentiments que la reconnaissance de son nouveau gouvernement en pût être compromise.

Les victimes de Décembre avaient trouvé une hospitalité cordiale en Suisse, large en Angleterre, timide en Belgique, et perfide en Piémont.

La vaillante petite République de Genève, fidèle à ses traditions généreuses, n'avait répondu ni aux insinuations ni aux menaces mal déguisées de son redoutable voisin.

La Belgique, moins favorable comme monarchie à des expulsés qui lui arrivaient comme républicains, avait en partie résisté, en partie cédé, donnant à quelques-uns l'ordre de quitter son territoire et poursuivant devant la cour d'assises les publications diffamatoires de quelques autres ; mais le jury belge, plus sympathique que son roi aux vaincus de la démocratie, avait régulièrement acquitté les écrivains, — ce qui n'avait point, on le comprend, satisfait le cabinet des Tuileries.

Le Piémont, dont le caractère fut toujours de flatter les puissants, et, par compensation, de se montrer dur pour les faibles, obligeait les proscrits « à renouveler fréquemment leur permis de séjour, à dénoncer tout changement de domicile dans les vingt-quatre heures, à ne pas s'éloigner sans autorisation du lieu de leur résidence, sous peine d'arrestation ou d'expulsion du territoire de l'État ». Les réfugiés n'étaient ainsi que des internés, et la police de Louis-Napoléon se trouvait faite, de ce côté, sans qu'il eût besoin de s'en mêler.

Restait l'Angleterre, dont la politique extérieure est odieusement égoïste, mais dont les mœurs sont d'un libéralisme qui donne l'illusion de la générosité. C'est de l'autre côté de la Manche que les ouvriers trouvaient plus de travail, que les médecins pratiquaient leur art plus aisément, que les établissements d'instruction publique s'ouvraient plus volontiers devant nos professeurs, et que la presse donnait plus largement asile aux écrivains français. On était plus près de la France, et en même temps plus à l'abri des atteintes de son gouvernement, l'Angleterre étant une grande puissance, un État insulaire, sur qui l'intimidation n'avait pas de prise. Aussi Londres était-il, peu à peu, devenu le foyer de l'opposition politique continuée par les proscrits contre le régime du 2 Décembre.

Au même moment, des négociations étaient engagées entre la France et l'Angleterre en vue de conclure un traité d'extradition réciproque. Des documents diplomatiques en assez grand nombre signalaient la trop grande facilité avec laquelle on pouvait franchir le détroit, aller commettre à l'étranger un acte répréhensible contre les personnes ou les propriétés pour rentrer dans son pays natal, en échappant à toute poursuite et à toute pénalité.

Louis-Napoléon conçut l'espoir d'obtenir l'extradition de tous les Français ayant commis à l'étranger des délits punis par la loi française, ces délits fussent-ils *politiques*.

5.

Les termes vagues de la convention signée à Londres le 28 mai 1852 se prêtaient à cette interprétation. Il fallait seulement qu'avant l'approbation du traité par la Chambre des lords et la Chambre des communes les *délits* commis à l'étranger par des Français fussent en France susceptibles d'une répression. Or, c'est ce qui n'était point jusque-là. L'article 5 du code d'instruction criminelle ne visait que les *crimes*, et encore les crimes d'une nature spéciale, ceux qui étaient de nature à compromettre la sûreté et le crédit de la France, tant à l'intérieur qu'à l'extérieur.

Le conseil d'État fut chargé de préparer d'urgence un projet qui pourvût à cette lacune de la législation intérieure.

Le but principal était d'arriver à l'extradition pour délit de presse commis à l'étranger; mais le gouvernement présidentiel n'était pas non plus insensible à l'avantage de fermer, pour une longue période, le territoire français à tout réfugié ayant écrit au dehors « sur l'origine du pouvoir et sur les actes personnels du maître ». En effet, la poursuite pouvait avoir lieu immédiatement, même en l'absence de l'écrivain; le jugement par défaut, si le contumace ne se présentait point pour faire opposition, devenait définitif et, pendant tout le temps de la prescription de cette condamnation passée en force de chose jugée, le Français, atteint ainsi à distance, ne pouvait rentrer dans son pays sans être appréhendé au corps, afin d'avoir à purger sa peine. On le voit, si Louis XIV avait eu à sa disposition les subtils légistes de 1852, il aurait fait légalement condamner par ses tribunaux ceux des protestants français qui avaient émigré après la révocation de l'édit de Nantes.

Ce caractère de mesure dirigée contre les proscrits était brutalement avoué d'un côté, et clairement compris de l'autre.

En effet, on lisait ce qui suit dans l'*Exposé des motifs :*

Si l'impunité légale d'excès aussi dangereux que fréquents, si la perversité humaine qui puise ses moyens de nuire dans les progrès même de la civilisation, ont signalé des lacunes et démontré l'insuffisance de la loi, n'est-ce pas un devoir pour le législateur de compléter son œuvre sans l'altérer, et d'y faire les additions que de nouveaux besoins réclament impérieusement?...

La presse, en 1808, n'avait pas encore montré toute sa puissance de destruction; mais ne nous a-t-elle pas appris, dans des circonstances récentes, quels moyens de renversement elle peut fournir aux ennemis de leur pays? Ne savons nous pas que des Français, se plaçant en dehors de nos frontières, attaquent tous les jours par cette voie, non seulement le gouvernement, mais encore tout le système social? Qu'ils font appel aux passions les plus détestables, insultent les pouvoirs de l'État, font l'apologie de tous les crimes, provoquent à la guerre civile et poussent l'étranger à la guerre contre nous? La loi actuelle est impuissante...

Les modifications demandées armeront la puissance publique contre ses éternels ennemis ; elles mettront notre législation en harmonie avec celle des peuples qui nous entourent; elles favoriseront cette sociabilité vers laquelle progressent toutes les nations et rendront plus facile l'application de cette maxime prise pour devise par le prince qui nous gouverne : « Il faut rassurer les bons et faire trembler les méchants ! »

Signé à la minute : ROUHER,
Président de la section de législation.

SUIN, VUILLEFROY.

Voici, comme réplique, ce qu'écrivait Victor Hugo :

Ce gouvernement se sent hideux. Il ne veut pas de portrait, surtout pas de miroir. Comme l'orfraie, il se réfugie dans la nuit; si on le voyait, il en mourrait. Or, il veut durer. Il n'entend pas qu'on parle de lui; il n'entend pas qu'on le raconte. Il a imposé silence à la presse en France ; ce n'est qu'un demi succès. Il veut la faire taire à l'étranger. On a essayé deux procès en Belgique, procès du *Bulletin français*, procès de *la Nation*. Le loyal jury belge a acquitté. C'est gênant. Que fait-on? On prend les journaux belges par la bourse. Vous avez des abonnés en France; si vous nous « discutez », vous n'entrerez pas. Voulez-vous entrer? plaisez. On tâche de prendre les journaux anglais par la peur : si vous nous discutez, nous chasserons de France vos correspondants. La presse anglaise a éclaté de rire.

Mais, ce n'est pas tout. Il y a des écrivains français hors de France. Ils sont proscrits, c'est-à-dire libres. S'ils allaient parler, ceux-là? S'ils allaient écrire, ces démagogues? Ils en sont bien capables; il faut les en empêcher! Comment faire? Bâillonner les gens à distance, ce n'est pas aisé. M. Bonaparte n'a pas le bras si long que ça.

Essayons pourtant; on leur fera des procès là où ils seront. Soit ; les jurys des pays libres comprendront que ces proscrits représentent la justice, et que le gouvernement bonapartiste c'est l'iniquité; ces jurys feront ce qu'a fait le jury belge, ils acquitteront.

On priera les gouvernements amis d'expulser ces expulsés, de bannir ces bannis : soit; les proscrits iront ailleurs; ils trouveront toujours un coin de terre libre, où ils pourront parler.

Comment faire pour les atteindre? Rouher s'est cotisé avec Baroche et, à eux deux, ils ont trouvé ceci : bâcler une loi sur les crimes commis par les Français à l'étranger, et y glisser les « délits de presse ». Le conseil d'État a dit oui, et le Corps législatif n'a pas dit non.

Aujourd'hui, c'est fait. Si nous parlons hors de la France,

on nous jugera en France : prison (pour l'avenir, et en cas), amendes et confiscations. Soit encore ! Ce livre sera donc jugé en France, et l'auteur dûment condamné, je m'y attends, et je me borne à prévenir les individus quelconques, se disant magistrats, qui, en robe noire ou en robe rouge, brasseront la chose, que, le cas échéant, la condamnation à un *maximum* quelconque bel et bien prononcée, rien n'égalera mon dédain pour le jugement, si ce n'est mon mépris pour les juges. Ceci est mon plaidoyer.

M. Bouhier de l'Écluse eut le mérite de faire entendre, au sein même du Corps législatif, quelque chose de ce que Victor Hugo pouvait dire hardiment hors de France.

M. Bouhier de l'Écluse était un gros homme à figure bouffie, les traits réguliers, des favoris de magistrat, les lèvres épaisses, l'œil rond et l'air content de lui ; il avait, de plus, l'activité intéressée qui naît du désir de faire parler de soi en toute occasion.

Médiocre avocat, il voulait improviser, parler sans préparation, et le résultat ne répondait, ni à ses efforts, ni surtout à ses prétentions. En dépit de ses insuccès parlementaires, il lui semblait qu'il doublait sa valeur en se multipliant ; il croyait acquérir l'importance d'un chef de parti en déployant plus souvent qu'aucun autre le drapeau légitimiste et catholique. En réalité, il n'avait d'autre rôle que celui du héraut d'armes qui crie à intervalles rapprochés : « Dieu et le roi ! »

Malgré de petits ridicules, il avait un caractère estimable. Il était dignement descendu de son siège de magistrat pour ne pas adhérer à la trahison de famille qui avait placé Louis-Philippe sur le trône. Il s'était vaillamment comporté aux journées de Juin, et sa générosité après la lutte se montra égale à son courage pendant le combat. Il finit (quoi qu'il lui en coûtât, et il ne le dissimulait point) par sortir du Corps législatif pour ne pas prêter serment à une autre monarchie que la royauté. Tout exposer, beaucoup perdre, et ne rien gagner à servir une cause politique, — cet exemple d'une fidélité mal récompensée mérite que l'historien, plus juste que les contemporains, en tienne compte à M. Bouhier de l'Écluse.

S'il n'avait tenu qu'à lui, on aurait vu plus tôt s'opérer le rapprochement de 1869 entre les deux oppositions irréconciliables de droite et de gauche.

Une des forces de Louis-Napoléon en 1852, c'est que les royalistes s'entendaient avec lui pour poursuivre, dans les démocrates, ce qu'on appelait, selon le langage du temps, le *parti du crime*; tandis que les démocrates s'interrogeaient pour savoir ce qui l'emportait dans leur cœur, ou de l'indignation causée par l'attentat du 2 Décembre, ou de la haine inspirée par la résurrection de l'esprit clérical.

M. Schœlcher a écrit dans son livre, *Histoire des crimes du 2 Décembre* : « Il y avait entre les royalistes et les démocrates des dissidences si profondes, des causes d'éloignement si radicales, que, loin d'avoir pu s'unir au sein de la représentation nationale, il leur est même, et il leur sera toujours impossible de se coaliser dans la défaite. » Non! cela ne devait pas être toujours impossible; mais, la vérité, c'est que les deux partis se haïssaient trop encore entre eux pour s'unir de si tôt contre l'adversaire commun.

M. Bouhier de l'Écluse, au contraire, qui avait l'âme généreuse et novatrice, ne se sentait aucune répugnance contre la démocratie; il paraissait quelquefois aux banquets populaires, et s'était toujours occupé des grandes questions sociales.

Aussi, quand, le 4 juin, il vit que les principes d'égalité et de justice étaient méconnus par le projet de loi sur « les crimes et délits commis à l'étranger par des Français », il ne voulut point se souvenir qu'il s'agissait là d'une arme de guerre dirigée uniquement contre des hommes appartenant à un autre parti que le sien, et il prit la parole. Si le discours ne fut pas beau, l'acte fut du moins courageux et honnête.

Voici la fin de ses observations :

M. Bouhier de l'Écluse ne saurait trouver de similitude entre des principes, dont l'un tend à protéger le Français, même au dehors, tandis que l'autre ne le suit sur le territoire étranger que pour le saisir et le frapper. A une disposition paternelle, on substitue une disposition draconienne; on remplace une chose par une autre.

De son côté, M. Pierre Legrand discuta la loi, mais dans l'intérêt local du Nord, non au point de vue général de la cause démocratique. Le projet réservait en tout cas le droit de poursuite au ministère public. M. Legrand demanda que le Français lésé fût armé du droit de *citation directe* contre celui, Français ou étranger, qui, en dehors de la frontière, lui aurait porté préjudice par un fait qualifié et puni par la loi criminelle française. Ce fut un débat purement juridique, où la contrebande, la contrefaçon et le vol tinrent plus de place que la politique et la passion. Évidemment, M. Pierre Legrand n'avait pas osé attaquer de front la loi, se sentant dans la Chambre suspect de républicanisme; il ne voulait pas non plus paraître la voter sans résistance, ayant à ménager l'opinion assez avancée de son arrondissement; ce fut là le terme moyen auquel il s'arrêta. Il se montra plus tard moins timoré dans la discussion de la loi de sûreté générale; mais, alors, il était délivré du terrible poids d'un complet isolement.

M. le marquis d'Andelarre, naturellement plus hardi de caractère, fort de plus de sa situation de conservateur avéré, atteignit le projet à son endroit faible.

M. d'Andelarre brillait par la résolution et la ténacité. Le plus petit membre de la Chambre, ayant la taille exiguë et la voix flûtée de M. Thiers, il rachetait cette structure abrégée en se multipliant par une activité de géant; il travaillait beaucoup, il travaillait toujours, se levait dès l'aurore pour imiter les grands hommes, était de toutes les commissions, compulsait de gros dossiers, prononçait les discours les plus longs qu'il pouvait, enflait sa voix, élargissait son geste, s'efforçait d'emplir la salle et n'aurait pu être fidèlement représenté par les peintres de portraits que portant, sous le bras, des papiers aussi énormes qu'il était fluet.

Choyé dans le faubourg irréconciliable, élégant d'allures, il semblait fait pour l'habit de cour des gentilshommes d'autrefois, avec le nez spirituellement retroussé des marquis galants de la Régence, et une abondante chevelure blanche qu'on eût prise volontiers pour la perruque poudrée du temps.

Nommé député avec l'appui du gouvernement, il avait déjà conscience de pouvoir se faire réélire sans, ou même contre l'administration, et cette certitude lui facilitait une indépendance qui était déjà dans son caractère foncièrement honnête et naturellement belliqueux. Il ne pouvait être ni le général en chef qui conçoit le plan de bataille ni le chef de corps qui pousse à fond l'attaque décisive; il se contentait du rôle plus modeste, mais encore utile et louable, de sentinelle avancée, de tirailleur alerte de la cause de la liberté, dont il n'hésitait jamais à arborer le drapeau, alors bien abandonné.

Par un étrange retour des choses d'ici-bas, la commotion de 1870 devait faire, de l'ancien libéral du Corps législatif, un réactionnaire de l'Assemblée nationale de 1871; de l'ancien lieutenant de M. Thiers, son adversaire acharné dans le vote du 24 mai 1873; et, d'un des anciens ouvriers inconscients de la République, un des royalistes qui, en 1875, la repoussèrent le plus énergiquement comme régime légal.

C'est ainsi que la liberté a perdu, après le 4 Septembre, beaucoup de partisans précieux qui n'ont pas voulu reconnaître leur ancienne idole sous la figure de la démocratie républicaine. C'est que, sous l'empire, ils n'étaient libéraux que parce qu'ils étaient opposants; le despotisme leur était surtout odieux parce que d'autres l'exerçaient à leur place et contre leurs amis. Le peuple n'était que le parterre du théâtre politique, où ils jouaient de préférence pour les premières loges. Mais, du moment où le parterre est monté sur la scène, ils ont cru de leur dignité de se retirer, espérant toujours que le public allait les rappeler, et cherchant, entre eux, à entretenir les traditions du Conservatoire monarchiste.

Pour revenir à la discussion du 4 juin 1852, M. d'Andelarre se trouvait initié, par sa haute situation mondaine, à ce qui se disait à demi-mot dans les cercles diplomatiques. En outre, il avait remarqué, comme tout le monde, avec quel soin l'exposé des motifs avait discuté les questions de droit international se rattachant au projet de loi.

C'est de ce côté que M. d'Andelarre dirigea son assaut contre le projet. Il insista avec force sur ce qu'il y avait d'exorbitant à atteindre en France des étrangers pour les délits commis dans des pays étrangers, à la seule condition d'un préjudice causé à un intérêt français, — collectif ou particulier. Il appela discrètement l'attention des chancelleries européennes sur le danger qui pouvait résulter pour leurs nationaux d'une telle disposition ; enfin, il menaça le commerce d'exportation français de représailles qui, surtout dans les républiques troublées de l'Amérique du Sud, pouvaient fournir prétexte à des vexations odieuses.

Ce projet sur les crimes et délits commis à l'étranger fut pourtant adopté le 4 juin 1852 par 191 bulletins blancs contre 5 bulletins bleus. Seuls, MM. Bouhier de l'Écluse, de Durfort-Civrac, Montané, de Parieu père et Taillefer, avaient voté contre. Eh bien ! cette loi sanctionnée par le Corps législatif à la presque unanimité disparut tout à coup. Non seulement elle n'a jamais été discutée au Sénat ; mais elle n'y a même jamais été portée. Elle fut remise à l'étude pour ne sortir à nouveau des cartons du conseil d'État que quatorze ans après, en 1866.

Les observations diplomatiques, présentées d'une manière orale et officieuse par les ambassadeurs des puissances que Louis-Napoléon ménageait alors pour en obtenir plus facilement la reconnaissance officielle de son futur empire, avaient subitement refroidi le gouvernement français pour une loi dont nous avons signalé la vraie raison d'être : le désir furieux d'atteindre, même par delà la frontière, les proscrits républicains qui savaient manier une plume. Ce but manqué, tout le reste redevenait secondaire, et pouvait être momentanément abandonné.

L'utilité principale de la loi du 4 juin 1852 était, on s'en souvient, subordonnée au sort du traité d'extradition conclu avec l'Angleterre le 28 mai. Le cabinet anglais, pressé par le gouvernement français, avait déposé au parlement un projet de *bill* ratifiant la nouvelle convention ; mais cette proposition ne dépassa pas la Chambre des lords.

Le *bill* fut admis en première lecture (séances des 8 et 9 juin 1852); seulement, quelques jours plus tard (séances des 14 et 15 juin), quand la discussion revint devant la Chambre haute, lord Brougham demanda au gouvernement anglais s'il savait que, depuis la signature de cette convention diplomatique, des changements avaient été apportés à la législation intérieure de la France. Le traité, s'appliquant à une situation nouvelle, à des textes plus larges, prenait une portée inattendue et dangereuse. Le noble lord suggéra donc au cabinet l'idée de retirer, au moins momentanément, le *bill* ratificatif du traité du 28 mai.

Lord Malmesbury, ministre des affaires étrangères, — bien que favorable au gouvernement de Louis-Napoléon dont il était l'ami personnel, — se crut obligé de souscrire à cette proposition. Il répondit : « En effet, il serait extrêmement dangereux que le gouvernement de S. M.

continuât à soutenir ce *bill* en présence de la loi qui vient d'être adoptée en France. D'abord, je ne comprends pas encore toute la portée qu'on veut donner à ce texte; mais, autant que je puis m'en faire dès à présent une idée, il semblerait donner au gouvernement français la faculté de réclamer un criminel dans toute partie du monde où le crime aurait été commis, encore bien que le crime n'ait pas été commis sur le territoire français et que l'individu ne soit pas Français... » Et lord Brougham interrompit, en disant : « Oui! un Anglais à Londres. »

Le but de la loi du 4 juin était manqué; c'était un échec diplomatique que Louis-Napoléon subissait là. En même temps, c'était une leçon de vigilance et de libéralisme que le Parlement anglais donnait au Corps législatif français.

III

SUITE DE LA SESSION ORDINAIRE DE 1852
LE BUDGET DE 1853

I

EN COMMISSION

Si on ne consultait que les apparences, on se ferait une très fausse idée de la session de 1852 au Corps législatif.

Ni dans l'élection des membres de la commission du budget par les bureaux, ni dans le rapport sur le budget des dépenses, il n'y a eu une opposition préméditée; dans l'un, comme dans l'autre cas, il ne faut voir que les tâtonnements inséparables de la première mise en pratique d'un régime nouveau; au premier abord, chacun se montre gêné dans ses habits neufs, ne sait au juste ni à qui il a affaire, ni jusqu'où il a la liberté d'aller, ni ce qu'il a droit d'exiger des autres; le gouvernement pèche par incertitude de ce qu'il doit vouloir; les députés, par ignorance de ce qui leur est permis; tout le monde, par inexpérience.

Analysons la liste des commissaires du budget.

Ils sont au nombre de vingt et un, les sept bureaux élisant chacun trois commissaires.

Sur ces vingt et un membres, cinq n'ont jamais appartenu à aucune assemblée politique. Ce sont MM. Ouvrard, Garnier, Perret, Delamare (Creuse), et enfin Adolphe de Belleyme, qu'il ne faut confondre, — ni avec son frère Charles de Belleyme, député de 1845 à 1846, — ni avec son père, M. Louis de Belleyme, conseiller très nul à la cour de cassation, après avoir été président très distingué du tribunal de la Seine.

Les seize autres commissaires sont tous de vieux budgétaires. Ils ont été, en effet, soit députés ou pairs de France sous Louis-Philippe, soit représentants du peuple sous la République. Ce sont, par ordre de bureaux, MM. Taillefer, Favart, Gouin, Louvet, comte de Montalembert, comte de Chasseloup-Laubat, duc d'Uzès, comte de Flavigny, baron de Bussière, duc de Mouchy, baron de Ravinel, Ancel, baron Hallez-Claparède, Adolphe Lequien, Randoing et Faure.

La majorité ainsi élue montra une indépendance qui émut quelque peu l'opinion et irrita beaucoup le pouvoir. Cependant, de la part des bureaux, il n'y avait point de réelle velléité de résistance. En effet, au moment où ils furent élus, ces commissaires ne se distinguaient encore que par leur expérience et leur notoriété parlementaire des autres candidats officiels; tous avaient, au même titre, accepté et reçu l'estampille gouvernementale; tous avaient également adhéré au coup violent porté, le 2 Décembre, aux idées démocratiques et républicaines; tous, avec plus ou moins de réserves, consentaient à la subordination momentanée du principe de liberté au principe d'ordre; tous, avec plus ou moins de regrets, mais avec une égale netteté, faisaient leur deuil du régime parlementaire proprement dit et de la responsabilité solidaire des cabinets devant la Chambre; c'était seulement la pratique du nouveau régime représentatif qui devait révéler, malgré la communauté d'origine, des différences de tempérament et de conceptions politiques.

A l'honneur de la dignité humaine, il s'est trouvé, même dans ce Corps législatif élu au lendemain du coup d'État, des députés consciencieux, sinon vraiment libéraux qui, forts de leur passé conservateur, dans un langage dont la modération voulue n'excluait pas la fermeté, se sont faits devant le pouvoir attentif, plus que devant l'opinion indifférente, les défenseurs de la sincérité et de l'efficacité du contrôle financier. C'est là l'effort ingrat dont l'histoire impartiale a le devoir de leur tenir compte aujourd'hui !

La commission du budget commença par élire pour président M. Gouin, député d'Indre-et-Loire, la plus haute autorité financière du Corps législatif.

Sorti de l'École polytechnique, mathématicien de goût, banquier de profession, un peu malgré lui d'abord, M. Gouin a toujours été profondément versé dans les affaires, sans être jamais un faiseur d'affaires. Il a eu un double honneur : celui, à son début, de recevoir les conseils du baron Louis, et celui, à la fin de sa vie, d'être consulté par M. Thiers.

Député sous Louis-Philippe, on le vit successivement membre laborieux du parlement, ministre du commerce actif et bien intentionné, enfin opposant acharné pour reprendre son portefeuille.

Après le 2 Décembre, il termina sa carrière dans une Chambre où il ne pouvait plus jouer de rôle, et dans une caisse d'escompte dont il ne put relever les affaires.

C'était non seulement un ministre d'un autre régime, mais un homme d'un autre âge.

Il était resté fidèle à la haute cravate noire de mode sous Louis-Philippe; de taille moyenne, il portait une redingote de coupe antique, et ses gilets rappelaient 1830; sans aucune coquetterie, il laissait sa perruque noire jurer avec ses favoris blancs.

Son nez pointait droit comme celui d'un chien de chasse en quête d'une piste; ses sourcils étaient toujours contractés comme ceux d'un critique qui a une sérieuse observation à formuler; ses lèvres minces se serraient comme celles d'un politique qui n'ouvre la bouche que pour dire des choses d'importance; son regard semblait teinté de mélancolie comme celui d'un laborieux qui, après s'être donné beaucoup de peine toute sa vie, s'attriste de voir les choses tourner mal pour lui.

Sa droiture incorruptible, sa science connue, sa longue expérience, son exposé lucide, son argumentation serrée, ses conclusions précises lui donnaient une autorité presque irrésistible dans les commissions du Corps législatif. En public, il disait encore de très bonnes choses, mais qui frappaient moins, faute d'ampleur dans l'organe et de netteté dans l'émission de la voix. Il bredouillait sensiblement, en sorte qu'on ne l'entendait qu'à force de l'écouter.

A la fin, il s'isolait de plus en plus, n'ayant jamais, du reste, été ni causeur, ni expansif. Dès le début de la séance, il s'asseyait à sa place, morne et silencieux, méfiant des autres et de lui-même. Quand on lui demandait un service, il était toujours prêt à donner à celui-ci un renseignement, à celui-là un conseil ou une signature; mais, aussitôt après, il retombait dans une torpeur découragée, comme si les ombres de la mort s'étaient déjà étendues sur son âme. Au résumé, c'était une conscience, et le gouvernement l'avait, comme député de Tours, habilement accepté plutôt que spontanément désigné.

Aujourd'hui, il y a à la Chambre un rapporteur général du budget, tant pour les dépenses que pour les recettes, mais assisté de plus de vingt rapporteurs spéciaux, candidats ministériels plus ou moins avoués. En 1853, après l'établissement de l'empire, il n'y eut aussi qu'un rapporteur général, mais sans rapporteurs spéciaux. En 1852, période provisoire, on s'arrêta à un terme moyen, c'est-à-dire deux rapporteurs : un pour les recettes, M. Gouin; un pour les dépenses, M. de Chasseloup-Laubat.

Au point de vue des recettes, le gouvernement venait, le 12 juin, de proposer un remède destiné à parer au déficit déjà ancien et comme chronique du budget; il s'agissait d'impôts nouveaux frappant les voitures, les chevaux de luxe, le papier, etc. Ces taxes avaient un double caractère : les unes étaient somptuaires et empreintes d'une sorte d'esprit socialiste; la dernière était restrictive de la pensée, cette suspecte, et de la presse, cette ennemie.

D'un côté, la nature des propositions faites n'agréait

pas à la majorité de la commission du budget, à la fois libérale d'esprit et aristocratique d'instincts ; de l'autre, la majorité du Corps législatif était essentiellement protectionniste d'opinion et surtout d'intérêts ; or, elle se disait que, si le gouvernement, par une initiative assez étrange au début d'un régime, demandait l'augmentation des impôts, il devait, en échange, méditer de donner quelque compensation aux instincts ou aux intérêts démocratiques.

Les députés se rendaient compte, en effet, que Louis-Napoléon, pour détourner le pays de la vie politique proprement dite, allait surexciter la vie sociale. Le prince sentait que l'esprit de liberté est impérissable dans la nature humaine, et il cherchait à lui assurer un refuge, à lui fournir un aliment, à lui imprimer une direction autres que par le passé ; le nouveau courant qu'il travaillait à déterminer était exclusivement économique.

Il était prêt à concéder spontanément les libertés de la boucherie et des théâtres pour s'éviter de restituer la liberté politique, ou plutôt la liberté sans épithète. Le but qu'il commençait à montrer aux masses, c'était l'émancipation du travail par la liberté des échanges.

Mais l'abaissement progressif, et bientôt la suppression instantanée des derniers droits protecteurs devaient élargir le trou déjà fait au budget par la multiplication des gros traitements destinés à récompenser les services de Décembre. Pour combler ce déficit croissant, des impôts nouveaux étaient indispensables ; c'est ce que le Corps législatif comprenait ; aussi résistait-il doublement, et à cause de la tendance somptuaire des taxes proposées, et à raison de la facilité que des recettes supplémentaires devaient donner au gouvernement de se passer du produit des anciens tarifs de douane.

Le gouvernement était assez indécis.

La commission du budget n'admettait ni, en principe, que des impôts nouveaux fussent nécessaires, ni, en fait, que ces taxes pussent revêtir un caractère d'hostilité contre la classe riche. En supposant que la Chambre fût d'un autre avis, la discussion devait se prolonger assez longtemps pour dépasser la limite légale de la session de 1852, laquelle allait constitutionnellement être close le 28 juin.

D'autre part, il se produisait une plus-value considérable sur les prévisions budgétaires. Le grand silence de Décembre, si pesant pour les intelligences, devenait fécond pour les affaires ; la pensée était dans la gêne, mais l'argent avait libre cours ; toute association politique devait se dissimuler, mais toute société financière prospérait, au moins momentanément, — même celles qui ressemblaient à ces champignons vénéneux poussant au lendemain des nuits d'orage ; la spéculation industrielle avait devant elle un avenir qui ne lui semblait pas trop acheté au prix de quelques pots-de-vin habilement répartis ; bref, l'or, longtemps enfoui au fond des bas de laine de l'économie provinciale, revoyait le jour et tombait en pluie, tant dans la caisse des banques particulières que dans le trésor de l'État. En face de cette opulence qui paraissait illimitée, parce qu'elle était indéfinie, le gouvernement abandonna, du moins provisoirement, des propositions qui cessaient d'être politiques dès qu'elles n'étaient plus urgentes.

Aussi le 18 juin, c'est-à-dire six jours seulement après avoir été présentés, les projets relatifs à la création d'impôts nouveaux étaient-ils retirés.

Au point de vue des recettes, le budget de 1853 restait identique au budget de 1852 réglé par décret dictatorial ; le rapport de M. Gouin perdait dès lors de son intérêt politique. Les sages conseils, les avertissements utiles que la commission du budget voulait faire parvenir au prince devaient être transportés dans le rapport sur les dépenses, confié au comte de Chasseloup-Laubat.

Ce rapport serait un acte de courage si son auteur avait cru, en le rédigeant, faire autre chose qu'un acte d'habileté.

A vivre trop exclusivement dans le milieu factice des couloirs parlementaires et des salons parisiens, on ne se préoccupe point assez de ce qui se passe obscurément au loin, tout au fond du pays. M. Guizot a remarqué que l'infériorité de la classe politique en France est de ne pas connaître exactement les masses populaires, et surtout cette classe rurale aux idées simples, aux intérêts primitifs et aux passions égalitaires. M. de Chasseloup-Laubat, sceptique et raffiné, tombait dans l'erreur commune aux politiciens de son monde.

Il eut le tort de se croire, dès 1852, à la veille de remplir le rôle de M. Émile Ollivier au commencement de 1870. Égaré par ce rêve, il se tenait prêt pour une évolution libérale qu'il prévoyait à trop brève échéance. Il ébauchait d'avance un programme en vue du changement dont il comptait bien profiter largement, après l'avoir, le premier, publiquement appelé.

La partie générale et politique de son rapport établit ce que doit être un régime représentatif sérieux et sincère, sans rien d'hostile toutefois au gouvernement qu'il ne songe, ni à désavouer, ni même à entraver dans son action.

Cette partie, qui avait la prétention de constituer le programme ministériel d'un prochain avenir, mérite d'être reproduite ici.

Messieurs,

En parlant de l'administration des finances, Sully a dit : « C'est le point essentiel et le plus intéressant du gouverne- » ment. C'est par le moyen des finances qu'on fait tout ; sans » elles, on ne saurait rien faire. C'est de là que dépend le » soulagement ou l'accablement des peuples. C'est de là que » dérivent les bons ou les mauvais succès des desseins et des » entreprises. C'est ce qui cause la grandeur ou la ruine » des empires. »

Si, depuis le temps où le grand ministre de Henri IV écrivait ces lignes, la science économique a fait des progrès, si le crédit est venu ajouter un nouveau et puissant ressort aux facultés dont les États pouvaient alors disposer, les paroles de Sully n'en sont pas moins l'expression d'une vérité que l'histoire s'est toujours chargée de confirmer.

C'est parce que les revenus publics ne sont, en définitive, que le produit des contributions de chaque citoyen que les nations libres ont voulu avoir des délégués choisis par les différentes parties du territoire, représentant ainsi tous les intérêts divers, et intervenant dans l'établissement des impôts comme dans le règlement des dépenses auxquelles ces impôts doivent pourvoir; et c'est parce que, plus rapprochés des populations, ces délégués peuvent mieux apprécier à sa juste valeur le poids des contributions qu'ils doivent apporter plus de soin dans l'examen de tout ce qui peut accroître ou alléger les charges qui pèsent sur le pays. Que cette intervention soit sérieuse, respectée, et le pays, comme le gouvernement, conservera un élément de force et de confiance qu'on chercherait vainement ailleurs.

Pour nous, messieurs, au début de la carrière du Corps législatif, lorsque, au lendemain des révolutions, nous nous trouvons en présence d'un pouvoir qui s'organise, lorsqu'on n'a pu encore expérimenter bien des choses, il ne serait peut-être pas bon d'apporter, dans l'examen des crédits que le pouvoir demande, une sévérité qui, sans cesser d'être juste, pourrait pourtant avoir le double inconvénient, ou de paraître dictée par une sorte de défiance, ou de ne pas être appuyée par une expérience suffisante. Dans de telles circonstances, messieurs, exposer avec franchise la situation, avertir avec calme, laisser au gouvernement la liberté, la responsabilité des nouvelles organisations, enfin ne vouloir faire que les économies sur lesquelles on ne peut avoir de doute; c'est en définitive satisfaire au présent et réserver l'avenir.

Notre tâche, qu'on nous permette de le dire, n'était point sans quelques difficultés, et par le peu de temps qui nous était donné, et par *la complication des rapports entre le gouvernement et la commission.*

Aujourd'hui nous ne pouvons communiquer avec le gouvernement que par l'intermédiaire du conseil d'État, qui, confident et organe de sa pensée, a seul le droit de transmettre au Corps législatif les documents qu'à son tour il se fait remettre par les ministres...

Nous avons cherché, permettez-nous de vous le dire, à nous inspirer de l'esprit de sagesse et de modération qui vous anime; et si le rapport ne vous en donne pas la conviction la plus entière, n'accusez que l'insuffisance de l'interprète que la commission a choisi.

Votre commission, pourtant, ne peut pas ignorer combien ses intentions ont été méconnues, et de combien de reproches contraires elle peut se voir l'objet. *Chaque époque, chaque cause a ses exagérations,* messieurs, nous le savons; mais nous savons également que si les hommes modérés, qui remplissent loyalement leur devoir, sont exposés aux attaques des passions du moment, tôt ou tard la conscience publique leur rend justice. C'est, après tout, la plus belle récompense des honnêtes gens!

Les deux rapports sur le budget paraissaient à leurs auteurs, vieux politiques sortant d'un régime d'omnipotence parlementaire, aussi respectueux dans la forme que modérés dans le fond; mais, où MM. Chasseloup-Laubat et Gouin croyaient sincèrement rester bien en deçà de leurs droits, le gouvernement du 2 Décembre vit avec colère une résurrection inattendue de l'esprit de résistance propre aux anciennes Chambres.

M. de Viel-Castel rapporte dans ses *Mémoires* que l'entourage intime de Louis-Napoléon se montrait ouvertement irrité de ce que le *parti des ducs* (les ducs d'Uzès et de Mouchy), secondé par M. de Montalembert, essayait de réduire le crédit des beaux-arts, de rogner sur le mobilier de la présidence, et même de diminuer la sécurité personnelle du prince en supprimant les inspecteurs généraux de police. Parmi les flatteurs de la cour en formation il n'y avait pas assez d'ironies et de dédains pour *cette fameuse commission !* Dans la presse officieuse et subventionnée, il n'y avait pas assez de violence de langage contre la race renaissante des *Frondeurs !*

En réponse aux récriminations exagérées de la presse ministérielle, M. Havin, dans le *Siècle* du 13 juin, prit hautement la défense de la commission du budget et du Corps législatif. C'était le premier pas essayé par les démocrates dans la voie féconde de cette *Union libérale* qui devait, plus tard, devenir le mot d'ordre des élections de 1869. Sur le terrain commun des garanties représentatives, les anciens républicains pouvaient se rencontrer, sans compromission comme sans embarras, avec les anciens libéraux. Le *Siècle* eut la clairvoyance de le comprendre et l'à-propos d'en donner l'exemple : à ce titre, l'article, dont on va lire quelques passages, mérite d'être retenu.

Sans doute la législation qui régit aujourd'hui la presse est très rigoureuse, puisqu'elle permet à l'administration d'avertir, de suspendre, de supprimer les journaux ; *mais il existe, heureusement, une puissance qui tempère la sévérité de toutes les lois, de toutes les constitutions : c'est l'opinion publique. Elle parle de toutes les façons, par les actes, par les démissions, par les rapports diplomatiques, par les jugements, par les salons, par les causeries, par les nouvelles à la main, par les journaux étrangers, par des affirmations, par des négations ; elle trouverait au besoin des muets pour se faire entendre, ou, comme à Rome, une statue pour lui servir d'organe.*

Si la commission du budget met sous les yeux de la France la situation des finances, et appelle la sérieuse attention du gouvernement sur les économies à faire et sur les transformations à opérer dans nos impôts, où sera le mal? Les journaux qui appuient le gouvernement nous semblent de bien maladroits amis en attaquant, soit directement, soit d'une manière sournoise, la commission et le corps même qui l'a choisie parce qu'ils veulent réformer les abus.

Cette fois au moins, elle n'accusera pas nos amis d'être, dans l'assemblée, cause de ses ennuis ou de ses contrariétés.

II

EN SÉANCE PUBLIQUE

§ 1ᵉʳ. — *Discussion générale*

La discussion générale du budget eut lieu dans la séance du 22 juin ; ce jour-là presque tous les sièges étaient occupés. On se trouvait comme dans un salon de bonne compagnie, entre parents pour ainsi dire ; car, jamais plus que dans cette Chambre, il n'y eut, à la fois, plus de pères et de fils, de frères aînés et de frères cadets, d'oncles et de neveux siégeant côte à côte.

On ne voyait pas, comme aujourd'hui, les députés courir de banc en banc, se former par groupes, aller et venir, faire successivement la salle déserte par le grand nombre de ceux qui sont sortis, et bruyante par les conversations à haute voix de ceux qui restent. Les suspensions de séances ne se produisaient pas, en fait, par un exode général du côté de la buvette. Tous écoutaient ou avaient l'air de réfléchir. Dans ces conditions, les débats se prolongeaient avec calme, et non sans quelque dignité.

D'ensemble, l'aspect de la salle est froid. Les regards se portent involontairement vers la place qu'occupait la tribune. Elle est remplie par l'estrade, élevée seulement de deux marches, qui est réservée aux conseillers d'État. Les trois commissaires du gouvernement s'y installent. Ils contrastent, par leur costume officiel rehaussé d'or et par la tenue un peu raide à laquelle ils se croient obligés, avec le laisser-aller des députés, tous en redingote, si ce n'est en veston.

Le procès-verbal est lu rapidement et à voix basse par un secrétaire, tout comme de nos jours. Les députés que sa rédaction intéresse en ont pris connaissance et y ont fait faire, avant la séance, les rectifications admises par le président. Ce texte ne peut donc soulever aucune réclamation; aussi est-il adopté sans débat; puis, on ouvre la discussion générale sur le budget, et le président donne la parole à M. de Kerdrel.

M. de Kerdrel était, à cette époque encore, affligé d'une de ces jolies figures qui empêchent longtemps les hommes de prendre de l'autorité sur un auditoire masculin. Il portait toute sa barbe et la moustache retombant sur les lèvres; une calvitie naissante marquait seule l'âge qui venait. L'œil regardait en quelque sorte en dedans, comme celui de l'improvisateur embarrassé pour faire un choix entre les idées et les expressions qui se pressent trop abondantes dans sa pensée et sur ses lèvres. M. de Kerdrel, opposant déclaré, ne s'attendait pas à l'approbation; il ne comptait que sur le silence poli de collègues hommes du monde. Ni la chaleur de la parole, ni le respect que méritent la loyauté du caractère et la sincérité des convictions politiques, ne pouvaient lui valoir autre chose qu'un succès d'estime.

Quelques vieux grognards, de ceux qui se réunissaient dans les petits coins pour se jurer de ne jamais faire de concession à la liberté, affectaient de ne pas l'écouter; mais il y avait lieu de soupçonner ces braves de n'avoir jamais su apprécier que le son du tambour. Au fond, presque tout le monde paraissait attentif, et chacun était, en réalité, curieux de suivre cette première discussion.

Le 22 juin, M. de Kerdrel parlait, non seulement en son nom et au nom des deux légitimistes élus comme lui en opposition déclarée au candidat officiel, mais pour quelques autres députés que le gouvernement avait habilement acceptés dans une circonscription où ils allaient passer sans son concours, ou même contre son opposition.

C'était par exemple le cas du marquis de Calvières, ami d'enfance de Henri V, dont il avait été le *menin*; cette histoire électorale vaut même d'être retenue.

Le lundi, M. de Calvières se présente dans le Gard; le mardi, les journaux annoncent que le gouvernement l'appuie; le mercredi, il renouvelle sa déclaration d'indépendance; le jeudi, la presse confirme que, même malgré lui, il est adopté comme candidat officiel; c'est ainsi qu'il passe, sans concurrent, à la fois porté par les royalistes, et soutenu contre son gré par le pouvoir.

Le marquis de Calvières était surtout connu jusque-là par son duel avec le duc d'Uzès. C'était sous Louis-Philippe et à propos du vote sur l'indemnité Pritchard; tous deux étaient membres du Jockey-Club. Ils se rencontrèrent au restaurant des Frères Provençaux. Le marquis reprocha au duc de faire cause commune avec « le ministère de l'étranger », — d'où querelle et échange de témoins. Le duc d'Uzès prouva, sur le terrain, qu'on peut avoir déposé dans l'urne un bulletin ministériel et être cependant plein de sincérité dans son opinion, et de courage dans sa conduite. Les deux adversaires furent blessés, et le marquis de Calvières tira de cette rencontre une importance mondaine que sa valeur politique ne comportait pas.

M. de Kerdrel a aussi derrière lui M. Bucher de Chauvigné, député de Maine-et-Loire, qui porte sur son visage aux traits anguleux, aux rides droites, au teint dur, la raideur de l'ancien magistrat et la fierté de l'agriculteur dont les blés mûrissent sans qu'il les salue. — La barre de fer devait pourtant se courber.

Dans cet embryon de groupe, on peut encore ranger, — et le marquis de Mortemart qui se pique, comme le duc de Nemours, de ressembler physiquement à Henri IV, mais qui aurait mieux fait de ressembler intellectuellement à son frère, — et le comte de Mérode qui, en 1853, suivra ses deux collègues, MM. de Kerdrel et de Calvières, dans la voie de l'abnégation et de la démission.

Ce n'est point par hasard, mais après s'être concertés,

que MM. de Kerdrel et de Montalembert parlèrent dans la même discussion et dans la même séance du 22 juin.

L'orateur royaliste et l'orateur catholique s'étaient, dans une longue promenade aux Tuileries, communiqué leurs arguments respectifs afin de pouvoir traiter une thèse presque identique d'une manière assez distincte pour rester intéressante.

Voici, *in extenso*, les principaux passages du discours de M. de Kerdrel :

Messieurs, ce n'est pas moi qui viendrai contester la grandeur et l'éclat des luttes passées ; j'y suis d'autant moins disposé, qu'assez de gens aujourd'hui les dénigrent systématiquement, et que je vois, dans ces dédains rétrospectifs, l'éternelle révolte des médiocrités contre les supériorités.

Aujourd'hui, messieurs, plus de luttes de tribune ; plus de portefeuilles à poursuivre ; plus de ministère à renverser ; non, rien que la question du *contrôle financier*.

Je crois, ici, exercer un droit, remplir un devoir et même répondre à la pensée du plus grand nombre d'entre vous, en déclinant, d'une responsabilité plus apparente que réelle, tout ce qui ne nous appartient pas.

Responsabilité et pouvoir, c'est tout un ; on est responsable juste en proportion de ce qu'on peut ; rien de plus, rien de moins. Donc, messieurs, la question que je suis conduit à examiner est celle-ci : que pouvons-nous, en matière de contrôle financier?

Et, d'abord, on aurait dû, après l'ouverture de la session et la prestation du serment, nous renvoyer dans nos départements afin de laisser au conseil d'État le temps de préparer des projets de loi, et notamment la loi des finances ; le Corps législatif n'eût pas été ainsi deux longs mois, et davantage, livré à une oisiveté tellement complète, que, dans une lettre écrite d'un département voisin et arrivée ces jours derniers à Paris, on demandait quand le Corps législatif se réunirait.

Aujourd'hui encore, votre honneur peut consister à faire des économies ; faites des efforts pour diminuer les dépenses de cette administration coûteuse qui surcharge le pays, sans profit pour les affaires ; n'hésitez pas non plus, quand cela sera possible, à modifier profondément notre armée dans son organisation ; oui, ayez une armée aussi glorieuse que celle qui existe aujourd'hui, mais une armée moins ruineuse pour le pays.

Cette dernière pensée, messieurs, exprimée par moi, peut sembler téméraire ; mais elle le paraîtra moins quand je l'aurai placée sous de hauts patronages.

Et d'abord, le ministre qui préside aujourd'hui aux finances de la France, l'honorable M. Bineau, rapporteur du budget de 1848, disait, après avoir insisté sur la nécessité de réductions considérables dans l'armée : « Il y va du salut ou de la ruine de nos finances. »

Cela n'a pas cessé d'être vrai !

M. le président du Corps législatif disait à la Constituante :

« Vous n'aurez de réformes sérieuses, efficaces, que quand
» vous aurez constitué, à côté d'un cadre permanent et fort,
» et d'armes spéciales bien organisées, une réserve nom-
» breuse vigoureusement, mais économiquement constituée. »

Cela n'a pas cessé d'être vrai !

J'ajoute que le moment est plus favorable pour opérer ces réformes qu'il ne l'était en 1848, alors que, tous les soirs, nous nous demandions si nous n'entendrions pas, dans la nuit, battre la générale.

Mais je poursuis mes citations.

Un de MM. les conseillers d'État délégués pour soutenir la discussion du budget devant vous, l'honorable M. Stourm, exprimait une opinion analogue. Effrayé des dépenses que l'armée occasionnait au pays, il voulait la réduire de 320 à 300 000 hommes.

Ce n'est pas tout, messieurs ; j'ai une autorité bien plus

imposante encore à invoquer : c'est celle de M. le président de la République lui-même. Le prince Louis-Napoléon a beaucoup écrit ; j'ajoute qu'il a beaucoup pensé. Certes, tout n'est pas également bon dans ses ouvrages ; mais il y a à y prendre, et pour mon compte, j'y ai pris. Eh bien ! permettez-moi de vous en lire une page remarquable :

« Si le gouvernement, dit le prince président au deuxième
» volume de ses œuvres, est jaloux de satisfaire les grands
» intérêts de la patrie, il s'efforcera de réduire les charges du
» pays en diminuant le nombre des troupes permanentes, et
» en augmentant considérablement les troupes de réserve.

» Nous avons aujourd'hui une armée, belle et brave, sans
» doute, mais qui ne compte que 344 000 hommes exercés,
» nombre insuffisant en cas de guerre et fardeau écrasant en
» temps de paix. L'armée n'a point de réserve ; elle est en-
» combrée de rouages inutiles et dispendieux. Elle a à sa tête
» cent généraux de plus que les armées de l'empire. Elle est
» administrée par des bureaux qui emploient trois cents com-
» mis de plus que sous l'empire, et dont le système adminis-
» tratif consiste à dépenser 100 pour épargner 5. Aussi coûte-
» t-elle plus cher que l'armée qui vainquit à Wagram et à
» Austerlitz. »

Messieurs, il m'est impossible de croire que les hommes considérables dont je viens de rappeler les opinions passées aient changé complètement d'avis.

Mais il est un fait constant, c'est que toutes les fois qu'une assemblée, éclairée par ses seules lumières, voudra modifier, remanier une administration quelconque, elle aboutira forcément à la désorganisation. L'on ne saurait réformer un service public sans le faire d'accord avec le gouvernement, sans pénétrer jusque dans l'intimité des affaires, sans voir de près les rouages administratifs, sans les étudier avec ceux qui les font mouvoir et qui en ont la pratique journalière.

Or, messieurs, les ministères sont fermés au Corps législatif. — Quand à la question : « Qui est là ? » nous répondons : « Solliciteurs ! » on nous laisse bien passer ; mais

quand, à la même question, nous répondons : « Nous venons
» pour le service de l'État; nous venons savoir ce qu'on fait
» de ses deniers, si les dépenses ne sont pas excessives, si
» l'administration de ce grand pays de France fonctionne
» comme elle doit fonctionner », on nous dit : « Non! vous
» n'entrerez pas; cherchez vos lumières ailleurs. »

A qui donc s'adresser? Exclusivement aux conseillers d'État. Dès lors, je suis amené naturellement à me poser cette question : qu'est-ce que le conseil d'État?

Je serais tenté de retourner la phrase de Sieyès, et de dire : « En matière de budget, le conseil d'État est tout. Que devrait-il être? Rien. »

Je dis en matière de budget; car il y a, entre le budget et une loi ordinaire, une différence sensible. Une loi ordinaire repose sur des principes permanents; que ces principes soient étudiés par des hommes de science, d'expérience, rien de mieux; mais, lorsqu'il s'agit de quelque chose d'aussi mobile qu'un budget, d'une loi votée pour une année seulement, variable comme les besoins du pays, comme les nécessités des services, il faut, pour la discuter, beaucoup moins des hommes de science et de principes que des hommes de pratique.

Les conseillers d'État doivent aller dans un ministère pour en étudier les services. Y pénétreront-ils avec l'esprit de sage économie que nous y apporterions nous-mêmes? J'en doute.

Et d'abord, en ce qui concerne les gros appointements, leur propre traitement qui leur est imposé par la constitution, et qu'ils ne peuvent diminuer par conséquent, mais qu'ils ont accepté, les met dans une position fausse. Comment, en effet, ne pas respecter la situation d'autrui, quand on ne peut pas toucher à la sienne?

J'ai cité certains membres du conseil d'État qui ont fait preuve jadis d'un grand amour de l'économie; j'en pourrais nommer plusieurs autres : — comme l'honorable M. Flandrin, qui, étant rapporteur de la proposition de dotation présidentielle, ne voulait accorder que 1 500 000 francs de traitement et de frais de représentation au président de la

République; — comme l'honorable M. Bauchart qui fit introduire dans la constitution de 1848, sous la forme d'un amendement, le principe du gouvernement à bon marché, — ce dont je suis loin de lui faire un reproche.

Eh bien, tous ces hommes, jadis si économes, n'ont voulu cette année consentir à aucune espèce de réduction sur les dépenses. Ils n'ont pas changé d'avis, je le répète; ils ont changé seulement de situation ; ils sont conseillers d'État!

Cette année, le conseil d'État a fait une hécatombe de nos amendements, et cependant qu'est-ce qu'un amendement? Un amendement, quand il émane d'un homme grave et sérieux (et je ne parle que de ceux-là), c'est une pensée qui doit, tout au moins, soulever la controverse.

Les amendements, quand ils sont libellés de manière à préciser les difficultés, vous sont d'un grand secours, soit pour vous préparer à la discussion, soit pour éclairer votre vote. Mais non; vous ne connaissez pas, même aujourd'hui, les amendements présentés à la commission.

Faute d'une enquête sérieuse, le vote de cette assemblée n'est pas suffisamment *éclairé*. Il me reste à examiner, et cette question est la plus grave que je puisse aborder, si votre vote est suffisamment *libre*.

D'abord, un vote qui n'est pas éclairé n'est pas libre; car il n'y a pas de liberté dans l'obscurité. Mais, à un point de vue plus absolu, êtes-vous libres? Je dis : non ; vous ne l'êtes pas.

Messieurs, je suppose un amendement émané de la commission du budget; cet amendement est présumé répondre à votre pensée; eh bien, s'il est renvoyé au conseil d'État, dont un ou deux membres seulement se sont mis en rapport avec la commission, et que le conseil d'État le rejette, tout est dit. Le règlement du Corps législatif veut qu'il soit réputé non avenu.

S'il s'agissait d'une loi ordinaire, vous pourriez la rejeter dans son ensemble, sans qu'il en résultât un inconvénient grave. Mais un article du budget, qui s'appelle quelquefois service de la gendarmerie ou entretien des troupes, comment songer à le repousser? Quoi! vous seriez réduits à supprimer les services les plus utiles, les plus essentiels au pays, et on appelle cela la liberté! *Mais c'est le droit à la folie!*

Vous êtes donc placés entre la soumission absolue à quelque chose que vous trouvez essentiellement mauvais, et la faculté de vous révolter contre le bon sens. Eh bien, en ce qui me touche personnellement, je déclare que je ne suis pas assez de l'opposition pour ne pas aimer mieux me soumettre que de faire un acte de démence. En effet, je ne suis pas responsable de la force irrésistible à laquelle je cède; mais je serais responsable d'un acte de folie que je commettrais...

On dit encore : « Vous êtes en droit de rejeter une première fois, et à titre d'avertissement, l'article dont vous n'avez pu obtenir la modification, et alors le conseil d'État tiendra probablement compte de ce vote. En tout cas, le droit d'amendement sera ouvert de nouveau dans sa plénitude. »

Messieurs, vous pourriez et le conseil d'État pourrait aussi comprendre ce jeu; mais le public ne le comprendrait pas. Quand vous aurez rejeté un chapitre essentiel du budget, même *provisoirement*, on dira que vous paralysez le pouvoir, et le pouvoir sera obligé de vous offrir en holocauste à l'opinion publique irritée.

Ainsi votre vote n'est pas libre; il est à la merci du conseil d'État qui possède le droit de *veto*.

Les conseillers d'État deviennent ainsi les *dispensateurs de la fortune publique!* Ce pourrait être, mais à la condition que le conseil d'État constituât une véritable magistrature, et que ses membres fussent inamovibles. Seulement, avec l'inamovibilité, les conseillers d'État seraient plus que les dispensateurs de la fortune publique, ils seraient les tyrans du gouvernement lui-même.

Messieurs, rassurez-vous; le gouvernement ne s'est pas donné de maîtres; les conseillers d'État ne sont pas inamovibles. Ce sont de hauts fonctionnaires à gros traitement qui, aux termes de l'article 50 de la constitution, n'agissent que sous la direction du président de la République; ils n'ont que voix consultative, et le chef du gouvernement peut les briser comme verre. Il en résulte que, si le *veto* passe par les mains de messieurs les conseillers d'État, il vient de plus haut.

Messieurs, vous le comprenez, je suis ici dans le vif de la question ; le terrain est brûlant ; le langage difficile. J'ai toujours été l'esclave des convenances, je serais désolé d'y manquer aujourd'hui, et, pour être plus sûr de donner à mes paroles toute la réserve désirable, je serai aussi bref dans ce qui me reste à vous dire que j'ai été long jusqu'à présent.

Donc, je constate purement et simplement que, dans la situation actuelle des choses (situation qui peut changer, il est vrai), le pouvoir, entendez bien ce mot, le *pouvoir n'est pas sérieusement contrôlé dans l'usage qu'il fait des finances du pays.*

Je vous ai dit, messieurs, quel est le caractère vrai du gouvernement actuel. A mes assertions, je ne veux ajouter ni récriminations ni attaques. J'ai aimé la lutte, cependant ; oui, je l'ai aimée passionnément, et j'ai désiré bien des fois avoir plus de talent pour la soutenir contre l'anarchie, contre la démagogie. Dans ce pauvre pays où l'autorité s'était affaissée sur elle-même ; où il n'en restait plus quelques notions que dans un petit nombre d'intelligences d'élite, d'âmes privilégiées, — quand je vois le pouvoir essayer de se reconstituer, alors même qu'il m'apparaît sous des formes exagérées et dans des conditions mauvaises, — s'il me vient un instant à la pensée de l'attaquer, je recule comme épouvanté de ce que j'allais faire !

Toutefois, soyez-en convaincus, un grand nombre d'hommes, et j'ose le dire, *des hommes sages, même parmi ceux qui ont fait facilement leur deuil du régime parlementaire et de la tribune, veulent aujourd'hui un gouvernement représentatif (je me sers à dessein de cette expression par opposition à celle de parlementaire), un gouvernement représentatif sérieux.*

Un mot encore, et je termine : On dira peut-être que mon discours est un acte d'opposition. Ce serait un grand malheur, messieurs, qu'on ne pût pas dire la vérité sans faire nécessairement de l'opposition.

Ce ne serait pas un malheur pour celui qui dit la vérité ; sa conscience lui rend témoignage. Ce ne serait pas un malheur pour la vérité ; elle est au-dessus de toutes les atteintes humaines. Ce serait un malheur pour ceux qui ne sauraient pas l'entendre !

Au moment où M. de Kerdrel se rasseyait, le président Billault fit remarquer que la discussion du préopinant avait porté, moins sur le budget lui-même, que sur le texte de la constitution et le décret organique. « Il se bornait, ajoutait-il, à constater le caractère d'un discours dont il aurait pu, et *dû peut-être*, arrêter les développements. »

Ces derniers mots étaient dits comme une sorte d'excuse à l'adresse du prince président.

En effet, pendant le discours de M. de Kerdrel, au moment où l'orateur demandait la réduction du contingent militaire et rappelait les autorités considérables, les membres actuels du gouvernement, qui s'étaient jadis prononcés pour une organisation économique de l'armée, on vit tout à coup le président de la République apparaître dans une tribune et venir prendre place au premier rang, bien en vue des orateurs. M. de Kerdrel ne l'aperçut point pourtant, ce dont il fut bien aise après coup ; car la présence du prince, — qu'elle le rendît plus réservé ou plus hardi, — aurait troublé l'ordonnance de son discours.

Immédiatement après le médecin *Tant pis*, le Corps législatif entendit le médecin *Tant mieux* : M. Devinck, député de Paris.

M. Devinck avait conservé, de son passage à la pré-présidence du tribunal de commerce, l'habitude de porter la cravate blanche des magistrats; il en avait aussi le menton rasé et les favoris. Le front découvert, l'œil reposé, le teint clair, les sourcils marquant l'attention, un nez retroussé et une bouche trop grande pour cette figure légèrement enfantine : tel se levait M. Devinck.

C'était un de ces riches bourgeois de Paris, pleinement satisfaits d'eux-mêmes, mais qui ne monteront jamais au premier rang, retenus qu'ils sont par les petits côtés de leur éducation; du reste, il avait le bon sens de ne pas rougir de son humble origine; il se vantait même un peu trop volontiers d'avoir commencé par être un petit ouvrier, et, quand il recevait ses collègues dans son appartement de la rue Saint-Honoré, il affectait de les faire toujours passer par la petite porte dépendant de sa fabrique de chocolat.

Comme orateur, il était sans grâce et sans lettres, mais non sans clarté. Il cherchait ses mots, mais les idées ne lui manquaient pas quand il s'agissait de finances. Sa parole avait quelque chose de monotone et de régulièrement saccadé, comme la machine à broyer le cacao. D'ailleurs, il était persuadé qu'on devait l'écouter; il était résolu à aller jusqu'au bout de sa démonstration, et il y allait. Il ne fut jamais éloquent; mais il savait traiter les questions.

Cette fois, M. Devinck joint au panégyrique du régime triomphant des attaques qui manquent de courtoisie, comme de courage, contre la commission du bugdet. Son adhésion est tellement sans réserve qu'il ne peut tolérer, chez les autres, des objections qu'il ne se permet pas à lui-même. Voici quelques passages de ce discours, où le courtisan, après avoir souri au pouvoir, tombe avec indépendance sur une minorité désarmée. :

M. *Devinck* dit qu'une chose le frappe, c'est que les gouvernements anciens ont mal marché, exposés qu'ils étaient à la guerre incessante que les ambitions personnelles faisaient aux ministères. L'orateur préfère de beaucoup le système de communications établi par la constitution actuelle entre le gouvernement et la Chambre. Il sait ce qui se passait lorsque les rapports étaient directs avec les chefs de service; il signale l'abus des confidences qui pouvaient être faites en l'absence du ministre et à l'aide desquelles on venait ensuite faire échec au ministre lui-même.

Rien ne gêne l'expression de son sentiment, et il n'est tenté de donner aucun regret à ces amendements improvisés qui exposaient les anciennes assemblées à des votes de surprise; mieux vaut mille fois, selon lui, que les amendements soient préalablement soumis à l'examen et au contrôle des commissions.

Il a mûrement étudié le budget; le rapport fait sur les dépenses ne lui agrée pas. Ce rapport manque à ses yeux de netteté. L'orateur aime mieux une opposition qui se déclare; il désire qu'on écarte toute équivoque et qu'on s'explique clairement.

Il s'est présenté aux élections avec l'appui du gouvernement; il apporte au gouvernement un concours loyal et sincère, tout en se réservant le droit de critique; aussi, il supplie ses collègues de ne pas se laisser entraîner sur la pente d'une opposition qui ne montre pas le but qu'elle veut atteindre.

M. de Chasseloup-Laubat, en même temps révolté et inquiet de ces accusations bassement dirigées contre la commission du budget et dont la portée perfide s'aggravait par la présence du prince président à la séance, prit la parole pour établir en quelques mots, à la fois irrités

7.

et dédaigneux, que le défaut de platitude n'est pas nécessairement de l'hostilité.

M. de Chasseloup-Laubat, rapporteur, demande à répondre en peu de mots à M. Devinck. La commission repousse énergiquement le reproche qui lui est adressé de s'engager dans la voie d'une opposition dissimulée. La commission n'a voulu qu'une chose : faire connaître loyalement, franchement, mais avec modération, la situation vraie du pays.

Elle a voulu parler avec conscience, mais en même temps avec déférence; elle est la première à rendre pleine justice au pouvoir; elle sait tout ce que le pays lui doit; c'est parce que le pays doit au pouvoir beaucoup de prospérité et de tranquillité, et lui devra un heureux avenir, que la commission ne veut rien compromettre de ce présent et de cet avenir. La commission n'a pas eu d'autre mobile dans son langage et dans ses actes.

Cet incident clos, et, après avoir impatiemment écouté un de ces importuns qui ne savent même pas prendre leur temps pour prouver qu'ils n'ont point de talent, le Corps législatif eut, pour la première fois, la bonne fortune d'entendre un des anciens orateurs parlementaires des régimes de liberté, aigle unique de son espèce enfermé dans cette « cage à poules », dont l'irrespectueux Ernest Picard continuait à se moquer, même après 1863 !

Le lecteur nous excusera de nous attarder quelque peu au portrait de M. de Montalembert; mais cette figure mérite d'autant mieux de retenir nos regards, qu'en 1852 elle se détache avec plus d'éclat sur un fond général d'abdication ou de servilité politique. L'homme qui ose rester debout, quand les autres se courbent, en semble plus grand.

Pour peindre d'après nature M. de Montalembert,

voyons d'abord dans quel milieu matériel vit l'homme privé, ce qu'est l'homme physique, et par quels dons extérieurs se distingue l'homme de parole.

M. de Montalembert habite au numéro 40 de la rue du Bac, au fond de plusieurs cours, un vaste hôtel patrimonial, retiré, tranquille, placide, avec de l'air, des coins de verdure et un grand espace de ciel. On pénètre par une porte de couvent, derrière laquelle, avant qu'elle ne s'ouvre, on entend pendant plusieurs secondes un bruit de pas; on s'étonne qu'il n'y ait point de judas; un domestique sans livrée vient vous recevoir.

Si vous entrez dans le cabinet, vous trouvez un homme blême, entièrement imberbe, avec une tendance à l'embonpoint œdémateux de la maturité chaste. La poignée de main tient de l'amabilité douce du prêtre et de l'interrogation caressante de la femme. Le teint se colore à mesure que la pensée entre en mouvement. Il a le front large d'un dominateur d'auditoires; les cheveux, de plus en plus argentés, sont encore épais; ils retombent en masses bouclées le long du côté gauche; le visage incline d'habitude à droite; la tête se penche dans une pose à la fois fière et ironique. Les yeux sont aussi beaux que ceux de MM. Casimir Périer, Guizot et Berryer; mais le regard a la fixité de la myopie, avec un pli impertinent de la paupière. La bouche, plutôt grande, contient des dents qui gagnent à n'être point cachées. Le menton fait saillie, signe d'une volonté indomptable; le nez est fin, mobile, en quelque sorte vivant; c'est de là que part tout le jeu d'une physionomie aussi expressive que nerveuse; les fortes émotions se devinent, plutôt qu'elle ne se révèlent, au pincement des narines.

M. de Montalembert porte, à l'usage, des habits boutonnés jusqu'en haut, avec une grosse cravate noire; il a peu de linge apparent, comme les prêtres habillés en laïques; sa redingote a un faux air de soutane, et son paletot de lévite; à son cou, pend le frêle cordon d'un monocle; de temps en temps, il place ce verre carré sous son sourcil droit; il semble fouiller jusqu'à l'âme, et son contradicteur, et l'auditoire lui-même.

En public, sa parole allie l'onction de la chaire à la passion de la tribune; c'est de la lave brûlante qui bouillonne, avec des fleurs jusque sur le bord du cratère. Son éloquence, agressive et personnelle, ressemble à l'escrime française, brillant par la tenue sévère, par la stricte observance des règles du jeu, et, en même temps, par la verve, la vivacité et la promptitude à la riposte. Il est poliment hautain, courtoisement cruel, et blesse même sans le vouloir, — mais avec une arme de gentilhomme.

Sainte-Beuve disait que la langue de M. de Montalembert était celle, « non d'un avocat, mais d'un lévite armé, ou plutôt d'un croisé qui aurait reçu le don de bien dire, et qui aurait marché droit à l'adversaire, glaive en main et cuirasse au soleil ». On l'a aussi appelé, dans une forme moins noble, « le zouave intellectuel de la foi » !

La nature l'avait exceptionnellement doué pour le combat de la parole; la voix était égale, pure et faite pour les périodes de longue haleine; le timbre était net, l'intonation distincte, le geste sobre; la qualité du son convenait au genre entreprenant de l'éloquence; l'organe prenait bientôt une vibration nerveuse propre à marquer les intentions généreuses ou caustiques du discours; il restait en constante harmonie avec l'impression de l'orateur; avec lui, la voix s'animait, montait, arrivait enfin aux notes les plus hautes, aux accents les plus saisissants : tantôt incisive et mordante comme l'ironie, tantôt entraînante et presque mouillée de larmes comme la prière ; tout, jusqu'à son air altier et élégamment négligé, servait M. de Montalembert ; il laissait ainsi tomber les paroles de plus haut, et les faisait porter plus loin. A côté de cela, il avait des enthousiasmes de jeune homme pour la cause des opprimés, des cris d'indignation et de superbe dédain pour les oppresseurs; mais, dans l'extrême véhémence de la pensée, il trouvait encore moyen de garder sa forme châtiée de langage.

Il ne faut pas croire que le chevalier intrépide et redoutable de la cause religieuse ne préparât point ses discours; au contraire, il écrivait longtemps à l'avance, sur de petits carrés de papier, les traits saillants et jusqu'aux mots à effet ; puis, le jour venu de parler, il étalait devant lui ces *fiches* toutes préparées, semblable au joueur qui range en ordre ses atouts pour les jeter au fur et à mesure des incidents de la partie. Alors, il s'abandonnait à l'improvisation, comme on se livre au courant du fleuve, quand on est sûr de pouvoir regagner le rivage ; eh bien ! la facilité de nature était telle, chez lui, que le discours se déroulait sans arrêt, entraîné dans une sorte de circulation vive qui ne laissait apercevoir aucun intervalle ; les trouvailles oratoires du moment, les pensées méditées ou notées, les morceaux tout écrits se rejoignaient, s'enchaînaient avec souplesse, et se mouvaient comme les membres d'un même corps.

Les orateurs, comme les artistes, ont, en général, ce qu'on appelle *une manière*, c'est-à-dire un procédé qui ressert, une tendance qui reparaît, une qualité qui domine, des formes qui s'imitent. C'est l'originalité de M. de Montalembert de n'avoir pas eu de genre qui lui fût propre ; son style unit les éléments qui sembleraient le plus repousser toute alliance : l'expression grave, presque solennelle et l'expression railleuse ; la dignité aristocratique et la vulgarité préméditée de la forme. Chez lui, la langue se modèle à ce point sur la pensée qu'elle en arrive à être changeante et indéfinissable comme la vie elle-même : tantôt concise et acérée, tantôt pompeuse et flottante, jamais incorrecte ou banale.

Par nature, M. Dupin était bourru, M. de Serres, emporté, Casimir Périer, impétueux ; M. de Montalembert (s'il eut une caractéristique), fut *méprisant !*

C'est de lui que La Bruyère semble avoir écrit d'avance :

« Parler et offenser, pour certaines gens, est la même chose ; ils sont naturellement piquants et amers. Ce qu'ils disent est toujours mêlé de fiel et d'absinthe ; la raillerie leur découle des lèvres comme la salive. »

Si, quand il prenait la parole, l'effort n'était pas visible, l'émotion était profonde ; on raconte, à ce sujet, une anecdote prouvant combien les orateurs qui semblent le plus à l'aise à la tribune achètent cette possession d'eux-mêmes par une longue préparation et des anxiétés préliminaires :

Un jour que M. Thiers venait de terminer, à l'Assemblée législative, un de ses discours si lucides, si bien divisés, si nourris de faits, si spirituellement semés d'anecdotes, si invincibles de conclusion, M. de Montalembert, lui disait, en le félicitant : « Que vous êtes heureux et que je vous envie ! Avant de monter à la tribune, j'ai peur pendant quatre jours. » — « Et moi, pendant huit », répliqua M. Thiers.

Après la crainte, M. de Montalembert avait la fièvre de la tribune; c'était comme la fumée du combat qui lui montait au cerveau; irrité par les interruptions, enflammé par les applaudissements, enivré lui-même par la magnificence de sa parole, il allait, il allait, franchissant les bornes du juste, ne tenant compte, ni de ses promesses pour le présent, ni de ses plans pour l'avenir, tout à l'émotion de l'heure actuelle, « s'emballant » comme on dirait aujourd'hui; en fin de compte, il compromettait ses amis s'il atteignait ses adversaires, et perdait, en crédit sérieux sur son parti, ce qu'il gagnait près de l'auditoire en enthousiasme momentané.

Ceux-mêmes qui ne pouvaient s'empêcher d'admirer son éloquence se gardaient de suivre ses avis; ce qui était approuvé, ce n'était pas ce qu'il disait, mais seulement la manière dont il le disait. Aussi, chaque fois qu'il essaya de réunir chez lui un groupe de collègues, il se heurta à une série de refus formels ou de retraites silencieuses. On était heureux de l'avoir pour auxiliaire, mais on ne l'acceptait pas pour chef; il n'avait donc point toute l'importance politique que semblait devoir lui donner son talent oratoire.

Toujours écouté, et toujours contredit; arrachant plus d'une fois des bravos, jamais de vote à la majorité d'aucune assemblée, il lui manquait, pour être un homme d'État véritable, et la profondeur initiale des études politiques, et jusqu'au goût du pouvoir.

Il avait vécu avec bien des hommes, visité bien des cours, appris bien des langues étrangères, traversé bien des révolutions, mais cette expérience extérieure lui avait peu servi parce qu'il vivait moralement sur deux ou trois idées, absolues, opiniâtres, presque fixes. Son thème était fait quand il prit la parole pour la première fois. pair héréditaire dès l'âge où les autres étaient électeurs, en possession de la tribune dès qu'il fut à même d'y monter, et éloquent dès son début d'orateur, — début fait en qualité d'accusé. Il s'est révélé, ce jour-là, ce qu'il est resté depuis.

Esprit brillant, mais incomplet, il se maintenait constamment dans le vague des généralités philosophiques. dans les hauteurs de l'abstraction spiritualiste, se jouant à l'aise au sein d'un nuage mystique et sentimental, d'où, à chaque instant, partait un éclair et d'où, parfois, tombait la foudre; mais on ne trouvait dans ses discours ni les vues profondes du politique, ni les connaissances usuelles de l'administrateur, ni l'argumentation rigoureuse du jurisconsulte, ni le bon sens sûr de l'homme de travail; il n'avait étudié ni la langue des lois comme Berryer, ni la pratique des affaires comme MM. Thiers et Guizot; c'était un fantaisiste, un chef, non de parti, mais de partisans, un gentilhomme de vieille race combattant en simple engagé volontaire, à côté des troupes de ligne.

En mainte occasion, on voyait percer chez lui l'enfant gâté, à l'origine, par les vieillards de la pairie et, sur la fin, par les belles dames du faubourg Saint-Germain. Il n'eût point contenté un auditoire d'hommes positifs, mais il avait ce qu'il fallait de brillants écarts et d'invectives acérées pour agir puissamment sur des hommes passionnés.

Indifférent aux formes de gouvernement, désintéressé dans les querelles politiques proprement dites, il voulait rester, il est, en effet, resté un orateur, et rien qu'un orateur, faisant un discours pour le discours lui-même, sans courir à la pratique, au fait, au but, au portefeuille. C'était un grand artiste laissant avec complaisance tomber sa parole devant un public qui ne lui semblait venu là que pour l'écouter.

M. de Montalembert, avant de devenir ce que nous l'avons vu, habile à transmettre au public ses propres impressions, avait reçu et gardé l'empreinte des diverses personnes avec lesquelles il s'était trouvé en contact : parents, maîtres et amis. Le père, Marc-René de Montalembert, avait émigré dès l'enfance. Au retour de Louis XVIII, on l'avait vu, tour à tour, colonel improvisé, pair indépendant, et diplomate manquant de correction ; il s'était montré surtout aimable viveur, et avait principalement réussi à déranger sa fortune. Sa mère, mademoiselle Forbes, était une rigide protestante anglaise, bonne chrétienne, bonne ménagère, et n'ayant jamais prononcé un mot inutile. Le précepteur des premières années, M. l'abbé de Monier-Laquarrée, ancien oratorien, avait l'imagination bouillante et le caractère expansif. Au collège Henri IV, où fut mis ensuite Charles de Montalembert, l'aumônier était l'abbé Lacordaire à la parole entraînante et au cœur brûlant. A l'entrée dans la vie, le jeune homme rencontra, comme directeur spirituel, l'abbé Félicité de Lamennais, avec lequel il fonda le journal l'*Avenir*, animé d'une religieuse et sombre violence.

C'est ainsi que se forma l'orateur catholique, conservant quelque chose de tous ceux qui avaient aidé à son développement : gracieux comme son père, contenu dans le langage comme sa mère, plein d'imagination comme son précepteur, le cœur tendre comme son aumônier de collège et faisant passer l'Église avant tout le reste, comme son initiateur dans la campagne à la fois religieuse et politique qui fut l'unité de sa vie.

S'il faut caractériser en peu de mots M. de Montalembert, disons qu'il fut catholique par conviction et aristocrate par instinct.

Catholique, il le fut avec audace et, en quelque sorte, jusqu'à la provocation ; il osait, devant des libres penseurs, parler de Dieu et de Jésus-Christ, comme s'il avait été en pleine église. Jours sans relâche, nuits sans repos, banquets, allocutions, polémiques de presse, tout ce qu'il pouvait faire de sacrifices, tout ce qu'il avait de jeunesse, de vigueur et de ressources, il le voua, sans une minute d'hésitation, sans une heure de défaillance, au triomphe de l'idée catholique.

Il se rendait justice lorsqu'il s'écriait : « Je suis un vieux soldat de la cause catholique ; on pourra certes en trouver de plus habiles et de plus heureux ; on n'en trouvera pas de plus fidèles. » Fidèle, il l'a été, en effet ; toujours l'Église a été pour lui cette « Mère » dont il parlait avec une si profonde émotion. Toujours il a été pour elle enfant et serviteur, acceptant ce qu'elle acceptait, honorant ce qu'elle honorait, ennemi de tous ses ennemis.

C'est comme catholique, qu'en politique étrangère il

s'intéressa successivement, — et à l'Irlande dont, le premier en France, il proclama les droits et les misères, — et à la Belgique dont la nationalité est toujours menacée par celle des grandes puissances qui vise à l'hégémonie européenne, — et aux chrétiens du Liban en proie au fanatisme oriental. C'est comme catholique, qu'à l'intérieur, il demanda constamment pour l'Église les libertés de tout le monde, sans être aussi ardent à réclamer pour tout le monde les libertés de l'Église.

A la cause catholique, il a consacré son courage, son talent, son nom et sa gloire. Il a fait plus, il s'est incliné, aussi bien quand le pape a donné tort à l'abbé de Lamennais, que lorsqu'il a donné raison à M. Louis Veuillot. Ayant créé *l'Avenir* pour défendre Rome, il a subi sans révolte la condamnation prononcée par Rome contre *l'Avenir*. Il a ainsi montré deux qualités bien rares : l'humilité de cœur et la soumission de volonté.

Il était, non seulement catholique avant tout, mais aristocrate de race et de sang. C'est à cause de ses sentiments aristocratiques qu'il manifestait une invincible répugnance pour la démocratie née de la Révolution et continuatrice de son œuvre. Ce n'était pas seulement contre l'incrédulité qu'il fourbissait ses armes; ce n'est pas seulement aux *fils de Voltaire* qu'il lançait son fameux cri de guerre : « Nous sommes les fils des Croisés ». « Ce qu'il déplore et ce qu'il veut combattre », il l'a écrit lui-même[1], « c'est la Révolution érigée en principe, en dogme, en idole; la Révolution qui, sous le nom

---

1. Discours de réception à l'Académie française (5 février 1852).

de démocratie, n'est que l'explosion de l'orgueil, la Révolution insatiable comme la mort, comme elle implacable, qui prépare les peuples à la tyrannie, qui les en rend dignes, qui les contraint surtout à s'y résigner, crainte de pire. »

Si, en définissant M. de Montalembert un catholique, un aristocrate, nous n'avons pas ajouté : *et un libéral*, c'est après réflexion. C'était cependant sa prétention de passer pour tel : « Il avait, dit-il, fait de la *liberté* l'idole de son âme. — Il n'avait eu, dans l'ordre purement politique, qu'un seul drapeau, la liberté en tout et pour tous. »

Si M. de Montalembert voulait la liberté pour tous, il a avoué que cette liberté, d'espèce particulière, n'était que *le droit limité par le devoir*, et, par le devoir comme il l'entendait, lui Montalembert, c'est-à-dire par la conscience du catholique. De cette liberté inséparable de la foi, il disait : « C'est entre nos mains seules qu'elle pouvait fleurir ; c'est nous seuls qui l'avons aimée, servie, et qui n'en avons pas dégoûté l'univers ?...

Était-ce donc aimer sincèrement la liberté qu'écrire au plus fort de son opposition au régime du 2 Décembre : « Qu'on veuille bien comprendre que, s'il ne s'agissait que d'une suspension des habitudes et des garanties dont on a joui et dont on a abusé, je n'y contredirais pas ; à titre d'épreuve utile, à titre de châtiment mérité, je conçois et j'accepte la dictature, le despotisme même... Je reconnais même volontiers que la démocratie française, cette grande débauchée qui n'a rien respecté, rien épargné, ne mérite guère d'être ménagée et qu'on est en droit de la traiter comme les débauchées, en la mettant à l'hôpital... Je n'hésite pas à le dire, si on pouvait supprimer la liberté de l'erreur et du mal, ce serait un devoir[1]... »

Comme catholique, il arrêtait la liberté au point où elle cesse de servir la religion ; comme aristocrate, il voyait dans la liberté la latitude de réagir contre tous les résultats de la Révolution, et contre toutes les tendances de la démocratie. Sa liberté d'enseignement, c'était l'Église partageant le monopole de l'Université ; sa liberté de la charité, c'était le rétablissement des biens de mainmorte ; sa liberté de tester, c'était le retour au droit d'aînesse ; sa liberté du domicile, c'était l'abolition du droit de surveillance de l'État sur les couvents ; sa liberté « vraie, réglée, à la fois virile et pure », c'était le contre-pied de la liberté sans épithète ; — étiquette habilement sympathique pour dissimuler un fond d'idées profondément impopulaires.

Le personnage est maintenant connu ; reste à élucider un problème historique :

Comment, en un plomb vil, l'or pur s'est-il changé ?

Comment M. de Montalembert, après avoir été le *témoin* du prince Louis-Napoléon dans son duel contre le pouvoir parlementaire ; après avoir admis le coup d'État en principe, sauf à protester contre certains détails d'exécution ; après avoir siégé, au moins quelque temps, dans la commission consultative, s'est-il ravisé après coup, juste au moment où la ratification du suffrage universel venait

1. *Les Intérêts catholiques au XIX° siècle*, septembre 1852.

de donner au régime nouveau des formes régulières; comment a-t-il paru

> ... Trahir la trahison,
> Elle-même indignée!

Y a-t-il eu tergiversation réelle de sa part, ou bien les circonstances seules ont-elles changé, l'homme continuant d'obéir aux mêmes mobiles?

Rectifions d'abord une idée assez répandue, c'est que, dans la profession de foi écrite par M. de Montalembert en 1848, il se ralliait à la démocratie républicaine. — Si on se reporte à ce document, que voit-on? C'est que, à ce moment-là même, il s'élève contre *la tyrannie du Nombre*; il laisse percer son invincible répugnance contre l'idée que la direction politique du pays puisse être abandonnée à la vile multitude de ceux qui ne lisent pas, et qui ne savent pas lire; il ne peut s'empêcher de soupçonner d'avance la République nouvelle de « ressembler à sa devancière », c'est-à-dire de « procéder par voie d'exclusion, de suspicion et de persécution », et il déclare qu' « alors elle pourra bien l'avoir pour adversaire et pour victime », — « elle ne l'aura jamais comme instrument et comme complice ». Y avait-il, dès l'origine, beaucoup à compter sur un pareil adhérent?

Tout ce qu'il concède aux idées dominantes de 1848, c'est qu'il faut renoncer, tout en la regrettant, à la monarchie constitutionnelle : « Dieu, dit-il, l'a abandonnée, et la France ne l'a pas défendue ; je me soumets au jugement de la France et de Dieu, pour ne plus me souvenir que de mes devoirs envers la patrie et la vérité. » M. de Montalembert a écrit depuis dans sa brochure sur *les*

Intérêts catholiques au XIX° siècle : « On saura qu'il y a eu, au moins, un vieux serviteur du catholicisme qui, avant 1830, avait distingué la cause catholique de la cause royaliste, et qui, en 1848, a combattu de toutes ses forces la prétendue identité du christianisme et de la démocratie. » N'ayant jamais été que catholique et aristocrate, il eût accueilli avec satisfaction la République, mais la République organisée pour le plus grand profit du clergé et des classes dirigeantes ; République conforme aux intérêts comme aux vœux d'une certaine élite sociale et intellectuelle ; République théocratique et oligarchique, sous un doge de Venise, un stathouder de Hollande, ou un lord-protecteur d'Angleterre.

Par cela même que M. de Montalembert était partisan d'une liberté aristocratique et lettrée, il ne s'accommoda pas longtemps de la liberté brutale, *forte en gueule* et, avant tout, égalitaire, de la démocratie républicaine. Son instinct de la mesure était choqué par une certaine licence de langage qui s'alimentait de scandales sans cesse renouvelés ; ses intérêts de grand propriétaire étaient inquiétés par la menace du partage des biens, tantôt sous la forme violente du pillage, tantôt sous la forme légale des réformes socialistes ; sa foi de catholique était blessée par une presse plus que voltairienne, fanatique d'intolérance, qui avait pris à tâche de diffamer la religion, toujours et sur tous les points, dans son histoire, dans ses dogmes, dans ses œuvres, et dans ses ministres.

Personne n'était, à cette époque, plus antipathique à la presse que M. Montalembert, et personne aussi ne la haïssait d'une haine plus vigoureuse. Il voyait dans son impunité systématique « une véritable oppression pour les gens tranquilles, pour les hommes d'ordre, les bons citoyens » ; une force destructive destinée à amener « l'abaissement de toutes les supériorités, l'abolition de toutes les hiérarchies, l'affranchissement de tous les respects, l'égalité, en un mot, dans son sens le plus abaissé et le plus niveleur ». Il s'élevait avec violence « contre ces aventuriers de plume qui, ayant servi tous les gouvernements, n'ont jamais pu se hisser jusqu'à l'estime publique ». Il voyait, dans les forbans du journalisme embusqués derrière les colonnes de leurs feuilles de chantage, les successeurs directs de ces brigands à main armée qui, durant le moyen âge, exploitaient les grands chemins. C'est lui, qui, à la veille de Décembre, disait : « La presse est une puissance qui ne paraît jamais si redoutable, et même si irrésistible qu'à la veille du jour où elle va disparaître, sans qu'une seule main se lève en sa faveur ! » Ce sont là des impressions que M. de Montalembert partageait en 1851 avec M. Louis Veuillot, et que celui-ci rappelait à celui-là en 1852, ajoutant : « Voilà ce que naguère nous pensions ensemble, et ce que, moi, je pense toujours. »

Tous deux, en effet, ils avaient poussé ce cri, véritable appel au coup d'État : « Faites trembler les méchants ! »

L'aristocrate, en M. de Montalembert, repoussait la République de 1848 ; le catholique soutint le prince Louis-Napoléon.

M. de Falloux a écrit sur M. de Montalembert[1] : « Ayant horreur pour lui-même du moindre déguisement, il ne croyait pas facilement au mensonge et à l'hypo-

---

1. *Mémoires d'un royaliste*, t. II, p. 69.

crisie des autres; il lui répugnait d'entrevoir, dans le second Napoléon, les mêmes violences et les mêmes duplicités que dans le premier. On l'avait rassuré pour l'Église, et tout, en lui, s'explique par cette préoccupation dominante. Sa pensée religieuse s'est trompée; une pensée ambitieuse ne l'a jamais égaré. »

Au dehors, protection pour le pouvoir temporel; au dedans, protection pour les intérêts religieux; campagne de Rome à l'extérieur et à l'intérieur : voilà quel avait été le prix de l'alliance.

Presque à la veille de son élection comme président de la République, le 7 décembre 1848, le prince Louis-Napoléon avait adressé au nonce apostolique cette lettre destinée à lui valoir le concours électoral des catholiques :

Monseigneur,

Je ne veux pas laisser accréditer auprès de vous les bruits qui tendent à me rendre complice de la conduite que tient à Rome le prince de Canino.

Depuis longtemps, je n'ai aucune espèce de relations avec le fils aîné de Lucien Bonaparte, et je déplore de toute mon âme qu'il n'ait point senti que *le maintien de la souveraineté temporelle du chef vénérable de l'Église était intimement lié à l'éclat du catholicisme, comme à la liberté et à l'indépendance de l'Italie.*

Recevez, monseigneur, l'assurance de mes sentiments de haute estime.

LOUIS-NAPOLÉON BONAPARTE.

Depuis, M. de Montalembert, s'il tournait ses regards vers l'extérieur, se croyait tranquille sur l'avenir du patrimoine de Saint-Pierre. A l'intérieur, il était satisfait de la bienveillance que le pouvoir nouveau prouvait chaque jour aux congrégations d'hommes et de femmes.

Voici même l'hosanna de victoire et de joie qu'il ne pouvait s'empêcher de pousser :

Nous avons triomphé, non pas certes pour toujours, ni peut-être même pour longtemps, mais assez pour connaître le secret de notre force, et la valeur de notre appui. La liberté de l'enseignement, si longtemps réclamée en vain, est enfin conquise ; elle est votée par les mains mêmes de ceux qui l'avaient le plus opiniâtrement refusée. On offre aux évêques plus de maisons qu'ils n'en peuvent diriger, aux jésuites plus d'élèves qu'ils n'en peuvent instruire...

Il y a cinquante ans, pas une seule religieuse ne se montrait sur le sol de la France ; aujourd'hui on voit apparaître leur cornette blanche, leur visage riant, leur regard pur et calme, dans chaque ville, dans chaque bourgade, à l'ombre de tous les clochers, sur le seuil de toutes les écoles, de tous les hospices, partout où il y a une larme à essuyer, une misère à alléger, un mort à ensevelir, un vivant à consoler.

Vous avez vu une forêt abandonnée à la cognée du bûcheron ; tout paraît mort, dévasté, stérile ; les vieux chênes sont tombés, et leur feuillage desséché jonche le sol d'alentour ; leurs grands bras dépouillés et dépecés, leurs troncs mutilés gisent à terre ; rien n'est épargné, et jusqu'aux jeunes rejetons qui croissent à l'ombre de leurs ancêtres semblent entraînés dans la ruine commune.

Et cependant rien n'a péri ! Des cépées, que la hache a découronnées, la sève et la vie vont jaillir de nouveau. Au bout de quelques années, vous repassez et vous retrouvez d'épais ombrages, une végétation féconde ; partout, la fraîcheur, la jeunesse, la beauté et l'impressionnant témoignage de la vitalité dont Dieu a doté la nature[1] !

1. De Montalembert, *les Intérêts catholiques au XIX° siècle*, ch. II, p. 54 et 55.

C'est cet ordre de sentimemts, — de répulsions d'une part, et de satisfaction de l'autre, — qui explique la lettre adressée, le 12 décembre 1851, à l'*Univers* et que, depuis, M. de Montalembert a hautement et amèrement regrettée :

Je me dispense d'examiner, y dit-il, si le coup d'État, que chacun prévoyait, pouvait être exécuté dans un autre moment et par un autre mode.

Pour le moment :

Voter contre Louis-Napoléon, c'est donner raison à la révolution socialiste, seule héritière possible du gouvernement actuel.

S'abstenir, c'est renier tous nos antécédents; c'est abdiquer la mission des honnêtes gens, au moment même où cette mission est la plus impérieuse et la plus féconde.

Voter pour Louis-Napoléon, ce n'est pas approuver tout ce qu'il a fait; c'est choisir entre lui et la ruine totale de la France.

Ce n'est pas sanctionner d'avance les erreurs ou les fautes que pourra commettre un gouvernement faillible comme toutes les puissances d'ici-bas...

Remarquez bien que je ne prêche ni la confiance absolue ni le dévouement illimité; je ne me donne sans réserve à personne.

Plus loin, parlant avec assez peu de ménagements de M. Molé et des membres du parti légitimiste qui, dans leurs comités, avaient formé le plan de *faire le vide* par l'abstention autour du régime nouveau, il écrivait :

Je sais que de grands politiques, fort peu scrupuleux d'ailleurs, après nous avoir menés où nous sommes, après nous avoir condamnés à la perte de toutes nos libertés par l'abus qu'ils en ont fait ou laissé faire, prêchent aujourd'hui qu'il faut *faire le vide* autour du pouvoir. Je m'incline devant le scrupule; je proteste contre la tactique. Je n'en connais pas de plus immorale, ni de plus maladroite. Je défie qui que ce soit de la justifier *aux yeux de la conscience et de l'histoire.*

Si cette lettre ne constituait pas une adhésion sans réserve, c'était du moins un concours avoué, un vote à bulletin ouvert.

C'est ce même gouvernement dont, six mois après, le 22 juin 1852, M. de Montalembert se séparait avec éclat, et dont il devait dire en 1854 : « Il n'est ni modéré, ni honnête ! »

Pourquoi tant de sévérité, après tant d'indulgence?

Examinons successivement : les raisons qu'on lui a prêtées; celles qu'il a données publiquement; et celles qu'il faut, selon nous, lui attribuer.

M. Louis Veuillot fournit les détails suivants sur l'attitude primitive; puis sur la modification de sentiments de M. de Montalembert :

M. de Montalembert vint au bureau du journal *l'Univers*, le matin du 2 Décembre, comme il y était venu le soir du 24 Février; mais non plus avec angoisse pour conseiller la résistance, bien au contraire! Dans la maison voisine, au premier étage de la mairie du X⁰ arrondissement, quatre hommes et un caporal, l'arme au bras, assistaient au dernier soupir de l'Assemblée nationale législative et fermaient la petite fenêtre, le *vasistas* donnant sur la rue, par où M. Berryer venait de haranguer une foule insensible.

Deux mois environ après le coup d'État, M. de Montalembert parut moins ferme dans l'approbation qu'il lui avait donnée. Nous suivions avec inquiétude les progrès de ce mécontentement et nous tâchions de le combattre. Les causes en étaient, en partie politiques, en partie personnelles. Les causes politiques nous paraissaient moins importantes qu'à lui ; nous trouvions que les causes personnelles, quoique fondées, ne pouvaient influer sur sa conduite politique[1].

M. de Falloux attribue le premier refroidissement de M. de Montalembert au peu de compte qu'on avait tenu à l'Élysée « des franches remontrances de sa loyauté », et à la difficulté avec laquelle il avait obtenu du gouvernement l'insertion, dans le *Constitutionnel,* d'une lettre de rectification où il déclarait spontanément que ses amis du parti catholique, qui appartenaient en même temps à l'opinion légitimiste, étaient restés étrangers au concours prêté personnellement par lui au président de la République.

Voici un passage de cette lettre, datée du 19 décembre, et qui porte, en effet, la trace d'un certain froissement.

Il écrit au rédacteur du *Constitutionnel* :

Il n'est pas de l'intérêt du gouvernement, que vous défendez avec tant de zèle, de blesser des hommes comme M. de Falloux, et, permettez-moi d'ajouter, comme moi. Or, je me sens blessé, et bien mal récompensé des efforts que j'ai faits dans l'intérêt de la vérité et de la paix publique, par ce système de réticences et de mutilations à l'égard des communications que j'ai été obligé de vous faire.

M. Louis Veuillot, toujours venimeux, signale l'influence mondaine exercée sur M. de Montalembert par les salons royalistes ; selon lui, l'orateur aristocratique n'avait cessé d'y être reçu, choyé, encensé par un

---

1. *Mélanges religieux et politiques*, t. II, p. 579.

entourage dont la sympathie était nécessaire à sa nature si désintéressée au point de vue de l'argent et du pouvoir, mais si avide d'applaudissements, surtout lorsqu'ils partaient des plus jolies mains du noble faubourg. Le rédacteur en chef de l'*Univers*, qui, lui, avait plus de succès au fond des presbytères ruraux que dans les brillantes réunions du Paris élégant, plaisantait avec une ironie quelque peu mélangée d'amertume sur les compensations d'amour-propre que M. de Montalembert savait trouver dans le rôle, en apparence si ingrat, d'opposant :

Pour les conditions matérielles, elles sont charmantes. On est célébré, poussé, tiré ; on monte. De tout ce que l'on peut avoir de mérite, rien n'est perdu. On est loué dans les journaux légitimistes et orléanistes, congratulé dans le *Journal des Débats;* l'encens fume partout dans les feuilles de province ; on est de l'Académie, et, s'il plaît à Dieu, l'on sera d'autre chose !

M. Louis Veuillot cite les deux traits suivants pour montrer que l'opposition de M. de Montalembert avait un caractère mondain et littéraire plutôt que sérieux et politique :

Sa plus jeune fille, écrit-il, n'a que dix ou onze ans : il l'a voulu nommer Généreuse et, comme on lui en demandait la raison : « Sainte Généreuse, répondit-il, est une jeune Romaine qui a été martyrisée pour n'avoir pas voulu sacrifier à la fortune de César. »

Vers cette époque même, il assistait, dans le département du Doubs, à un banquet donné en son honneur. Il y avait là de nombreux ecclésiastiques, quelques fonctionnaires, beaucoup de gens craignant le bruit, redoutant les allusions, tremblant devant l'ombre même de la politique. On parle de ces craintes à l'orateur : « Rassurez-les, répondit-il, je ne dirai rien du présent. » Au dessert, il se lève et propose une santé qui, dit-il, réunira certainement tous les suffrages, sans alarmer personne : « Buvons à Vercingétorix, l'indomptable adversaire de César, le héros de la liberté expirante dans les Gaules. » On but à Vercingétorix !

Enfin M. de Cormenin expose spirituellement que, dans M. de Montalembert, c'est surtout l'orateur qui n'a pas pu supporter un régime de silence :

Les orateurs et les comédiens, écrit-il, se ressemblent ; aux uns et aux autres, il faut les planches ! Sans les planches du théâtre, il n'y a pas, pour le comédien, de littérature ; sans les planches de la tribune, il n'y a pas, pour l'orateur, de liberté, ni de France. Figurez-vous Talma ou mademoiselle Mars arrachés de la scène au milieu de leurs triomphes, avec défense d'y remonter. Tout un passé d'ivresse, d'enchantement et de gloire s'est effacé ; tout a disparu ; l'ennui les dévore ; il en est de même des orateurs. Leur ôter la tribune, comme aux comédiens le théâtre, c'est leur ôter la vie. Qu'est-ce qu'un comédien en retraite ? C'est l'ombre d'une autre ombre. Qu'est-ce qu'un orateur en retraite ? Il ne reste de lui, pour lui et pour les autres, qu'un souvenir.

Les orateurs réduits au silence ressemblent également à ces rois en exil qui ne peuvent s'accoutumer à ne plus rendre heureux les peuples ingrats par lesquels ils ont été détrônés.

Le guerrier regrette son ancien champ de bataille ; le marin, l'océan agité ; le chasseur, la plaine giboyeuse ; l'écrivain, son cabinet ; le poëte, ses belles rêveries ; le savetier, son échoppe. Pourquoi l'orateur, pourquoi M. de Montalembert ne regretterait-il pas la tribune ? Illustre orateur que vous êtes, croyez-vous que je ne participe pas à votre calcul, et que je ne compatisse point à votre peine ?

Tels sont les motifs, d'ordre tout personnel, que les écrivains de l'Élysée prêtèrent à ce qu'ils étaient unanimes à nommer « l'inconséquence, l'étourderie » de M. de Montalembert.

A côté de ces explications, qui étaient surtout des accusations, il est juste de placer la défense qui, de son aveu, a été présentée en 1858, devant l'opinion publique beaucoup plus que devant la chambre des appels de police correctionnelle.

C'était Berryer qui, en cette circonstance, était le témoin plus encore que l'avocat de M. de Montalembert.

La poursuite était dirigée contre la publication dans la revue catholique, le *Correspondant*, d'un article intitulé : *Un débat sur l'Inde au Parlement anglais*. Cet article contenait un parallèle entre le gouvernement libre de la Grande-Bretagne et le gouvernement autoritaire de la France. Le parquet de la Seine s'empressa d'y relever une collection de délits : Excitation à la haine et au mépris des citoyens entre eux; attaque au respect dû aux lois, à l'autorité que l'empereur tenait de la constitution et du suffrage universel; enfin, excitation à la haine et au mépris du gouvernement.

Condamné, en première instance, à six mois de prison et à 3000 francs d'amende, M. de Montalembert protesta contre le projet immédiatement prêté par la presse à l'archevêque de Paris de solliciter sa grâce. Dans sa lettre au prélat, il disait :

Fier et honoré d'une condamnation qui constate ma fidélité aux principes politiques de toute ma vie et qui vient si à propos pour justifier aux yeux de toute l'Europe tout ce que j'ai dit ou pensé de la situation actuelle de la France, je n'ai, en ce moment, d'autre ambition que de laisser à mes juges la responsabilité de leurs actes.

Gracié malgré lui, — grâce qui, par une malice du gouvernement, coïncida avec l'anniversaire du 2 Décembre, comme en souvenir du concours prêté en 1851, — il répondit par une lettre, datée de ce même 2 décembre, et où il écrivait :

> Aucun pouvoir en France n'a eu, jusqu'à présent, le droit de faire remise d'une peine qui n'est pas définitive.
> Je suis de ceux qui croient encore au droit, et qui n'acceptent pas de grâce.

M. de Montalembert maintint donc son appel, bien qu'il restât dispensé, en fait, malgré sa réclamation, et de l'amende, et de l'emprisonnement. Le seul intérêt, et la vraie question du débat fut, dès lors, de savoir comment et pourquoi l'illustre prévenu s'était cru obligé de se séparer, peu après le 2 Décembre, du gouvernement de Louis-Napoléon.

Sur ce point historique, voici la justification de M. de Montalembert par Berryer. Sous le couvert de ces deux noms, elle mérite d'être retenue par l'histoire :

> Le vote du 20 décembre a lieu, dit M° Berryer dans son plaidoyer; ici, il ne s'agit pas de critiquer; mais il faut bien rappeler quels sont les actes qui suivent immédiatement le 2 Décembre.
> M. de Montalembert a le droit de protester contre l'inconséquence dont vous l'accusez.
> Or cette inconséquence n'existe pas du moment où, depuis le 20 décembre, il s'est produit des actes nouveaux, imprévus, et qui justifient le changement d'attitude de M. de Montalembert.

Que voit-il, quelques jours après? Un décret d'omnipotence qui expatrie, qui chasse de France quatre-vingts citoyens des plus distingués, et, parmi eux, ces illustres généraux à qui la capitale devait de n'avoir pas été livrée au pillage et de n'être pas devenue un monceau de décombres.

A ce décret, que voit-il succéder? Le 22 janvier 1852, le décret relatif aux biens de la maison d'Orléans, un décret qui porte atteinte au principe de la propriété. M. de Montalembert le considère comme la violation d'un droit fondamental de la société.

M. le président. — Maître Berryer, vous ne pouvez pas attaquer un acte souverain.

Mᵉ Berryer. — Je ne l'attaque en aucune manière; je dis seulement comment cet acte a dû être jugé par un homme qui croyait qu'il y avait là une confiscation. La pensée de M. de Montalembert était celle de M. le procureur général (*Mouvement*); — pas de vous, monsieur le procureur général, mais de l'autre, — celui qu'on a restitué à la cour de cassation. (*Nouveau mouvement.*) Voici en quels termes (je ne lirai pas cette lettre en entier) M. Dupin s'exprimait : « En ce
» moment, au point de vue du droit civil, du droit privé, de
» l'équité naturelle et de toutes les notions chrétiennes du
» juste et de l'injuste que je nourris dans mon âme depuis
» plus de cinquante ans, comme jurisconsulte et comme
» magistrat, j'éprouve le besoin de me démettre de mes fonc-
» tions de procureur général. » (*La voix de l'orateur est couverte par les éclats de rire de l'auditoire.*)

Voilà l'impression de M. Dupin; c'était aussi celle de M. de Montalembert; le même jour, il avait protesté, aussi publiquement qu'il l'avait pu, en quittant la commission consultative; *le Moniteur* le constate.

Jusqu'ici, nous avons mentionné, avec une complète impartialité, les explications tant des adversaires que des amis de M. de Montalembert.

Voici maintenant notre appréciation personnelle.

C'est à la fois comme catholique libéral transportant du domaine religieux sur le terrain politique la lutte contre les catholiques ultramontains — et comme aristocrate anglais ne pouvant supporter l'asservissement, même avec l'égalité sous un maître commun, — que M. de Montalembert a rompu avec le régime du 2 Décembre.

Le désaccord de MM. de Montalembert et Louis Veuillot sur la conduite à tenir par les catholiques en face de la dictature du 2 Décembre, puis de l'empire, a été un des incidents, ou plutôt une des formes de la lutte religieuse entre les catholiques libéraux et les catholiques ultramontains.

M. Louis Veuillot s'est fait le champion de l'absolutisme à Paris comme à Rome; M. de Montalembert, défenseur religieux des derniers privilèges de l'ancienne Église de France, a repoussé en politique un despotisme qui, selon lui, ramenait le pays en arrière des garanties et des contrepoids de l'ancienne société française.

M. Louis Veuillot fut un Mirabeau plébéien de la plume. Comme Mirabeau, il avait une laideur puissante et un visage gravé de la petite vérole; mais il ne rachetait pas ses défauts physiques par la générosité du cœur et la grandeur des vues politiques.

C'était un directeur de journal ferme, avisé et hardi; un théologien superficiel, prompt à aller dénoncer à Rome les discussions de doctrine que, souvent, il avait été le premier à provoquer; une sorte de moine laïque qui, au lieu de haranguer comme jadis le populaire du haut d'une borne, endoctrinait les curés de campagne dans les colonnes de l'*Univers*; un écrivain original qui arrivait à l'effet par le heurt des idées et le contraste des expressions, interrompant le style noble de Bourdaloue par une plaisanterie de vaudeville, et ne reculant jamais devant l'expression juste, fût-ce un mot épicé.

Il cherchait à retrouver le rire de Voltaire, pour l'appliquer à la défense des choses saintes. Pamphlétaire pieux, mais non charitable, il déployait contre les libres penseurs une verve endiablée, remplaçant l'amour du prochain par la crainte du Seigneur.

Tempérament de combat, il avait l'horreur des incrédules, et encore plus des neutres. Tout ménagement lui semblait un pacte avec l'iniquité; toute modération une défaillance de caractère. Journaliste religieux, il empruntait à l'histoire sainte la mâchoire d'âne avec laquelle Samson s'escrimait à coups redoublés sur les Philistins; journaliste officieux de Louis-Napoléon, il allait plus loin qu'aucun autre dans la théorie brutale de la dictature. D'un côté, il encensait la force victorieuse; de l'autre, il s'attachait à diminuer tous ceux qui conservaient un regret ou une espérance en dehors de l'heure présente. A l'imitation des combattants de Pharsale, il frappait au visage !

Ce qui est plus mal encore, il se servait de ce qu'il avait appris sur l'intimité des hommes, qui avaient été naguère ses compagnons ou ses chefs, pour les viser au défaut de la cuirasse, pour les atteindre à l'endroit sensible. C'est ainsi que, dans cette querelle des catholiques libéraux et des ultramontains, il blessa profondément plus d'un noble cœur qui ne battait pas à l'unisson du sien.

Il se tenait sur le seuil de l'Église, « brandissant un bâton pour en écarter les chiens », comme il disait, et, aussi, secouant sur ceux qui s'en éloignaient un goupillon trempé dans le vitriol.

Dans le Corps législatif du 2 Décembre, les opinions, à la fois religieuses et politiques, de M. Louis Veuillot n'avaient alors qu'un interprète attitré : le vicomte de la Tour, rédacteur filandreux de l'*Univers*, et député non moins fatigant des Côtes-du-Nord.

Compromis dans les troubles de la Vendée en 1832, M. de la Tour avait gagné l'Allemagne. Il était entré au service de la Sainte-Autriche, celle du temps des Haynau et des Metternich, alors qu'il n'y avait ni constitution, ni liberté, ni mariage civil, — ce qui eût été, semble-t-il, l'idéal du vicomte de la Tour pour la France !

Après avoir débuté comme monarchiste plus convaincu que le *roy*, il était devenu plus catholique que le pape ; en outre, bonapartiste comme pas un ! Il avait connu Louis-Napoléon en exil, dans des temps de gêne commune ; aussi affectait-il de se poser en intime. Il écrivait au prince des lettres qui, régulièrement, restaient sans réponse ; il le cherchait avec autant d'ardeur que l'autre mettait d'empressement à éviter ces effusions.

Au Corps législatif, quand M. de la Tour se levait pour parler, ce qui arrivait trop souvent, la majorité s'égrenait peu à peu du côté de la buvette. Il était surnommé *La Tour, prends garde !* Il rééditait les lamentations de Jérémie sur une tonalité lugubre de faux-bourdon. Le malheureux improvisait, à l'imitation des grands orateurs, et on souffrait de la lenteur avec laquelle de grands mots boursouflés venaient péniblement exprimer des idées contestables. Il affectait l'ampleur d'un Guizot et la dignité d'un père de l'Église. Il n'atteignait (en y excellant, il est vrai) que le genre ennuyeux.

A son amer chagrin, et aussi à son grand étonnement, il devait perdre toute importance dès que la question du pouvoir temporel se posa sérieusement après la guerre d'Italie, et que des lutteurs véritables, les Lemercier, les Keller et les Chesnelong, descendirent dans l'arène.

Mais, en 1852, qu'importait l'insuffisance du représentant parlementaire des ultramontains? à ce moment-là, ils n'avaient pas besoin d'orateur qui leur fût propre, puisqu'ils suivaient la politique du gouvernement avec la docilité du troupeau sous la houlette du berger.

Il en résultait que M. de Montalembert, l'apôtre le plus éloquent du catholicisme libéral, se trouvait à la fois en lutte, et avec le pouvoir issu du suffrage universel, et avec la majorité des âmes pieuses. On ne sentait plus, derrière sa parole, le vote des masses rurales encore soumises à l'influence du bas clergé. Il ne représentait désormais qu'un cercle restreint d'amis particuliers, catholiques dissidents, et aristocrates irrémédiablement odieux à la démocratie. — Le gouvernement n'avait donc rien à craindre politiquement de son opposition personnelle.

M. de Montalembert avait le désavantage dans la lutte contre son rival en catholicisme.

M. Louis Veuillot était avant tout un écrivain, et sa plume jouissait d'une entière liberté, non seulement tolérée, mais encouragée.

M. de Montalembert était avant tout un orateur; et sa parole se trouvait gênée, sinon étouffée.

Il avait sans doute son siége de député, mais député sans tribune, en face de collègues strictement polis, défiants sinon hostiles et ne rendant hommage au talent que par la curiosité ; devant un public réduit par la suppression d'une rangée de galeries dans la salle des séances ; avec une presse qui faisait fi d'un compte rendu communiqué trois jours après la discussion, et, par dignité professionnelle, aimait mieux se taire sur les débats législatifs que de ne pas pouvoir les apprécier librement. Dans ces conditions, M. de Montalembert était le plus malheureux des orateurs ; il lui semblait parler sous une cloche pneumatique, ou à travers un voile de deuil.

Il s'en plaignait lui-même en ces termes :

Les années que j'ai passées au Corps législatif, de 1852 à 1857, sont certainement les plus tristes et les plus méritoires de toute ma vie. Les douleurs matérielles, que l'implacable maladie m'a fait connaître depuis, ne sont rien auprès des angoisses morales que j'ai traversées pendant cette sombre et effroyable période. Je défendais, seul alors, j'ose le dire, l'honneur et la liberté de la France, sans que personne m'en sût le moindre gré, sans que personne même eût l'air de s'en apercevoir dans le public. Je combattais, en désespéré, dans une cave, sans air et sans lumière.

La destinée lui réservait du moins une compensation, celle d'assister, à son tour, au changement d'attitude de M. Louis Veuillot, se retournant avec une fureur amusante contre le régime qu'il avait trop longtemps continué de soutenir avec un enthousiasme exagéré.

Pour le moment, M. de Montalembert s'était rapproché à la fois des royalistes des deux branches, n'ayant au fond de préférence pour aucune ; il allait chercher des consolations dans les cercles féminins de la légitimité et dans les cercles littéraires de l'orléanisme. Il s'était engagé, comme disait plus tard Émile Augier, « dans la grande *Chouannerie* des salons, avec ramifications dans les salles à manger et les boudoirs ». Il se mêlait à « un état-major sans troupes, réduit à faire des revues de spectateurs et feignant de prendre les curieux pour des soldats ». Il s'était composé une petite cour avec deux députés, MM. Leconte et de Montreuil, ses thuriféraires attitrés, quelques femmes bien pensantes, les graves rédacteurs du *Correspondant* et les jeunes journalistes de l'*Ami de la Religion*; mais le louis d'or de ces bravos distingués et de ces approbations compétentes ne valait pas pour lui, si aristocrate qu'il fût, la grosse monnaie des applaudissements populaires.

C'est dans ces dispositions mélancoliques qu'il était allé prendre place à l'extrême droite du Corps législatif dans le *coin des indépendants*. Là étaient venus se grouper, par affinité instinctive bien plus que par préméditation politique, ceux des membres de la Chambre qui regrettaient la liberté passée et qui eussent voulu en hâter le retour. Là siégeait le comte de Flavigny, véritable chef de ce petit groupe, mais Égérie trop souvent silencieuse; à côté de lui, on voyait le vicomte Henri de Mortemart, président du Cercle agricole, mari d'une princesse italienne, le plus aimable et le plus sage des hommes de grande race; le duc d'Albuféra, toujours mécontent de tout et de lui-même; le comte de Chasseloup-Laubat, inquiet et nerveux comme le gros joueur qui a ponté sur un numéro qui s'obstine à ne pas sortir; M. Ancel, dont l'esprit eût été libéral si son cœur n'avait pas été amoureux de la force; le duc d'Uzès, partagé entre une taquinerie spirituelle et une bouderie paresseuse, très brillant de surface, mais médiocre au fond ; M. Anatole Lemercier, encore retenu par l'influence de son père qui siégeait aussi à la Chambre, mais devant bientôt se révéler comme un type aussi rare qu'honorable de libéralisme sincère, de catholicisme courageux et de clairvoyance indulgente ; enfin, le marquis de Talhouët qui était, non le chef politique, mais le centre mondain de ce clan libéral, caractère un peu timide à force de vouloir plaire à tous, intelligence peut-être insuffisamment meublée, mais esprit charmant, cœur généreux, honneur chevaleresque ; il ouvrait, en grand seigneur, une maison qui n'avait pas besoin d'être petite, comme celle de Socrate, pour se trouver pleine de vrais amis ; il obtint la faveur d'être choisi comme porte-fanion, lors de l'assaut des *quarante-cinq* contre la forteresse autoritaire ; il eut le regret de faire voter la guerre de 1870 sur un rapport trop plein de confiance dans les affirmations du ministre Lebœuf. A la lettre, il en est mort de chagrin.

Plus loin, on remarquait, bien qu'ils cherchassent à passer inaperçus, les trois anabaptistes du budget, spécialistes du chiffre financier, qui savaient parfois résister à force de savoir toujours compter : le vénérable et morose M. Gouin, le froid et méthodique M. Louvet, le studieux et négligé M. Lequien.

M. de Montalembert aurait voulu fonder un dîner mensuel *des indépendants* ; il espérait arriver au chiffre de vingt convives, mais il fallait pour cela, d'un côté, s'allier à M. de Kerdrel et à ses amis de l'intransigeance royaliste ; de l'autre, admettre des députés d'une indépendance aussi suspecte que celle de M. Leconte, député des Côtes-du-Nord, dont la qualité principale était d'être passionément admirateur de M. de Montalembert et très connaisseur en fait de menus de restaurant. Aussi cette réunion, à la fois gastronomique et parlementaire, échoua-t-elle piteusement.

Bien qu'il n'y eût rien dans tout cela qui ressemblât à un programme proprement dit, on était d'accord, parmi ces députés, sur le principe qu'il faut, à tout gouvernement régulier et durable, des limites, un contrôle, un frein, un mécanisme quelconque qui établisse la pondération et assure l'équilibre des divers intérêts et des diverses opinions. Alliance d'une autorité ferme et incontestée avec l'exercice d'une liberté sage ; développement progressif d'institutions loyalement représentatives : tel était le but vaguement conçu, timidement poursuivi par ces quelques âmes honnêtes qui eurent le mérite, sinon de rallumer avec décision, du moins de ne pas laisser tout à fait s'éteindre le dernier tison du libéralisme.

M. de Montalembert, qui cherchait à faire de cette *nébuleuse* libérale un véritable parti, avec l'espoir d'en devenir le chef reconnu, a, dans son discours du 22 juin 1852, donné corps à la thèse de la *liberté loyalement représentative*, distinguée des abus de *l'omnipotence parlementaire*.

Il y a, dans ce discours, un contraste singulier entre la modestie des vœux d'amélioration politique (c'est la part des amis politiques dont M. de Montalembert a la prétention de se faire l'interprète) et la vivacité des critiques qui tombent drues, imagées sur le régime dictatorial du 14 janvier (c'est la part des sentiments personnels de l'orateur).

Ce côté de l'allocution présente un caractère d'autant plus intéressant, et presque dramatique, que le prince président resta jusqu'à la fin de la séance dans sa tribune. C'était ainsi, en sa présence comme à son adresse, que M. de Montalembert parlait de son œuvre et de son gouvernement.

Nous reproduisons ici le discours *in extenso*. Les quelques longueurs qui en arrêtaient la marche ont été élaguées, et les attaques dont Louis-Napoléon s'est plaint sur-le-champ à ses familiers, ou dont il a tenu compte plus tard, sont soulignées.

Voici ce discours qui a, dès lors, une vraie portée historique :

Je ne crois pas du tout manquer de respect, ni à la constitution, ni au décret réglementaire, en montrant les inconvénients et les suites fâcheuses d'un état de choses auquel le pouvoir peut lui-même, et très facilement, porter remède.

J'en avertis franchement le Corps législatif et M. le président; s'ils ne croient pas devoir me permettre d'avancer sur ce terrain, qu'ils m'arrêtent! et on saura alors à quel point la discussion est libre dans cette enceinte. Si, au contraire, ils croient qu'on peut loyalement et respectueusement aborder ce terrain et, en conservant tous les égards qui sont dus aux institutions et aux personnes, dire ce qu'on pense être la vérité, je demande la permission de continuer.

M. le président. — La discussion ayant été engagée sur ce point et la réponse aux critiques faites n'ayant pas été épuisée, il me semble que le débat peut continuer. D'ailleurs, un de MM. les commissaires du gouvernement a demandé la parole pour répondre.

M. de Montalembert. — Le gouvernement parlementaire, je le regrette et je l'admire plus que tout autre gouvernement; mais je ne tends pas à le rétablir. Entendons-nous d'abord sur ce qu'était le gouvernement parlementaire.

Je n'entends pas, par gouvernement parlementaire, ce qui a disparu au 2 Décembre; c'était là le gouvernement d'une assemblée sans frein et sans contrôle; c'était aussi peu le gouvernement parlementaire que la tyrannie ou le despotisme sont la monarchie. Ce que j'appelle le gouvernement parlementaire, c'est cette admirable combinaison des pouvoirs publics qui a régné en France depuis 1814 jusqu'à 1848, et qui (j'aime à le redire, et à me donner ce plaisir en présence des invectives et des insultes posthumes qui lui sont chaque jour adressées) a valu à ce pays une prospérité, une sécurité et une liberté au milieu de la paix, telles qu'il n'en avait jamais connues auparavant dans ses annales.

Mais, enfin, il est enterré; n'en parlons plus!

Nous possédons aujourd'hui, comme vous le rappelait tout à l'heure mon éloquent ami M. de Kerdrel, nous possédons, au lieu du gouvernement parlementaire, ce qu'on veut bien appeler le gouvernement *représentatif*. Soit! j'accepte la distinction.

Voyons quel est l'élément essentiel d'un gouvernement représentatif, même sous la monarchie (et je crois que, malgré le nom de République qui nous reste, nous sommes, à vrai dire en monarchie, — monarchie temporaire et élective, mais réelle). Quel est le principe essentiel du gouvernement monarchique représentatif? C'est, à coup sûr, le contrôle des finances et de l'impôt par les représentants du pays.

Permettez-moi de vous dire que ce contrôle est bien autrement nécessaire sous un gouvernement monarchique ou absolu que sous un gouvernement libre; car, là où il n'existe pas, les dangers financiers acquièrent tout à coup une importance immense et suprême.

L'histoire est là pour vous le dire : toutes les monarchies ont péri par des malheurs de finances. Comment a péri la monarchie absolue de 1789? Par un déficit qui semblerait, aujourd'hui, le plus insignifiant du monde. Qu'est-ce qui fait cette différence? C'est que les peuples, quand ils voient leurs représentants intervenir dans la gestion des finances, s'habituent, à tort ou à raison, à croire que ces finances sont surveillées. C'est un gouvernement bien commode au fond que celui-là pour les souverains !

Je me souviens, peut-être comme beaucoup d'entre vous, d'avoir lu, dans ma jeunesse, une lettre attribuée à Louis XVIII et écrite à Ferdinand VII, lettre qu'avait rédigée un pamphlétaire fameux, Paul-Louis Courrier, et dans laquelle ce prince faisait ressortir, sous une forme ironique, une vérité très sérieuse, savoir : l'immense avantage qu'offre le mécanisme représentatif aux rois et aux souverains. Il explique comment les populations, comme je le disais tout à l'heure, se figurent que leurs finances confiées au contrôle des assemblées représentatives, à un contrôle sérieux, efficace, indépendant, sont gérées avec économie et prévoyance.

Et, en effet, on aime ces débats au grand jour; on aime cette guerre, quelquefois minutieuse et puérile, faite à de petits abus, même quand les grands passent inaperçus. On aime tout cela; on s'en contente; le peuple chante, donc il payera, disait-on autrefois.

Un gouvernement absolu qui succède à un gouvernement libre est donc tenu, selon moi, d'offrir au peuple qu'il gouverne deux conditions essentielles : une plus grande sécurité et une plus grande économie.

La sécurité, l'avons-nous? Je le crois. L'économie, l'avons-nous ou l'aurons-nous? Je le désire, et c'est à quoi je veux travailler de bonne foi et énergiquement comme vous tous.

Ce contrôle, nous voulons l'exercer; la constitution elle-même veut que nous l'exercions. Mais le pouvons-nous? Voilà toute la question.

Et qu'on ne vienne pas m'arrêter tout à coup en me disant, comme l'un des honorables préopinants, que le besoin d'opposition se fait déjà jour et que c'est là le véritable danger du moment.

Je vous le demande, où a-t-il commencé à poindre jusqu'à présent, depuis trois mois que nous sommes réunis, ce besoin, cet esprit d'opposition? Il a si peu existé que nous avons vu la presse gouvernementale chercher des explications chimériques à une opposition qu'on n'avait vu qu'en rêve et dont on proclamait vaguement l'existence.

On nous a accusés d'être fatigués de notre oisiveté. Pour moi, je déclare qu'après les quatre ans de rude labeur par lesquels nous avons passé sous la République, je ne suis nullement tenté de me plaindre de cet excès d'oisiveté.

On s'est encore avisé de dire que nous étions mécontents d'être mal reçus dans les ministères et d'être mal écoutés dans les sollicitations que nous adressions pour le compte de nos départements.

Je n'en sais rien personnellement (car je ne vais pas dans les ministères), mais je déclare que, s'il en était ainsi, j'en féliciterais le pays. On disait tout à l'heure que nous avions accepté sous bénéfice d'inventaire l'héritage de nos prédécesseurs: je demande surtout qu'on renonce, dans cet héritage, à l'usage des sollicitations, et à cette funeste manie qui a fait des députés, sous tous les régimes, les commissionnaires de leurs départements. Si les ministres accueillent les députés actuels de manière à les décourager de prendre sur eux cette corvée, ils feront fort bien, et je serai le premier à les en féliciter.

N'avons-nous pas eu bien d'autres causes d'opposition et de mécontentement sans nous en plaindre?

Par exemple, le décret-règlement que nous n'avons ni discuté, ni consenti, qui nous a été imposé, qui nous prive du droit qu'ont eu, avant nous, toutes les assemblées, non seulement d'élire le président et les secrétaires de la Chambre, *mais même les présidents et les secrétaires des bureaux;* ce décret, *qui ne nous permet pas même de faire connaissance les uns avec les autres par le renouvellement mensuel des bureaux,* quelqu'un s'en est-il plaint, depuis trois mois qu'il nous régit?

S'est-on plaint de cette interprétation, que je ne craindrai pas d'appeler judaïque, du décret sur la presse, qui a interdit, même aux journaux amis du gouvernement, non seulement ces comptes rendus partiaux et passionnés de nos débats que tous les honnêtes gens ont désiré voir disparaître, mais même de simples réflexions, une simple mention de ce qui se fait au Corps législatif, *comme si, réellement, la réunion de deux cent cinquante honnêtes gens comme nous avait quelque chose d'indécent ou de fâcheux.* S'en est-on plaint? Non.

Nous avons donc tout accepté ; — nous n'avons pas protesté. Nous nous disions, — même les mécontents, s'il y en avait: — Attendons le budget ; tout est là; c'est pour le voter, pour le discuter, pour le contrôler, que nous existons. C'est là, à vrai dire, notre fonction essentielle. Car, quant au vote des lois, je crois qu'avec deux corps aussi éminents que le Sénat et le conseil d'État, on pourrait, à la rigueur, se passer de nous. C'est le vote de l'impôt qui a fait introduire dans la constitution l'élément électif que nous représentons, et par lequel nous vivons.

Or, le budget est arrivé, et tout s'est trouvé impossible ; c'est là le mot de la situation.

On vous condamne à voter le budget tout entier ou à le rejeter; on vous pose cette alternative : tout ou rien. Eh bien, cette alternative, toujours funeste et dangereuse en politique, me paraît absurde et révoltante en matière de finances.

En outre, on choisit pour exécuteur de ce système de proscription contre le droit d'amendement, on choisit le conseil d'État. Il est ici, nous a-t-on dit, pour remplacer les ministres; il doit s'en apercevoir, car il a hérité aujourd'hui de l'habitude qu'avaient les ministres d'entendre des choses peu agréables.

Je commencerai par dire que rien n'a été plus convenable, rien n'a été plus bienveillant que l'attitude des membres du conseil d'État au sein de la commission du budget. L'harmonie la plus parfaite a régné entre eux et nous quant aux relations personnelles; mais il a été facile, dès l'abord, de s'apercevoir de l'extrême difficulté que présentent, par leur nature même, les relations officielles.

En effet, quelles conditions réunit le conseil d'État pour discuter le budget avec nous? Il ne le prépare pas; il ne le perçoit pas; il ne le dépense pas. Je dis que les ministres, même quand ils ne sont pas très distingués (et l'on en a vu de fort médiocres, sous le régime parlementaire), les ministres, assistés de leurs chefs de service, savent tout, sont prêts à répondre à tout. Ils connaissent le fort et le faible de toutes ces questions si nombreuses que renferme le budget. Il ne saurait en être de même des conseillers d'État, qui sont étrangers et à l'emploi et à la perception et à la préparation du budget; qui sont obligés à chaque instant, avant comme après la discussion contradictoire avec nous, d'avoir recours à ces chefs de service et à ces ministres dont la présence est si soigneusement écartée.

Comment s'en dédommagent-ils? Par l'extrême rapidité de la discussion. Nous avons su que la discussion générale du budget n'avait coûté au conseil d'État que deux ou trois jours de travail. Il en a été de même de nos amendements, si laborieusement préparés pendant un mois de travaux assidus au sein de la commission. Et comment voulez-vous qu'il en soit autrement? *Figurez-vous le sort d'un pauvre amendement qui arrive au sein du conseil d'État, tout seul, sans avocat, sans parrain, comme une espèce de délinquant muet; à peine arrivé, il est mis sur la sellette; personne ne le défend; il est jugé, condamné et exécuté sans désemparer.*

Je n'entrerai pas dans le détail de cette espèce de massacre des innocents, dont le récit se trouve, à la fin du rapport de M. Chasseloup-Laubat, dans le procès-verbal des délibérations du conseil d'État. Vous y voyez à peu près un amendement adopté sur dix ou douze...

Pour s'opposer à la diminution de l'effectif militaire, MM. les commissaires du gouvernement nous ont dit dans la commission du budget, — à notre grande surprise, et malgré cette déclaration du *Moniteur : La France jouit du repos le plus complet*, — ils nous ont dit, et le procès-verbal de la commission est là pour le constater, que le repos n'existait qu'à la surface du pays; que cet effectif que l'on avait trouvé suffisant avant la bataille ne l'était plus après la victoire; que l'ennemi était comprimé, non vaincu, et que le danger pouvait reparaître au premier jour.

On nous a raconté que, dans les départements du Midi, les sociétés secrètes étaient organisées plus puissamment que jamais; on a été jusqu'à nous donner un chiffre de soixante-trois mille affiliés dans le seul département de l'Hérault, et on nous a déclaré (j'ai pris note des paroles) que la situation, sous ce rapport, ne s'était pas améliorée depuis le 2 Décembre.

Ah! alors, j'avoue que ma surprise a été au comble; je me suis dit : Si on parle ainsi au nom du gouvernement, que doivent donc dire les ennemis du gouvernement, et que pourraient-ils dire de plus fâcheux et de plus hostile? Quoi! la presse est comprimée, la tribune renversée, toutes les institutions, — la constitution surtout qui était un foyer de dangers pour l'ordre social, — ont disparu; tous les obstacles que vous aviez à redouter autrefois, et que l'ordre social avait à redouter avec vous, ont cessé d'exister, et vous dites que la situation n'est pas améliorée! Quoi! vous avez demandé à la France le sacrifice, non pas seulement d'institutions dangereuses et nouvelles, mais encore de ses libertés les plus anciennes, de ce qu'un pays aime encore mieux que ses libertés, de ses habitudes, de ses préjugés, de ses idées, de ce qui a constitué pendant longtemps sa vie politique et sociale; vous lui en avez demandé le sacrifice; vous l'avez obtenu sans réserve de sa part, et puis vous venez lui dire que ce sacrifice a été stérile et que le danger existe toujours!

Après avoir d'abord arrêté, et à une grande majorité, que nous maintiendrions la réduction de l'effectif, nous nous sommes avisés des conséquences; nous nous sommes dit : « Comment allons-nous arranger les choses pour faire comprendre ce que nous voulons, non seulement à l'Assemblée, mais au pays? »

Savez-vous à quoi nous étions obligés par le règlement, non pas pour faire prévaloir nos idées, mais seulement pour les faire discuter? Car, n'oublions jamais qu'il ne s'agissait pas de vous faire voter *hic et nunc* sur un chiffre préféré et proposé par nous, mais seulement d'obtenir que vous puissiez examiner la question; nous espérions en appeler respectueusement et humblement à messieurs les conseillers d'État pour obtenir d'eux un second vote.

Eh bien! pour arriver à ce mince résultat, *nous étions obligés de vous demander, — provisoirement, il est vrai, — mais de vous demander enfin le rejet total du chapitre IX du budget de la guerre, c'est-à-dire de la solde de tout l'effectif de l'armée et de la somme de* 160 *millions?*

Eh bien! la majorité de la commission a reculé devant cette nécessité; elle s'est dit : « Jamais nous ne réussirons à faire accepter avec une bienveillance quelconque un résultat aussi étrange que le rejet, même provisoire, de la solde totale de l'armée et d'une somme de 160 millions. Par conséquent, elle a dû revenir devant vous avec le texte que voici : « *Ministère de la guerre.* — Pas d'amendement. » Oui, pas d'amendement! après tout ce qui s'était passé dans nos bureaux et dans son propre sein!

Quand j'ai vu ce résultat naturel et forcé du décret organique, je me suis dit que, quant à moi, non pas comme membre de la commission du budget, mais comme membre de cette Assemblée, mon vote n'était plus libre.

Membres de la commission du budget, nous étions pourtant dans une situation privilégiée. Voilà vingt et un membres dont les noms sont ici imprimés, au bas des rapports de MM. Chasseloup-Laubat et Gouin; ceux-là ont eu, en quelque sorte, libre carrière; ils ont pu parler, examiner, faire constater au procès-verbal de la commission ce qu'ils ont voulu, discuter contradictoirement avec messieurs du conseil d'État. Leur sort est digne d'envie, auprès du vôtre!

Mais vous, que pouvez-vous? Rien. — Toutes ces grandes questions, les plus grandes du monde, dont je viens de soulever un coin devant vous, elles vous sont interdites; vous ne pouvez en parler que comme je le fais aujourd'hui, en quelque sorte en passant, dans la discussion générale du budget. Mais, quand viendra le budget de la guerre, vous ne pourrez rien dire; car vous ne pouvez être saisis d'aucun amendement. C'est donc pour vous, et uniquement au point de vue de votre liberté, de votre dignité, de votre indépendance, que je parle.

Et ne croyez pas d'ailleurs, messieurs, que j'aie rêvé pour le Corps législatif une condition tellement puissante et tellement brillante! oh mon Dieu! *Je sais très bien, et je le disais tout à l'heure, quel est le sort modeste qui nous est réservé par la constitution! Nous ne sommes pas des illustrations; elles sont ou elles seront toutes, au Sénat, aux termes de la proclamation du 2 Décembre. Nous ne sommes pas des capacités hors ligne; elles sont toutes au conseil d'État, toujours selon la proclamation du 2 Décembre. Que sommes-nous donc? Mon Dieu! nous sommes une poignée d'honnêtes gens qu'on a fait venir du fond de leur province pour prêter leur concours au gouvernement en le contrôlant.* Car, assurément, il n'a pas besoin d'un autre concours de notre part que celui-là. C'est en le contrôlant, en l'avertissant, en l'arrêtant, que nous pouvons le seconder et lui prêter un appui sincère et efficace.

Je rêvais donc pour le Corps législatif une existence modeste et utile, comme celle d'un grand conseil général de département, sans prétentions oratoires, sans prétentions politiques, qui ne s'occupât pas le moins du monde de faire ou de défaire les ministres. Vous le savez, vous tous qui êtes membres des conseils généraux, vous ne vous êtes jamais occupés de faire ou de défaire votre préfet, n'est-ce pas? Eh bien, le nouveau Corps législatif devait être sur ce pied-là, n'avoir rien à voir à la nomination et à la révocation des ministres, mais gérer, ou plutôt contrôler la gestion des intérêts moraux, matériels et financiers, financiers surtout, non pas d'un simple département, mais du pays tout entier.

Sommes-nous cela? Non. *Nous sommes une espèce de conseil général, mais un conseil général à la merci du conseil de préfecture que voilà. (L'orateur montre le banc du conseil d'État.)*

Eh bien, cette situation me semble complètement inacceptable. Je ne voterai pas le budget des dépenses parce que, d'après les motifs que je viens d'énoncer devant vous, je ne sens pas mon vote libre ; *je ne suis pas libre de voter un budget que je ne puis amender et que je suis obligé, ou d'admettre, ou de rejeter en totalité.*

Je ne prétends donner de conseil ni servir d'exemple à qui que ce soit; je ne prétends pas qu'on manquerait de dignité ou de caractère en ne faisant pas comme moi; mais moi j'en manquerais si, avec les convictions qui m'animent et l'expérience de vingt années politiques, j'émettais un vote qui me paraîtrait fictif et dérisoire.

Maintenant, je vais au-devant de deux objections.

On me dira sans doute : le pays n'est pas avec vous ; le pays verra avec un profond déplaisir ce commencement d'opposition ou de protestation. C'est possible. Le pays, — on parle beaucoup en son nom, et il est peut-être difficile de savoir précisément ce qu'il pense et ce qu'il veut; — mais j'admets que mes adversaires aient raison. Soit! le pays, si irritable, si susceptible, si ingrat à l'égard des gouvernements réguliers, les plus modérés, les plus libéraux qui aient jamais existé en France, je veux parler des deux monarchies qui ont disparu en 1830 et en 1848, ce pays-là est complètement transformé; il est disposé à tout accepter, à tout approuver, à tout saluer. On le dit; je n'en sais trop rien; je me demande si, au fond, le pays actuel ne veut pas précisément ce qu'il voulait sous la République, c'est-à-dire un gouvernement, comme on disait alors, honnête et modéré.

Je ne sais pas si certains apologistes du gouvernement ont raison de nous rappeler leurs deux grands arguments : la peur que nous avons eue, et la reconnaissance que nous devons avoir. La peur et la reconnaissance, ce sont là, messieurs, deux sentiments très vifs, mais très éphémères.

Oui, on a eu très peur en Décembre, et on a eu raison d'avoir peur; on a été reconnaissant, et on a eu raison de l'être ; mais, je le répète, ce sont deux sentiments qui passent très vite que ceux de la crainte et de la gratitude. Un gouvernement qui se fonderait uniquement sur ces deux sentiments, et qui se croirait tout permis en spéculant sur leur durée indéfinie, courrait risque de se tromper grandement. Un gouvernement doit se fonder surtout sur la raison et l'intérêt du peuple qu'il gouverne. Or, la raison du peuple français ne peut trouver mauvais qu'on discute avec lui, et son intérêt exige que vous portiez sur les finances qui sont sa fortune, son patrimoine, un contrôle efficace, énergique et sincère.

Mais, d'ailleurs, il en serait autrement, le pays tout entier serait d'un avis contraire à celui que je prends la liberté d'énoncer ici, que je ne persévérerais pas moins dans le mien ; car, s'il est permis, s'il est quelquefois du devoir de s'incliner devant le pays dans les questions politiques, et pour ma part, je n'y ai jamais manqué, il n'est jamais permis de s'incliner devant lui dans des questions de dignité, de conscience, — dignité qui existe pour les corps comme pour les individus ; ici, c'est la mienne que j'ai voulu mettre à couvert par l'opinion que j'exprime devant vous.

On ira plus loin ; on me dira : « Mais vous voulez recommencer l'opposition (on le disait déjà tout à l'heure) ; vous voulez ébranler ce jeune gouvernement qui vient de naître. » Ah ! messieurs, je déclare qu'on n'excite jamais ma compassion quand on me parle de la jeunesse et de l'enfance d'un gouvernement. En France, c'est précisément quand un gouvernement vient de naître qu'il est fort, qu'il est invincible ; nous en savons tous quelque chose. Ce qu'il y a de singulier dans notre histoire, c'est que nous voyons les gouvernements s'affaiblir en vieillissant. C'est quand ils ont rendu, pendant plusieurs années, des services signalés, donné de la liberté et de la prospérité à pleines mains ; c'est alors qu'on commence à les ébranler, et on n'y réussit que trop ! Dans leurs premières années, au contraire, ils n'ont rien à craindre ; c'est le moment pour l'homme indépendant et sincère de leur adresser des avertissements et des reproches que, plus tard peut-être, au moment du danger, au moment des menaces, au moment des trahisons, il sera tenté de retenir dans le silence de son cœur.

D'ailleurs, à qui s'adresserait-on en faisant cette objection ? Est-ce que, par hasard, je suis un homme d'opposition, ou un homme de parti? Il serait bien savant celui qui pourrait signaler le parti auquel j'ai appartenu dans ma vie; celui qui pourrait signaler, dans tout le cours de ma carrière, un acte d'opposition systématique ou haineuse contre un gouvernement quelconque. J'ai déjà vécu sous trois gouvernements, sans jamais contester leur origine, ni leur durée; sous tous, je ne me suis occupé que d'appuyer le bien et de combattre le mal. *Or je regarde comme un mal sérieux l'anéantissement de tout contrôle et l'abaissement du seul corps électif qui existe dans le gouvernement français. Je suis convaincu qu'il en surgira tôt ou tard de graves difficultés pour le pays et pour le gouvernement lui-même, et que l'opinion publique, dont on se croit sûr, se sentira frappée un jour du contraste entre les deux assemblées qu'elle a sous les yeux: une assemblée élective,* GRATUITE, *qui demande des économies, et une assemblée amovible et* PAYÉE, *qui les refuse.* Il y a là un mal, un danger pour le gouvernement; c'est pourquoi je le signale et le repousse.

Mais, s'il n'y a pas de gouvernement auquel j'aie fait la guerre dans le cours de ma carière, il y en a un que j'ai défendu. Et lequel? C'est celui du chef du pouvoir actuel; c'est l'autorité qui se personnifiait en lui. Je l'ai défendu quand il y avait plus de mérite à le faire qu'il n'y en aurait à enregistrer complaisamment aujourd'hui ses moindres volontés. Je l'ai défendu au prix de mes plus chères amitiés et des meilleures alliances de ma vie politique; je l'ai défendu dans une enceinte voisine, au milieu des hurlements de la gauche, des défections et des dérisions de la droite. Je le défendais alors contre l'ingratitude et l'injustice des partis; je voudrais le défendre aujourd'hui contre les dangers de la toute-puissance, contre les enivrements de la victoire, contre les éblouissements de la dictature, contre ses propres entraînements, contre ceux de ses conseillers imprudents ou de ses adulateurs, s'il en a.

Je voudrais vous défendre vous-mêmes, messieurs, contre le plus grand danger des corps politiques, contre le découragement et l'abandon de soi. Aujourd'hui, je le sens, je le prévois, vous ne me suivrez pas dans mon abstention; vous me laisserez seul, mais, tôt ou tard, il en sera autrement. Vous possédez non seulement les germes d'indépendance qu'a tout honnête homme dans la conscience, mais *vous possédez, dans votre organisation même, les conditions de toute indépendance, la gratuité et l'élection.*

Ces conditions vous amèneront un jour sur le terrain de la résistance à des institutions fausses, à des prétentions abusives. Je ne vous demande qu'une grâce : — Ne me sachez pas mauvais gré de vous y avoir devancés!

On n'a pas oublié que le président de la République assistait à la séance du 22 juin; il suivit avec une attention soutenue, mais avec une colère croissante, le discours de M. de Montalembert.

Si l'orateur s'était borné à demander (exprimant en cela les vœux modestes des indépendants), — et le renouvellement des bureaux avec l'élection des présidents et des secrétaires, — et un compte rendu analytique des discussions qui ne se confondît plus avec le procès-verbal de la séance, — et la possibilité pour les commissions législatives d'envoyer des délégués défendre leurs amendements devant le conseil d'État, le prince (il le montra bientôt) aurait volontiers consenti à des réformes qui étaient une amélioration pour le Corps législatif, sans constituer pour lui une diminution d'autorité; mais, si les réclamations collectives dont M. de Montalembert se faisait l'organe étaient sages, et même quelque peu timides, la forme donnée à ces plaintes lui était toute personnelle. Là, l'ancien combattant parlementaire se retrouvait avec sa hauteur méprisante et son persiflage académique.

Le prince, s'il resta jusqu'au bout silencieux, n'en fut pas moins sensible aux coups d'épingle qui lui étaient successivement portés. Il pâlit dès le début, lequel contient un témoignage de regret au régime parlementaire et un hommage de reconnaissance au gouvernement libre et prospère de 1830. Il fut mécontent de voir déclarer que la constitution à étiquette républicaine du 14 janvier 1852 organisait une monarchie provisoire, élective, mais déjà réelle. M. de Montalembert étant entré ensuite dans le détail des obstacles auxquels se heurtait le contrôle financier du Corps législatif, le président respira un moment; mais c'était un faux espoir ; il ne devait pas en être quitte à si bon marché.

Il sentit l'ironie, lorsque l'orateur demanda comment il se faisait que le sacrifice de toutes les libertés ne valût même point au pays la sécurité matérielle, du moins au témoignage des conseillers d'État; il se rendit compte de l'habileté d'un langage qui visait à éveiller les susceptibilités collectives de l'Assemblée en disant : « Nous ne sommes pas les illustrations; elles sont toutes au Sénat! Nous ne sommes pas les capacités; elles sont toutes au conseil d'État! » et à surexciter l'esprit de corps de la Chambre en l'assimilant « à un grand conseil général sans prétentions, et encore un conseil général à la merci du conseil de préfecture! » Il comprit toute la portée du parallèle entre l'assemblée élective et *gratuite* qui demandait des réductions de dépenses, et une réunion de fonctionnaires amovibles et *payés* qui refusaient toute économie ; aussi il lui échappa cette exclamation sourde : « L'année prochaine, les députés seront rétribués ! »

Enfin, il frémit lorsque M. de Montalembert, invoquant l'avenir vengeur des fautes commises, affirma dans sa péroraison qu'il finirait bien par arriver un jour où cette opinion, « dont on se croyait si sûr », se lasserait de l'absence de tout contrepoids.

Louis-Napoléon, aussi patient qu'implacable dans ses colères, ne savait encore comment il pourrait se venger de ce discours; mais il se jura bien d'en témoigner de quelque manière son ressentiment au Corps législatif. C'est ainsi que M. de Montalembert atteignit son but, s'il chercha seulement à blesser le prince, mais le manqua s'il voulut travailler au prompt rétablissement de la liberté.

C'est à M. de Parieu, président de la section des finances au Conseil d'État, que revenait l'honneur périlleux de répondre au grand orateur catholique.

Au-dessous du portrait de M. Rouher, — gloire du Puy-de-Dôme, aigle de Riom, — M. de Parieu, — illustration du Cantal, futur ornement de la Grande-Place d'Aurillac, — a droit à un médaillon; car, un moment, sous le second empire, tout fut pour les Auvergnats! C'était la revanche des indigènes de Clermont et des naturels de Saint-Flour. Mais, ô Vercingétorix, qu'eût dit ta grande âme si, ressuscitant, tu avais vu tant de tes fils servir sous César!

M. Félix Esquirou de Parieu, qui, par une ironie du sort, devait être un des ministres responsables de la guerre de 1870, n'avait rien de belliqueux. Il unissait, comme il arrive parfois, une grande douceur de caractère à une grande force physique, des passions de collectionneur de fossiles avec une musculature d'athlète de foire, — sacristain doublé d'Hercule!

Si nous nous attachons au visage, que voyons-nous? Les sourcils épais et contractés d'un homme terrible; une chevelure jadis noire, mais toujours rebelle; un nez long, légèrement retroussé, et en même temps un peu aigu par le bout; le menton lourd; la lèvre inférieure avançant sur la lèvre supérieure, au point de la couvrir en partie; les favoris taillés de près; les yeux indécis et reflétant une âme timide qui ne sait trop que faire d'un corps si vigoureux.

Si nous passons à la stature, nous trouvons une taille élevée, une charpente compacte et massive; rien d'élégant, mais quelque chose de net, d'accentué, de définitif; bref, laideur intelligente, un de ces bustes d'étude qui semblent complaisamment fouillés par la main d'un sculpteur, dont le pouce aurait passé et repassé, soulignant les méplats : voilà M. de Parieu.

Il fallait lui être reconnaissant de ne pas porter, dans le monde, les souliers à clous des *pays* et des *payses* du Mont-Dore, ces fameux souliers qui sacrifient la grâce à la force et l'élégance à la durée.

Quant à son éloquence, elle mérite d'être classée parmi les émollients : flot tiède et limpide, mais sans saveur. Publiciste, financier, économiste, homme de parole, M. de Parieu s'attache à recueillir et à cataloguer ce qu'ont dit les autres, sans paraître très soucieux d'ajouter lui-même au bagage de l'esprit humain. Il est savant (ce qui cache souvent la lourdeur d'esprit), et il montre au besoin de l'émotion oratoire (ce qui dissimule parfois l'absence d'idées originales).

C'est ce qu'on appelle au théâtre une *utilité*; jamais il ne passera au premier plan. M. Rouher, qui le connaît beaucoup et qui peut-être le jalouse un peu, y a mis ordre. Consulté par l'empereur sur les candidats possibles au ministère, ce bon compatriote a écarté d'un mot M. de Parieu : pas même de l'hostilité ; du dédain concentré, en courant, dans une formule brève : *N'a, à aucun degré, aucune des qualités voulues pour ces fonctions.* L'appréciation de M. Rouher a été le clou qui, pendant seize ans, a rivé M. de Parieu dans les postes secondaires du conseil d'État.

Cette existence, un peu terne, s'éclaire cependant d'un souvenir de gloire : en 1848, M. de Parieu prononça un discours qui, dès le premier jour, frappa tout le monde par la hauteur et la justesse de ses vues ; les événements en firent, après coup, une sorte de prophétie. Combattant l'élection du président de la République par le suffrage universel, l'orateur y disait : « Vous voulez un pouvoir fort contre ceux qui désobéiraient à la loi, et faible vis-à-vis de ceux qui la font ; prenez garde ; vous allez donner à ce pouvoir les racines du chêne, pour mettre au-dessus une végétation de roseaux ; vous êtes inconséquents ! »

Mais s'il avait su, de loin, prédire le coup d'État, il ne sut pas, de près, en deviner la date :

Le 2 Décembre 1851, il se rendait, comme d'ordinaire, à la bibliothèque de la Chambre pour y travailler à un rapport d'affaires. Il trouva le palais Bourbon occupé par les troupes, et ses collègues arrêtés. Surpris, sans être indigné, il rentra tranquillement chez lui, où il reçut bientôt la proposition de faire partie de la commission consultative. Il se hâta d'accepter, voulant au moins figurer parmi les ouvriers de la deuxième heure.

M. de Parieu, dans sa réponse à M. de Montalembert, tabla sur le discrédit dans lequel était alors tombé le régime parlementaire, et, affectant de confondre la liberté des amendements en matière de finances avec la résurrection de l'omnipotence des assemblées, il demanda au Corps législatif s'il voulait déjà ébranler une constitution à peine expérimentée et entrer en opposition avec l'homme qui avait sauvé à la fois la paix et la fortune de la France. Depuis le 22 juin 1852 jusqu'à la fameuse lettre du 19 janvier, ce thème a été repris, retourné, développé par tous les orateurs du gouvernement, si bien qu'on retrouve la matière de plus d'une péroraison future de M. Rouher dans les passages suivants du premier discours de M. de Parieu :

M. de Parieu, président de la section des finances au conseil d'État, commissaire du gouvernement. — M. le commissaire du gouvernement fait observer que la constitution a exigé désormais, pour la discussion des lois, le concours du Corps législatif et du conseil d'État, attribuant au premier le vote souverain sur le principe même des projets de la loi qui lui sont apportés, et partageant entre les deux corps l'examen des détails et des amendements; ce système nouveau est né des abus constatés de la liberté illimitée laissée aux anciennes assemblées en matière d'amendements. Cette liberté, en effet, donnait lieu trop souvent à des surprises de discussion, et arrivait à défigurer, par l'adoption d'amendements improvisés, la pensée même des projets de lois. Avant d'attaquer, comme on vient de le faire, le système nouveau, temporaire peut-être, il faudrait l'avoir pratiqué sérieusement. On ne serait pas réduit alors à cette conclusion négative et illogique : voter le budget des recettes et rejeter le budget des dépenses.

Veut-on revenir à l'ancienne liberté d'amendements en matière de finances? Mais ce serait le renversement de la constitution même, et le rétablissement du système de la souveraineté parlementaire aboutissant bientôt encore peut-être à la démagogie, à des votes de surprise, comme celui qui, en 1849, supprima inopinément l'impôt sur les boissons.

... Ce régime de la souveraineté parlementaire le pays l'a vu à l'œuvre dans ces dernières années; quel en a été le résultat? La diminution de la fortune publique.

Cette constitution nouvelle qu'on attaque, quels en ont été, au contraire, les fruits? La fin de l'anarchie, l'accroissement des revenus du Trésor, et l'élévation du cours des fonds publics.

M. Perret, député indépendant bien que candidat officiel, intervint alors comme membre de la commission du budget. C'était une petite figure ronde, aux cheveux châtain clair; il passait, à juste titre, pour un des caractères les plus estimables et, en même temps, les plus gracieux du nouveau Corps législatif. Il avait de la précision dans la parole, de la fermeté dans l'esprit, et de la mesure dans les vues. Il savait également s'avancer avec courage quand il le fallait. Il reprit en sous-œuvre le discours de M. de Montalembert, le dégageant de sa forme à la fois éclatante et hostile, pour appuyer uniquement sur la partie utile : les demandes d'améliorations et de réformes. Les mêmes critiques reparurent, mais apaisées par un langage discret et sympathique, observations réfléchies d'un ami sincère, au lieu des attaques acérées d'un adversaire personnel.

M. de Montalembert ne s'est préoccupé que d'être désagréable au pouvoir; M. Perret essaye de lui être utile. On se fera une idée des deux genres de discours, comparés l'un à l'autre, par les citations suivantes tirées du compte rendu :

M. Perret dit que, membre de la commission du budget, il a trouvé quelquefois conformes aux siennes les opinions exprimées par de précédents orateurs ; mais on est allé au delà de sa pensée, et il craint que, *pour avoir porté trop loin quelques vœux, on n'en ait plutôt éloigné que hâté l'accomplissement...*

Son concours, la commission du budget, dont on a beaucoup parlé, n'a jamais songé à le refuser : elle a été animée de cette double pensée : respect au chef de l'État, volonté de sauvegarder les intérêts du pays. Si elle a proposé des amendements, elle a accepté avec résignation le rejet du plus grand nombre par le conseil d'État.

L'honorable membre, dans l'intérêt du bon accord des grands pouvoirs, exprime la pensée que, peut-être, la constitution pourrait utilement recevoir quelques modifications...

L'intervention du conseil d'État dans la discussion des lois a fait cesser un abus grave : celui de la toute-puissance des commissions parlementaires, portant dans les administrations leurs exigences, y faisant dominer des influences fâcheuses, y paralysant toute liberté d'action. Sur ce point, la constitution nouvelle a opéré une heureuse réforme. Mais l'honorable membre de la commission craint que le but n'ait été dépassé ; peut-être le conseil d'État n'a-t-il pas la compétence nécessaire pour répondre aux questions si diverses qui peuvent être adressées à ses membres au sein des commissions ?

L'honorable orateur, tout en étant le premier à reconnaître un autre abus, celui de la liberté absolue des anciennes assemblées en matière d'amendements, exprime également la crainte qu'en restreignant trop cette liberté, la constitution n'ait encore dépassé le but : car aujourd'hui le Corps législatif, après le rejet d'un amendement par le conseil d'État, n'a plus aucun moyen d'exprimer sa volonté, à moins de prendre le parti extrême de rejeter en entier ou un chapitre du budget, ou un projet de loi : triste ressource qui, bientôt peut-être, le compromettrait devant le pays.

Le discours de M. Perret avait produit d'autant plus d'effet sur le Corps législatif que la forme en avait été plus modérée, plus insinuante dans sa netteté. Sans montrer aucune hostilité systématique contre la constitution, l'orateur en avait doucement signalé les lacunes, les exagérations, le défaut de contrepoids, et, plus les critiques avaient été mesurées, plus elles avaient porté coup; aussi, au banc du conseil d'État, était-on mécontent de la tournure prise par la discussion; c'est avec une irritation mal dissimulée que se leva le second des commissaires du gouvernement, M. Stourm.

M. Stourm avait le physique et l'esprit du parfait fonctionnaire; il alliait les favoris de l'ancien magistrat à la tenue un peu anglaise de l'administrateur. Il n'y avait qu'un trait proéminent dans son visage, le nez, comme le trait saillant de sa vie fut le flair.

Sorti de la magistrature, et entré du même coup de tête dans la politique, M. Stourm n'avait pas eu à se repentir de cet élan de jeunesse, le seul de sa vie, semble-t-il !

Député exact dans les bureaux, attentif aux discussions, abordant la tribune avec succès et à-propos, il se tourna bientôt vers la situation, plus lucrative, de directeur d'un chemin de fer. On lui reprochait de s'occuper plus des intérêts de sa compagnie que de l'exercice de son mandat législatif; mais il était de manières agréables, d'esprit modéré et de caractère conciliant. Il flattait l'opinion avancée en se tenant entre Odilon Barrot et Ledru-Rollin; il parlait bien et obtenait beaucoup pour ses mandataires, mérite décisif quand il s'agit de réélection !

Durant la période présidentielle, le prince Louis-Napoléon avait discerné, dans ce représentant qui lui faisait une opposition tempérée, l'aspirant fonctionnaire qui ménageait l'avenir. Il lui reconnaissait du talent et lui devinait peu de caractère. Il lui fit donc offrir d'entrer au conseil d'État. Cette fois encore, l'esprit tentateur triompha facilement d'une vertu chancelante!

M. Stourm justifiait du moins le choix qui était fait de lui comme commissaire du gouvernement. C'était un *debater* anglais : exposé lucide, ordre de raisonnement bien suivi, langage ferme. Il s'exprimait devant le Corps législatif comme il aurait fait un rapport verbal devant un conseil d'administration de société financière. Ce n'était pas de l'éloquence, mais de la discussion d'affaires; ce n'était point brillant, mais utile; rien à la phrase, tout à l'argument; la raison aussi peu vêtue que possible; — le Nu, en logique, comme en art, a son prix!

Son passé aurait dû donner à M. Stourm, qui était d'ordinaire plus avisé, une prudente réserve; il céda trop aux passions du moment, ne se souvenant pas assez de ses attaches anciennes; aussi fut-il sévèrement ramené par une apostrophe personnelle de M. de Montalembert.

La fin de la séance apparaît dans toute son animation, même à travers le compte rendu analytique; c'est pourquoi nous transcrivons cette partie du procès-verbal :

M. Stourm, conseiller d'État, commissaire du gouvernement, regrette de voir mettre la constitution en cause dans ce débat, et de l'entendre condamner. Le pays, qui veut l'ordre et le travail, et qui en jouit sous cette constitution, la trouve bonne. Quelles sont donc les libertés supprimées?

La liberté de la parole? Cette discussion elle-même est une réponse suffisante.

La liberté d'examen? Mais la commission n'a-t-elle pas obtenu tous les renseignements qu'elle a demandés, et son rapport n'atteste-t-il pas des études sérieuses?

La liberté d'amendement? C'est sur ce point qu'a porté la critique. On oublie trop les abus de l'ancienne liberté; grâce aux restrictions qui y ont été apportées, le pays obtiendra enfin des lois dont toutes les parties seront homogènes et dont l'économie ne sera pas troublée par des votes de surprise. Il semble que les orateurs qu'on vient d'entendre se soient trompés de date et d'enceinte : la place naturelle de ces discours était dans l'ancienne salle des assemblées précédentes.

M. de Montalembert fait observer que, dans la salle et à l'époque dont on parle, M. le commissaire du gouvernement faisait de l'opposition.

M. le commissaire du gouvernement répond que, dans l'ancienne salle et à l'époque à laquelle il est fait allusion, il y avait une assemblée souveraine qui élaborait une constitution, tandis qu'aujourd'hui il y a une assemblée qui a prêté serment à une constitution.

L'argument était ingénieux; mais la situation était ancienne, et hélas! toujours nouvelle. Il semble que ce soit éternellement la destinée des hommes d'État de se démentir à quelques années de distance; d'être flagellés, lorsqu'ils possèdent le pouvoir, avec le langage qu'ils tenaient dans l'opposition, et d'être réfutés, dans l'opposition, avec les principes qui les dirigeaient au pouvoir.

Cependant le procès-verbal continue :

M. le commissaire du gouvernement achève en disant que ce n'est pas devant le Corps législatif, mais devant le Sénat, que les réclamations qui se sont élevées contre la constitution pourraient être portées aux termes de la constitution elle-même.

10.

M. le comte de Chasseloup-Laubat, rapporteur, dit qu'il ne peut laisser sans réponse les paroles de M. le commissaire du gouvernement.

L'honorable conseiller d'État s'est mépris sur le sens des discours qui ont été prononcés; il ne s'agit point de modifier la Constitution. Le Corps législatif n'oublie pas le rôle modeste qui lui a été attribué dans nos institutions nouvelles; il ne cherche point à en sortir.

Mais il se rappelle aussi cette pensée de l'empereur Napoléon 1er, reproduite dans le préambule de la constitution du 14 janvier 1852 : « Qu'une constitution est l'œuvre du temps, et qu'on ne saurait laisser une trop large voie aux améliorations. » C'est de la même pensée que se sont inspirés, et le rapport de la commission, et les discours de MM. de Montalembert et Perret.

M. le rapporteur termine en se plaignant qu'on ait calomnié les intentions de la commission. Il proteste de sa loyauté et de sa modération, et il dit que, si chaque époque a ses ultras, les modérés ont pour eux l'avenir et la conscience publique!

Sur cette flèche du Parthe, le combat finit faute de combattants, c'est-à-dire que la discussion générale fut close, à défaut d'orateurs inscrits.

On allait passer à la discussion des articles lorsque le président du Corps législatif se leva pour donner lecture d'une lettre du ministre d'État, M. de Casabianca.

M. de Casabianca était l'insuffisance même, et on s'expliquait difficilement pourquoi il avait été porté à un poste aussi éminent. Il le devait, sans doute, à son dévouement corse, et aussi à une réputation d'honnêteté qu'il partageait, avec M. Abbatucci. On pouvait, sans crainte, laisser traîner des billets de banque sous ses yeux et à portée de sa main. Par ailleurs, il ne connaissait rien à la politique, et il était surtout connu par l'anecdote suivante : Un jour, avant le 2 Décembre, il était question, dans le conseil des ministres, de la *Dette flottante* ; M. de Casabianca se tourna vers M. Fortoul, professeur de littérature qui (on ne sait pourquoi également) était ministre de la marine, et il lui dit : « Cela vous regarde, mon collègue ! » Et c'est un pareil homme qu'on chargeait de faire la leçon à une commission du budget qui comptait dans son sein des Chasseloup-Laubat, des Gouin, des Montalembert et des Flavigny !

Voici maintenant la lettre du ministre d'État qui signale l'incorrection constitutionnelle de la forme employée dans son rapport par M. de Chasseloup-Laubat :

MINISTÈRE D'ÉTAT
Cabinet du Ministre.

Palais des Tuileries, le 22 juin 1852.

Monsieur le président,

Divers passages du rapport fait, au nom de la commission du budget, sur le projet des dépenses pour l'exercice 1853 ont attiré l'attention du prince président de la République. La commission y déclare persister, malgré l'avis défavorable du conseil d'État, dans plusieurs des amendements qu'elle avait proposés. C'est méconnaître les dispositions formelles de l'article 40 de la constitution et de l'article 51 du décret du 22 mars dernier. Aux termes de ces articles, les amendements présentés par les membres du Corps législatif doivent être *considérés comme non avenus* lorsque le conseil d'État s'est prononcé contre l'adoption. Il n'est donc point permis de les reproduire, et le Corps législatif n'a plus que le droit de rejeter le chapitre tout entier auquel ces amendement se rapportent, *s'il pense que ce rejet puisse avoir lieu sans entraver les services publics.*

Le prince président de la République est convaincu que le Corps législatif, qui a déjà donné tant de preuves de son dévouement au pays, ne s'engagera pas dans une voie qui le conduirait à la violation de notre pacte constitutionnel. Il importe à l'affermissement de nos institutions nouvelles, surtout la première fois où elles fonctionnent, que les grands pouvoirs de l'État se renferment religieusement dans les limites qu'elles ont posées. C'est ainsi qu'ils se conformeront au mandat que la France leur a confié.

Recevez, monsieur le président, l'assurance de ma haute considération.

X. DE CASABIANCA.

M. de Chasseloup-Laubat manquait souvent de caractère politique, jamais de dignité privée. Il sentait bien qu'il avait profondément déplu au maître, et il n'en était pas à son premier regret; mais il ne voulais pas, en public, paraître accepter de leçon; aussi rétablit-il la vraie pensée de la commission avec une netteté hautaine devant laquelle s'inclina M. le président Billault.

Voici, d'après le compte rendu, un résumé de cet incident où grondaient, de part et d'autre, des irritations sourdes :

M. le comte de Chasseloup-Laubat, rapporteur, repousse le reproche d'inconstitutionnalité qui résulte de cette lettre et qu'on adresse à quelques propositions de la commission. Quant à lui, il soutient avoir respecté les lois toute sa vie, et ce n'est pas aujourd'hui qu'il voudrait commencer à les transgresser.

M. le rapporteur termine en disant, non seulement qu'on a méconnu les intentions de la commission, mais encore son propre caractère, et il repousse énergiquement le reproche qu'on veut faire tomber sur lui personnellement.

M. le président fait observer que, dans la série des amendements, il en est trois, en effet, à l'occasion desquels il y a, de la part de la commission, proposition de rejeter les chapitres. Mais, dans les autres cas, la commission s'est bornée à déclarer que, nonobstant la décision du conseil d'État, elle persiste dans les réductions qu'elle avait proposées. Si la commission déclare que, dans sa pensée, cette formule équivalait à proposer le rejet des chapitres, l'intention, en effet, n'aurait pas été inconstitutionnelle; l'expression seule en aurait été imparfaite.

M. le rapporteur répond que, quelle qu'ait été l'expression employée, tout le monde a dû comprendre que la commission n'a pu vouloir autre chose que proposer le rejet des chapitres, et qu'elle s'est, par cela même, maintenue dans une ligne strictement constitutionnelle.

Sur ce, on se sépara, — l'heure du souper ayant sonné.

Le prince Louis-Napoléon sortit à son tour, portant sur son front naturellement sombre cette pâleur particulière qui était chez lui l'indice de résolutions redoutables. Il avait, ce soir-là, à dîner tous ses ministres, ainsi que des députés, parmi lesquels un certain nombre d'*indépendants*. Tout le monde fut, pendant ce repas entre hommes, silencieux et préoccupé. Au dessert, le prince fit un léger signe et, tandis que les autres convives restaient en face des gâteaux et du champagne, il emmena les ministres dans son cabinet. Là, il leur dit :

J'ai assisté, messieurs, à une *mauvaise séance*; oui! mauvaise, et je n'ai pas fait le coup d'État pour qu'on puisse me dire cela en face !... Quant à M. de Kerdrel, il était dans son rôle d'opposant, et je n'ai pas le droit de me plaindre... mais Montalembert a accepté d'être mon candidat, et Chasseloup-

Laubat passe pour un ami. Eux! parler ainsi; c'est cela surtout qui est intolérable! Aussi bien, ne le supporterai-je pas. Voici donc (et il tira un papier de sa poche) un décret qui dissout le Corps législatif. Je vous ai réunis pour que, demain même, il soit mis à exécution.

Les ministres s'efforcèrent successivement d'apaiser le prince; il lui représentèrent qu'il ne fallait pas juger par la discussion générale du vote sur les chapitres du budget. Déjà le Corps législatif avait passé sans difficulté à l'examen des articles. M. de Chasseloup-Laubat était incontestablement dévoué; il n'avait pas cru exciter chez le président une si violente colère; il allait être le premier, une fois averti, à revenir en arrière, à accepter toutes les transactions honorables. Quant à la Chambre, elle était au fond des plus dociles; il fallait seulement lui laisser le temps d'acquérir de l'expérience, de la discipline. A entendre M. de Montalembert, elle s'était crue encore sous Louis-Philippe; il n'y avait là qu'un entraînement passager dont elle allait revenir d'elle-même, sans qu'il fût nécessaire de recourir au remède extrême de la dissolution.

Le président ne se laissa pas facilement persuader. Il avait en particulier sur le cœur cette phrase du rapport :

Avant tout, ce qu'il faut à un grand pays comme la France, c'est de lui dire, au grand jour, toute la vérité sur ses propres affaires. Dieu merci! elle est assez forte et puissante pour l'entendre. *Il n'y a que la faiblesse qui ait besoin de l'obscurité et du silence.*

C'était là, suivant le prince, un style de factieux; toutefois, se voyant seul de son avis, il se calma peu à peu et laissa retomber son projet de dissolution au fond du fameux tiroir où il avait longtemps serré ses notes sur le coup d'État. Sans plus s'expliquer, il rentra avec ses ministres dans la salle à manger. Le Corps législatif ne fut pas dissous; mais le sénatus-consulte complémentaire du 25 décembre 1852, dont la pensée avait été conçue ce soir-là, vint serrer le dernier écrou de la machine à compression sous laquelle étouffaient déjà les élus du pays.

Les six derniers jours de la session ne firent que confirmer l'impression de mécontentement que Louis-Napoléon avait rapportée de la séance du 22 juin. Le discours de M. de Montalembert, qui l'avait déjà violemment ému, fut encore pour lui, trois jours après, l'occasion d'une surprise désagréable[1] :

Dans un vote au scrutin public, le Corps législatif, par 75 voix contre 59, en autorisa l'impression et la distribution. M. Billault expliqua en vain à l'Élysée que ce scrutin avait eu lieu au début de la séance, alors que la Chambre n'était pas au complet, et sous la réserve expresse que les opinions exprimées par l'orateur lui restaient personnelles. Le président vit là, non point sans doute une adhésion à ce qu'il y avait d'agressif et de violent dans le langage de M. de Montalembert, mais un indice de plus d'une certaine tendance du Corps législatif à revenir, si on ne l'arrêtait pas brusquement dans cette voie, aux traditions interrompues du parlementarisme.

Pour se conformer aux ressentiments du maître, M. de Persigny, petit homme aux petits moyens, s'attacha à

1. Séance du 25 juin.

restreindre, en fait, l'étendue et l'utilité de l'autorisation qu'on n'avait pu faire refuser.

Le ministère de l'intérieur défendit sous main aux journaux de publier le discours; aux libraires de le vendre; on réduisit ainsi M. de Montalembert à une distribution toute personnelle et, en quelque sorte, intime; mais c'était mal connaître la tournure particulière à l'esprit français, et surtout parisien; du moment où la brochure était à peu près interdite, elle prit l'attrait du fruit défendu; on la recherchait; on se la passait de main en main; on tâchait d'y découvrir des intentions; on en commentait les mots; M. de Montalembert acheva de mettre les rieurs de son côté en envoyant, par une petite vengeance assez piquante, un exemplaire de son discours à tous ceux de ses collègues qui avaient voté contre l'impression.

C'est là le chapitre des petits malheurs d'un gouvernement heureux; les académies et les salons ne lui étaient pas un milieu favorable; de temps en temps, il recevait de ce côté quelques coups d'épingle dont il enrageait dans l'intimité, mais dont il faisait semblant, en public, de ne point s'apercevoir, de peur de donner plus d'importance à ces légers incidents de société.

Le 23 juin, avant que le Corps législatif abordât la discussion spéciale des chapitres du budget, M. Louvet, député de Maine-et-Loire, demanda la parole sur l'ensemble du ministère des finances.

La nuit portant conseil, les *indépendants*, — un peu effarés de la tournure belliqueuse que M. de Montalembert avait, la veille, donné, malgré eux, à la discussion générale, — venaient, par la bouche du plus précis, et du plus méthodique de leurs orateurs, rétablir le caractère prudent et modéré des observations que leur dévouement, aussi bien que leur indépendance, leur dictait à titre, non pas de récriminations agressives, mais de conseils sympathiques.

Si nous prenons M. Louvet en 1852, c'est déjà une figure rasée dont la mâchoire se disloque, à intervalles égaux, sous l'influence d'un spasme nerveux; elle est surmontée d'une calvitie doctrinaire. Le crâne luit, apparaît large et dur; la face est osseuse et parcheminée, comme il convient à un banquier tenace; la bouche est largement fendue, avec des lèvres minces et un pli d'orgueil satisfait à chaque coin, comme il convient à un député important; les yeux sont ternes, le sourire cauteleux, le geste étriqué, l'esprit mathématique, le style coupant et martelé, la voix tremblante et saccadée; l'organe s'essouffle vite par suite d'un commencement d'asthme; bref, il y a là un mélange de sécheresse, de gravité et de conscience.

M. Louvet, petit, effilé et raide, se tient, le buste en avant, la tête haute et un peu dédaigneuse, dans sa redingote boutonnée; les mains sont lourdes, les pieds massifs, l'ensemble à la fois épais et resserré. Si on lui élève une statue, elle devra être, non en bronze, mais en zinc. Sa cuirasse de raison glacée et de bon sens pratique, sur laquelle s'aplatissent toutes les fleurs de la rhétorique officielle, semble faite, en effet, de ce métal modeste, souple et froid.

Pieux, honnête, indépendant, véritable orateur par échappées, il a la vertu et le talent, mais sans la grâce et la cordialité. On l'estime sans l'aimer, et on s'en veut de ne pas le trouver plus sympathique!

Il a fait sa fortune pécuniaire, comme sa fortune politique, avec une seule qualité : du bon sens. Il flaire le vent avec un odorat exquis; il sait également se taire et parler à propos, s'avancer et se garer à temps. Il dresse le cours du change avec la même rectitude, qu'il s'agisse de monnaie ou de gouvernement. Sa mine futée évoque le souvenir du *Peseur d'or* d'Holbein. Il ne vote au Corps législatif que comme il paye à sa banque de Saumur : sur titres, et après vérification.

Positiviste en art oratoire, il écarte le sentiment de la discussion, et les effets dramatiques n'ont pas de prise sur sa conviction. C'est un de ces hommes rectilignes qui ont, du premier jour, de l'autorité; qui gravent naturellement leurs pensées en sentences; qu'on ménage par instinct, en attendant qu'on les invoque par respect, et dont la rhétorique a été complète du jour où il ont appris les quatre règles. On le voit toujours solitaire, comme s'il craignait qu'on lui demande à emprunter de l'argent, et il est altier comme l'homme de finance qui contemple le siècle du haut de plusieurs millions.

Le 23 juin, M. Louvet reproduit les critiques de MM. de Montalembert et Perret; mais, avec plus de modération que le premier, avec plus d'insistance que le second, de manière à répondre cette fois exactement à l'opinion du groupe des *Indépendants*.

Voici les passages saillants de ce discours :

M. Louvet demande la parole, et dit qu'après ce qui s'est passé hier, il éprouve, comme membre de la commission du budget, le besoin d'exposer dans quels sentiments ses collègues et lui ont accepté et rempli le mandat de commissaires. Il ne parle qu'en son propre nom, mais il se plaît à espérer que ses collègues verront dans ses paroles une traduction vraie de leurs sentiments personnels.

Lorsque les membres du Corps législatif se sont réunis au mois d'avril, tous avaient, selon l'orateur, le désir et l'espoir que le gouvernement viendrait, dès le début de la session, présenter à l'assemblée un exposé complet de la situation financière ; on se plaisait à croire qu'après avoir vaincu l'anarchie, avec le concours de l'armée, il prendrait l'engagement de s'attaquer au déficit, en s'appuyant sur l'assemblée. Comme gage de ses intentions, on attendait de lui un exposé vrai de la situation financière ; il devait se sentir assez fort pour cela. On pensait qu'après avoir mis à nu une plaie qui peut exciter de légitimes inquiétudes, il présenterait un ensemble de moyens propres à y apporter un remède...

L'orateur reconnaît que le temps a manqué au gouvernement ; mais il se croit fondé à lui reprocher de n'avoir présenté que vers le 10 mai un projet de budget dans lequel l'exposé de notre situation lui paraît, au moins, incomplet.

La commission a dû, naturellement, se placer avant tout sur le terrain des économies. Son rapport a fait connaître à l'assemblée quelles étaient celles dont la réalisation lui avait paru possible. Et, à ce sujet, l'orateur éprouve le besoin de dire qu'elle a ressenti un vif chagrin par suite de la résistance à peu près absolue qu'elle a rencontrée de la part du conseil d'État.

Dans de telles conjonctures, l'orateur demande quelle pouvait être la conduite de la commission ? persister dans ses projets d'économie, c'eût été se constituer à l'état d'opposition. Ce rôle ne pouvait convenir à une commission composée d'hommes de gouvernement. La commission a dû se résigner aux sacrifices que la situation lui imposait. Elle a abandonné l'ensemble des réductions projetées, et n'a manifesté de résistance que sur trois ou quatre points principaux...

Mais, en souscrivant à ces sacrifices, elle a voulu du moins que son rapport contînt l'exposé calme, sincère, complet de la situation ; qu'il fît connaître la vérité avec modération, mais aussi avec un sentiment de tristesse que personne ne voulait dissimuler. Le rapport offre, selon l'orateur, l'empreinte fidèle de cette tristesse et de cette sincérité...

Il émettra un vote affirmatif, parce qu'il n'est pas un homme d'opposition, et parce qu'il a d'ailleurs la ferme espérance que le gouvernement, mieux éclairé, et mettant à profit le temps qui lui a manqué cette fois, voudra spontanément faire, dans le cours de la prochaine session, ce qu'il n'a pas fait cette année, ce que tous ses vrais amis auraient désiré lui voir faire...

A M. Louvet répondit celui des trois commissaires du gouvernement qui avait l'esprit le plus délié, la parole la plus précise, et le caractère le plus sympathique, M. Vuitry.

M. Vuitry est une des figures les plus estimables du second empire, qu'il a servi sans s'y inféoder. S'il nous fallait le caractériser en trois mots, nous le peindrions par trois qualités : science, pénétration et réserve.

Il avait l'aspect d'un gentleman anglais ayant blanchi sur les livres : le front bombé; un nez aquilin très fortement prononcé; les sourcils d'ordinaire froncés comme s'il était à la recherche de quelque problème; les lèvres mobiles de l'homme d'étude qui sait parler; au fond, n'ayant plus d'illusions, sinon sur les choses, du moins sur les hommes, mais cachant ce dédain secret sous un air aimable, bien que sans chaleur.

Destiné à faire partie tôt ou tard de l'Institut, d'abord élève à l'École polytechnique et sorti dans les ponts et chaussées; puis docteur en droit et maître des requêtes au conseil d'État; enfin, ancien sous-secrétaire d'État aux finances avec M. Fould, M. Adolphe Vuitry avait, à la fois, la précision un peu sèche du mathématicien, la logique implacable du jurisconsulte, et les vastes connaissances du financier accompli.

Dès ses débuts, la parole était chez lui d'une lucidité frappante. La première fois qu'il plaida devant la cour d'appel, le président Séguier remarqua l'élocution nette et le sens rassis de ce jeune stagiaire :

« Maître Vuitry, dit-il à la fin de la plaidoirie, êtes-vous le fils du député de ce nom ? — Oui, monsieur le premier président. — Eh bien, j'en fais compliment au père et au fils, » acheva M. le baron Séguier de sa voix mordante.

Le 15 juin 1852, M. Vuitry s'était honoré par la fermeté pleine de tact avec laquelle, étant le plus jeune des conseillers de la section du contentieux au conseil d'État, et ayant dès lors à opiner le premier, il avait, dans le délibéré sur l'affaire des princes d'Orléans, conclu au libre cours de la justice de droit commun ; il resta au vote dans la minorité de huit membres contre neuf qui s'opposa à la suspension arbitraire de la loi civile. Pendant que le *Moniteur* publiait la révocation du rapporteur, M. Cornudet, et de M. Reverchon, le maître des requêtes à qui le dossier avait été retiré quelques jours avant l'audience; tandis que le président de section, M. Maillard, donnait, plus ou moins volontairement, sa démission, M. Vuitry ne fut pas atteint, tant il avait su mettre de mesure dans son indépendance.

L'estime dont il était entouré au conseil d'État, l'utilité dont il pouvait être, chaque jour, au Corps législatif, le sauvèrent d'une disgrâce complète; mais il fut marqué ce jour-là d'une note de défiance dont la trace écrite s'est retrouvée dans les papiers de l'empereur. C'est à cause de ce souvenir qu'il a été tenu si longtemps éloigné des postes supérieurs.

Au fond, M. Vuitry ne pouvait être classé dans aucun parti; il était disposé à servir, avec la même fidélité clairvoyante et la même loyauté fière, tout régime, quelle que fût son étiquette, fermement résolu à maintenir, avec l'unité de la patrie, cette centralisation administrative qui — selon lui et quelques autres — est la condition de sa force.

Toujours sur la brèche, tant au Corps législatif qu'au conseil d'État, il restait, avec plaisir et avec soin, dans sa spécialité de jurisconsulte et de financier. Il s'attachait aux questions d'affaires et se confinait dans la discussion du budget. Quant à la défense de la politique proprement dite du gouvernement, il en laissait volontiers la charge à d'autres, plus passionnés et plus ambitieux. En un mot, il ne se donnait que comme on l'employait : c'est-à-dire sous bénéfice d'inventaire.

L'exorde et la péroraison de son discours, que nous reproduisons ici, donneront une juste idée de la nature de cet esprit.

M. Vuitry, conseiller d'État, commissaire du gouvernement, a la parole, et fait remarquer que les observations présentées par le préopinant viennent de rouvrir jusqu'à un certain point la discussion générale. Loin de s'en plaindre, il s'en félicite pour le gouvernement et pour le pays. Il est heureux de voir une discussion si calme succéder aux débats plus animés de la dernière séance, et il croit utile d'ajouter que les paroles qui font appel à la modération et à la bonne harmonie trouvent de l'écho dans son cœur, comme elles en ont trouvé dans toutes les parties de l'assemblée...

L'orateur termine en indiquant les efforts que le gouvernement n'a cessé de faire pour remonter le courant, pour atténuer chaque jour les sacrifices et les maux infligés au pays par la révolution de Février; il fait ressortir la progression décroissante des découverts du Trésor depuis 1850; il établit que, chaque année, les finances du pays sont de plus en plus rapprochées d'une situation normale. Grâce à l'impulsion donnée à toutes les industries, au rétablissement de l'ordre et de la sécurité, il est profondément convaincu que ce mouvement ascensionnel ne s'arrêtera pas, et, quant à lui, il déclare qu'il n'a pas d'inquiétudes pour l'avenir financier de la France.

La nouvelle discussion générale du budget des dépenses s'étant définitivement close sur cette tonalité d'apaisement, on passa à la discussion spéciale des chapitres.

§ 2. — *Discussion spéciale des chapitres du budget*

Dépenses

On s'aperçut de suite que, sous des influences qu'il était facile de deviner, les dispositions du rapporteur, M. de Chasseloup-Laubat, avaient quelque peu changé. Il était plus disposé aux transactions et, s'il montrait encore de la vivacité, c'était contre « ceux qui, disait-il, avaient calomnié les intentions de la commission ».

Désireux de faire la part du feu et surtout de désarmer le ressentiment personnel du prince président, il commença par abandonner, avant tout débat, la demande de réduction relative à la *régie des palais nationaux* et au *mobilier des palais princiers*; puis il céda sur la subvention aux théâtres nationaux; enfin il n'insista pas sur les économies à faire dans l'administration centrale des ministères.

Il fit part à la Chambre de ces concessions, en ajoutant quelques paroles amères à l'adresse de gens dont la faveur l'étonnait, surtout comparée à la disgrâce dans laquelle il était personnellement tombé :

M. le comte de Chasseloup-Laubat, rapporteur, annonce que la commission du budget, voulant montrer sa volonté de ne troubler en rien l'harmonie entre le Corps législatif et le conseil d'État, renonce à la réduction qu'elle avait demandée sur chacun des chapitres VII et VIII du ministère d'État ; au rejet de cette réduction, la commission avait été obligée de répondre par le rejet du chapitre entier. Elle déclare renoncer à cette proposition, comme elle renoncera, dans le même esprit, à plusieurs autres amendements. Si, pour quelques-unes de ses propositions d'économie, elle persiste dans ses premières résolutions, l'assemblée appréciera ses motifs.

M. le rapporteur ajoute que les membres de la commission du budget n'oublient pas le serment qu'ils ont prêté ; ils laissent à d'autres les démonstrations de zèle, *n'ayant point à effacer, ou à faire oublier leurs noms mis au bas de protestations lancées dans les jours difficiles.*

Restaient *six* questions à discuter :

1° La question de la place à donner dans le budget au chapitre relatif à la dotation du Sénat.

2° L'ajournement de deux millions sur le crédit affecté aux travaux du Louvre.

3° La suppression des fonds secrets du ministère de l'intérieur, comme faisant double emploi avec ceux du ministère de la police générale.

4° Le rejet provisoire, en vue d'une meilleure répartition entre les exercices futurs, du crédit de 1 715 400 francs relatif aux constructions et grosses réparations des édifices publics.

5° La réduction des frais d'entretien de la garde nationale.

6° Le rejet des frais d'inspection générale de police dans les départements.

I. — MINISTÈRE DES FINANCES

Dotation du Sénat
Séance du 23 juin

L'article 22, titre IV, de la constitution du 14 janvier, portait ce qui suit : « Les fonctions de sénateur sont gratuites. Néanmoins le président de la République pourra accorder à des sénateurs, en raison de services rendus et de leur position de fortune, une dotation personnelle qui ne pourra excéder trente mille francs. »

L'examen détaillé du crédit de 1 745 000 francs avait fait découvrir à la commission du budget que presque tous les sénateurs recevaient une dotation personnelle ; seulement cette pension était inégale, tantôt de 15 000, tantôt de 20 000, tantôt de 30 000 francs. — A ne tenir compté que de la question d'argent, il y avait ainsi *trois catégories* de sénateurs bien distinctes. Les services *futurs* pouvaient être récompensés par l'augmentation de la dotation ; seulement, que devenait dès lors cette fameuse garantie de l'inamovibilité assurant l'indépendance politique de la Chambre des *illustrations* ?

Au fond, la commission du budget aurait voulu, pour l'avenir, ramener le Sénat à la *gratuité* du mandat ; c'est pourquoi elle s'opposait à ce que le gouvernement attribuât une dotation d'un caractère absolument *viager* à tout siège sénatorial, même en dehors de la considération de personne. A l'opposé de cette tendance aristocratique, le prince président songeait déjà à rétribuer les députés eux-mêmes.

S'ils avaient reçu la confidence de cette pensée de derrière la tête, les commissaires du gouvernement ne pouvaient rien en révéler au Corps législatif : de là, un certain embarras dans la réponse faite par M. Vuitry à la question suivante de M. Gouin :

M. Gouin, président de la commission, demande la parole sur le chapitre XII (Dotation du Sénat). La commission avait demandé qu'on retranchât ce chapitre de la partie du budget attribuée à la dette publique, et qu'on les reportât ailleurs. Le conseil d'État n'a pas cru devoir adhérer à cette proposition. L'honorable membre demande que les orateurs du gouvernement veuillent bien indiquer les motifs de ce refus.

M. Vuitry, commissaire du gouvernement, déclare que, si la commission avait voulu connaître les motifs par lesquels le conseil d'État s'était décidé, elle les connaîtrait déjà.

Dans les rapports établis entre la commission et le conseil d'État, il a toujours été entendu que les membres du conseil d'État seraient constamment à la disposition de la commission pour les éclaircissements qu'on voudrait leur demander.

Jamais un procès-verbal de délibération du conseil d'État n'a été renvoyé à la commission sans qu'on n'expliquât que, quand la commission pourrait le désirer, les conseillers d'État se rendraient dans son sein.

Quoi qu'il en soit, les motifs qui ont déterminé le conseil d'État sont simples. Ce sont, dit M. le commissaire du gouvernement, les mêmes motifs qu'avait le gouvernement lorsque, par le décret du 15 avril, il a décidé que les dotations des sénateurs seraient inscrites dans la dette publique, dans la dette viagère.

Ces motifs sont uniquement tirés du caractère et de la nature des dotations du Sénat.

Aux termes de l'article 21 de la constitution, les sénateurs sont inamovibles et à vie; aux termes de l'article 22, le président de la République peut accorder à des sénateurs, en raison de services rendus et de leur position de fortune, une dotation qui ne pourra excéder 30 000 francs. Évidemment une telle dotation est irrévocable; elle ne peut être ni modifiée ni rapportée par le pouvoir même qui l'a conférée.

Il importe qu'elle ne soit jamais contestée; cela importe à la dignité et à l'indépendance d'un grand corps politique. Si la dotation du sénateur est irrévocable, comme le titre qu'il porte, si c'est une dotation viagère, il faut la porter parmi les chapitres de la dette viagère de l'État.

Telles sont les raisons de la décision qui a été prise. L'orateur du gouvernement ne croit pas avoir besoin d'insister davantage en ce moment.

Cette réponse ne parut pas péremptoire aux députés qui, un peu jaloux au fond des dotations personnelles attribuées aux sénateurs, saisirent cette occasion de faire sentir leur importance à la Chambre rivale.

Le Corps législatif, donnant raison à la commission du budget, refusa provisoirement d'adopter le chapitre XII, sauf à le voter quand il aurait été rattaché à un autre titre.

II. — MINISTÈRE D'ÉTAT

Travaux du Louvre
Séance du 23 juin

Ce fut sur ce chapitre que M. de Bussière prit la parole au nom de la commission du budget. M. le baron de Bussière avait une bonne figure à la Béranger. Natif d'Alsace, il se montrait des plus Français comme sentiments. Son langage était hardi et portait quelquefois cruellement, malgré un fort accent de la Forêt-Noire. Il possédait une grosse fortune, même avant de devenir, à Paris, directeur de la Monnaie.

Voici quel fut le sens de ses observations :

M. de Bussière dit que la commission du budget, dont il est membre, a demandé sur ce chapitre une réduction de 2 millions. La commission n'a pas vu, sans quelques appréhensions, des *travaux publics si considérables entrepris simultanément à Paris. Elle a craint qu'une trop grande agglomération d'ouvriers dans la capitale ne devînt un danger public.*

A cet orateur novice, un commissaire du gouvernement secondaire, M. Charlemagne, fut chargé de répondre.

M. Charlemagne avait, comme beaucoup d'hommes politiques de cette époque, un passé bigarré. Primitivement légitimiste, député d'extrême gauche sous Louis-Philippe, commissaire du gouvernement provisoire sous la République de 1848, membre du parti contre-révolutionnaire sous la Législative, il était un des neuf membres de l'assemblée dissoute appelés, après le 2 Décembre, à faire partie du conseil d'État renouvelé. Il se montrait à la fois expérimenté et sceptique, tâchant de remplir sa fonction et tenant à garder sa place.

Comme on va le voir, les considérations politiques priment les raisons administratives dans son argumentation :

M. Charlemagne, conseiller d'État, commissaire du gouvernement. — Le conseil d'État a vu, dans l'achèvement du Louvre, autre chose qu'une question d'art. Le gouvernement se propose, en effet, de réunir dans ce vaste palais plusieurs grandes administrations politiques, aujourd'hui dispersées dans la capitale. Cette concentration est d'un grand intérêt au point de vue politique, car elle permettra de rapides communications. Pensée de préservation sociale; nécessité de mettre les trésors de tous genres que renferme le Louvre à l'abri de ces surprises, au triomphe desquelles l'abandon des Tuileries par le gouvernement a toujours servi de signal; engagements pris par l'administration vis-à-vis de la ville de Paris qui veut achever le plus promptement possible la rue de Rivoli; avantage de mener de front les travaux sur toute l'étendue de l'aile à construire, afin d'éviter les détériorations qu'entraîne la lenteur dans l'exécution; intérêt pour le gouvernement de pouvoir vendre le plus tôt possible les divers bâtiments où sont aujourd'hui placées les administrations qui doivent être réunies au Louvre; avantage d'offrir du travail aux ouvriers des départements pauvres dont les populations ont l'habitude d'aller en chercher au dehors et n'en ont plus trouvé depuis l'année 1848 : ce sont là les principaux motifs qui ont porté le conseil d'État à ne point admettre la réduction proposée par la commission.

Sur ce, on va au vote, et le procès-verbal continue :

Le scrutin est ouvert sur le chiffre de six millions porté au chapitre XIV.

Le dépouillement du scrutin, auquel procèdent MM. les secrétaires du bureau, donne le résultat suivant, qui est proclamé par M. le président :

Nombre des votants...................... 220
Majorité absolue....................... 111
   Pour l'adoption............. 163
   Contre.................... 57

Le Corps législatif a adopté.

Ce qui était étonnant, ce n'est pas que le crédit fût adopté, c'est qu'il pût y avoir 57 opposants. Quels étaient ces héros *relatifs?*

MM.

Le duc d'Albuféra, Ancel, le marquis d'Andelarre, Audren de Kerdrel.

Becquet, de Belleyme (Adolphe), Bodin, Bouhier de l'Écluse, Bucher de Chauvigné, le baron de Bussière (Alfred).

Le marquis de Calvières, le baron de Carayon-Latour, le comte de Champagny, Charlier, Chauchard, de Civrac, de Brotone, Demesmay, Desjobert, Dupont (Charles), Durand (Justin), le comte de Duranti, Dusollier.

Le comte de Flavigny.

Gareau, Garnier, Gisclard, Gouin.

Le baron Hallez-Claparède.

Le comte de Jonage.

Lacave (Frédéric), le vicomte de la Tour, Leconte (Côtes-du-Nord), Lélut, Lemaire (Nord), Levavasseur, Louvet.

Marrast (François), le baron Mercier (Orne), Migeon, le comte de Montalembert, le marquis de Mortemart, le vicomte de Mortemart.

Noualhier, Noubel.

Ouvrard.

Planté.

Randoing, de Ravinel, le baron de Reinach.

Soullié.

Taillefer, le marquis de Talhouët.

Le duc d'Uzès.

Le baron Viard, de Voize.

III et IV. — MINISTÈRE DE L'INTÉRIEUR

Fonds secrets. — Constructions et grosses réparations des édifices publics

Séance du 23 juin

Ce fut, cette fois, le rapporteur, M. de Chasseloup-Laubat, qui vint expliquer comment et pourquoi la commission du budget estimait que les 800 000 francs de *fonds secrets* réclamés par le ministère de l'intérieur faisaient *double emploi* avec les 1 200 000 francs de *fonds secrets* portés pour un même objet, semblait-il, au titre du ministère de la police générale.

M. le comte de Chasseloup-Laubat, rapporteur, demande, au nom de la commission, la suppression de ce chapitre au budget du ministère de l'intérieur, par ce motif que, sous le même titre : « Dépenses secrètes », apparait au ministère de la police un chiffre de 1 200 000 francs. On a mis une annotation au budget, ainsi conçue : « Rétablissement du crédit de 1852. » Mais, lorsque le ministère de l'intérieur avait 800 000 francs de fonds secrets, il n'y avait pas de ministère de la police générale.

La commission a donc vu dans cette allocation un *double emploi*, puisque l'on porte au ministère de la police 1 200 000 francs. Elle ne conteste pas ce dernier chiffre, et, s'il est jugé insuffisant, elle est prête à en consentir l'augmentation ; elle sait combien, après les révolutions, il y a de mauvaises passions déchainées, combien il faut surveiller les sociétés secrètes ; mais elle ne peut admettre, au point de vue de l'utilité générale, cette police *sui generis, ces agents allant puiser à deux caisses, et trompant souvent les deux maîtres qu'ils affectent de servir* ; elle repousse donc, dans l'intérêt même du gouvernement, cette double police dont les attributions respectives n'ont jamais été bien définies.

Ce fut M. de Thorigny, ancien et futur magistrat, pour l'heure conseiller d'État et commissaire du gouvernement, qui répondit à M. de Chasseloup-Laubat.

M. de Thorigny, orléaniste comme magistrat après 1830, légitimiste comme avocat après 1848, bonapartiste comme homme politique depuis 1850, ministre de l'intérieur remplacé dans la nuit du 2 Décembre et adhérent après coup de l'acte qu'il n'avait point prévu, donna le

24 juin au Corps législatif le spectacle assez fréquent d'un homme de palais qui n'a rien de ce qu'il faut pour être un homme de parlement.

Aggravant par l'emphase de l'ancien barreau son inexpérience des Chambres, il se trompa de lieu, en même temps que de date, et se fit si rudement ramener, par la majorité, de la question politique à la question spéciale, qu'il fut du coup écarté comme commissaire du gouvernement, disparition aussi piteuse que celle de l'acteur arrivant de province avec quelque réputation, et sifflé à son début sur un théâtre parisien.

Ce naufrage parlementaire n'a pu être complètement dissimulé par le compte rendu qu'on va lire :

M. de Thorigny, commissaire du gouvernement. — En définitive, le chef de l'État croit que la somme de 2 millions est nécessaire pour maintenir la tranquillité publique; il estime, lui qui est le meilleur juge de la question, que la répartition actuelle de cette somme est plus efficace ainsi pour atteindre le but qu'il poursuit. D'un autre côté, cette répartition est nécessaire dans l'intérêt des rapports du ministre de l'intérieur avec les préfets; l'orateur du gouvernement pense donc que le Corps législatif n'hésitera pas à la sanctionner. Le gouvernement compte sur son patriotisme éclairé et espère, au nom de la confiance qu'inspire la sagesse du président, qu'il ne refusera pas le crédit demandé.

M. Gouin, président de la commission, fait observer que l'appel adressé par M. le commissaire du gouvernement à la confiance du Corps législatif en la sagesse personnelle du président de la République est un argument qui ne s'appliquerait pas seulement au chapitre en discussion, mais à tout le budget. Il repousse donc cet argument.

M. de Thorigny, commissaire du gouvernement. — L'orateur rappelle que, sous les précédentes assemblées, une demande de fonds secrets était toujours l'occasion d'un vote de confiance vis-à-vis du gouvernement; aujourd'hui qu'il parle au nom du gouvernement lui-même, il demande que le Corps législatif lui témoigne, par un vote spontané, toute la confiance que mérite la sagesse du prince appelé par la France au poste élevé de chef de l'État.

M. *Gouin* répond à M. le commissaire du gouvernement. — Il déclare qu'il a souffert en voyant descendre dans la discussion un nom qui ne devrait jamais y paraître, celui du prince président de la République ; s'il s'agit de donner un témoignage de confiance au chef de l'État, il doit le trouver dans l'ensemble des actes du Corps législatif et dans le serment que celui-ci a prêté.

La question ainsi posée, le crédit fut voté, cela va sans dire; mais le procédé avait été aussi maladroit que l'orateur avait été pitoyable.

Ce fut le chapitre des constructions et grosses réparations des édifices publics qui paya pour celui des *fonds secrets*.

En vain M. de Thorigny, désertant cette fois les hauteurs de la politique, se tint-il dans la question spéciale, multipliant les chiffres, il eut un insuccès de scrutin, après l'échec de parole.

Cette double mésaventure porta le prince président à se faire désormais représenter devant les Chambres par un orateur expérimenté, chargé d'une manière générale de défendre la politique du gouvernement, au besoin de réparer les fautes de tactique parlementaire des simples conseillers d'État. C'est de ce jour-là que fut résolue la nomination de M. Baroche comme ministre président le conseil d'État.

V. — ENCORE LE MINISTÈRE DE L'INTÉRIEUR

Frais d'entretien de la garde nationale
Séance du 24 juin

Au chapitre des frais d'entretien de la garde nationale, la commission du budget proposait de réduire 70 000 francs.

Premièrement. — 50 000 francs sur l'indemnité du commandant supérieur.

Secondement. — 20 000 francs sur le traitement du chef d'état-major.

Mais, à titre individuel, M. de Kerveguen alla plus loin, demandant au Corps législatif, non pas de rejeter provisoirement le chapitre (sauf à l'adopter plus tard, une fois modifié de concert avec le conseil d'État), mais de le rayer d'une manière définitive, c'est-à-dire de ne plus entretenir de garde nationale, question de principe substituée à une question d'économie.

Philippe-Auguste Le Coat, vicomte de Kerveguen, était le type de l'homme spirituel, mais léger; léger dans ses propos, léger dans ses jugements, léger dans ses entreprises. Cette légèreté, il la fit longtemps tolérer avec de la bonne humeur et de la franchise. Sans être pris au sérieux il passait pour un gai compagnon dont, après boire, et à l'heure du cigare, les propos rabelaisiens égayaient les convives; à la salle des conférences, on disait : « Ah ! voilà Kerveguen; nous allons rire ! »

Il cultivait le calembour avec succès; c'était le répertoire vivant des aventures de la cour et de la ville; Dangeau des clubs et Saint-Simon des couloirs il avait, pour les historiettes grivoises et les bruits scandaleux, le flair spécial de certains animaux pour la truffe. Il les accueillait avec crédulité; il les colportait avec empressement; il les soutenait avec obstination. Il apportait de la passion dans ce qu'il y a de plus frivole au monde: le cancan parisien.

Souche noueuse des chênes de l'Ouest mal acclimatée sous le ciel bleu de la Provence, il était aventureux comme un ancien marin devenu spéculateur, tenace comme un Breton, exubérant et en dehors comme un Méridional. Son mandat venait de Toulon; son nom venait de Brest.

Au physique, il avait la démarche un peu déhanchée, le sans-façon d'un bon diable qui aime ses aises. Il conservait les favoris de l'officier de l'armée de mer, en y ajoutant la moustache de l'officier de l'armée de terre. Les sourcils étaient péniblement froncés comme ceux d'un boursier qui vient de perdre une forte différence! Par une contradiction qui frappait, sa bouche s'entr'ouvrait joyeusement, comme pour un conte du *Décaméron*. La physionomie respirait l'énergie de l'homme de lutte, adoucie par l'air jovial de l'homme de plaisir.

Comme député, il avait le dévouement de la conviction et l'indépendance du caractère.

Les ouvriers des ports étaient ses clients ordinaires; dès qu'on en licenciait un, il demandait la parole pour un fait personnel. Son pavillon parlementaire était arboré sur les bâtiments de la flotte; on ne pouvait en désarmer un sans qu'à ce propos, et parfois hors de propos, il soulevât un incident tapageur. Il portait aux Anglais une haine approchant de celle du marquis de Boissy, et considérait le bassin de la Méditerranée comme sa propriété particulière. Parfois cependant, il sortait de cette spécialité maritime, tenté par quelque sujet humoristique qu'il traitait à la bonne franquette.

On a souvent remarqué la manie qu'ont tous les comiques de jouer, — une fois au moins, — la tragédie, choisissant de préférence les rôles qui conviennent le moins à la nature de leur talent, — quand ils en ont, — et, en tout cas, de leur personne. M. de Kerveguen céda à la même tentation, et mal lui en prit! Il est mort de cette mésaventure; mais son nom reste inoubliable dans les fastes parlementaires du second empire, accolé au souvenir bruyamment scandaleux de ce qu'on appela alors le *sixième paquet*.

Instrument inconscient et, en fin de compte, victime d'une intrigue politique dirigée contre les directeurs du *Siècle* et de l'*Opinion nationale*, MM. Havin et Guérault, tous les deux députés indépendants, M. de Kerveguen dénonça solennellement, à la Chambre et au pays, la prétendue trahison de ces législateurs, de ces journalistes qu'il accusait d'être subventionnés par l'étranger.

La preuve, elle résultait, à son dire, de papiers trouvés dans la succession récemment ouverte de Charles de la Varenne, un des agents politiques du nouveau royaume d'Italie; et ces preuves étaient sous un scellé portant le numéro 6; sur ce, profonde émotion à la Chambre; tapage mémorable; convocation d'un jury d'honneur; délais demandés par M. de Kerveguen pour la production de ses pièces : le fameux *sixième paquet !*

Dans l'intervalle, M. de Kerveguen remuait ciel et terre, correspondant avec toutes les chancelleries pour leur demander des attestations impossibles, se mettant en rapport avec tous les hommes d'État italiens, écrivant en désespoir de cause à Mazzini lui-même.

Il épuisait sa fortune à acheter des papiers secrets, des journaux accusateurs, qui se trouvaient sans portée ; il suppliait ceux qui l'avaient poussé en avant et jeté dans cette aventure, à la fois déplorable et bouffonne, de le soutenir, de le défendre, de ne ne pas le laisser seul exposé aux railleries indignées du public et des gazettes ; bref, il ne put rien prouver, et, comme un acteur qui disparaît de la scène sous les sifflets,

Honteux comme un renard qu'une poule aurait pris,

c'est le cas de le dire, — il alla cacher sa confusion en Espagne, où la mort le surprit.

Sa fin prématurée elle-même ne désarma point l'ironie parisienne : « Eh bien ! disait-on, ce pauvre M. de Kerveguen est mort ; il paraît ! — De quelle maladie ? — Il a avalé le *sixième paquet !* »

Cet exemple, en même temps plaisant et pénible, mérite d'être rappelé à une époque où l'on est, de nouveau, trop facile à accueillir les bruits scandaleux qui peuvent courir sur les hommes politiques en vue.

Cette fois, le discours de M. Kerveguen était inspiré par la polémique de M. Romieu dans le *Spectre rouge*, polémique dans laquelle le spirituel écrivain disait, non sans vérité : « Le jeu puéril de la garde nationale, auquel la bourgeoisie s'amuse, et dont elle s'est servie comme d'une menace depuis le règne de Louis XVI vis-à-vis de tous les gouvernements, n'est bon qu'aux jours paisibles qu'il s'agit de troubler. »

M. de Kerveguen rencontrait donc de l'écho au Corps législatif, lorsqu'il tenait le langage suivant :

Dans son opinion, la garde nationale a été toujours, et partout, la phalange du désordre, l'armée de la Révolution. La France lui doit les trois bouleversements qui ont ébranlé son sol. Il semble à l'orateur que l'ère du 2 Décembre aurait dû faire disparaître cette institution, et il ne s'explique pas les motifs qui ont pu porter le gouvernement à ressusciter une milice si dangereuse pour la sécurité publique.

L'orateur rappelle le rôle que la garde nationale de Paris a joué en 1848, le déplorable vertige sous l'influence duquel, faisant appel à la réforme, elle précipita, à son insu, contre son gré, le pays tout entier dans les calamités de la révolution.

Ce qu'il croit avoir le droit d'appeler les folies de la garde nationale parisienne s'est répercuté et reproduit en saturnales sur presque tous les points de l'Europe...

De quelque côté que l'on jette les yeux, on voit que la garde nationale sème partout la discorde et l'indiscipline, pour recueillir révolutions et catastrophes.

L'orateur estime donc qu'on rendrait un grand service au pays en provoquant une suppression dont l'initiative, selon lui, aurait dû être prise après le 2 Décembre ; car on aurait fait disparaître une cause permanente de trouble et de désordre.

L'orateur ne voit pas non plus pourquoi l'on continuerait de faire peser sur de paisibles citoyens un service dont la charge devient d'autant plus lourde qu'on en exonère le grand nombre de ceux dont le mauvais esprit inspire de justes défiances.

La proposition avait quelque chance d'être agréée ; mais M. de Kerveguen venait de commettre une imprudence ; il avait mis en cause M. de Morny, ministre de l'intérieur au 2 Décembre et signataire du décret réorganisant la garde nationale. M. de Morny demanda la parole pour défendre son œuvre. Dès lors la majorité, — dont il fut toujours le favori, — abandonna ses velléités de suppression intégrale.

Voici la petite allocution de M. de Morny :

M. le comte de Morny fait observer que le décret qui, à la suite des événements du 2 Décembre, a réorganisé la garde nationale, a été rendu sous son administration. Il tient à déclarer qu'il en accepte la responsabilité.

Ce n'est point par faiblesse qu'il a reculé devant la dissolution des gardes nationales. Il croit qu'à cette époque la disposition des esprits était telle que cette mesure de la dissolution aurait été très applaudie ; mais, avant de prendre parti, il a voulu s'éclairer ; il a fait une enquête ; tous les préfets ont été invités à donner leur avis. Or, ce qui a été répondu par un grand nombre d'entre eux, c'est que, dans certaines localités, la garde nationale était la seule défense de l'ordre public.

Que serait-il arrivé si l'on eût supprimé la garde nationale ? C'est que, dans ces localités, les mauvais sujets seraient parvenus à se procurer des armes, alors que les honnêtes gens en auraient été dessaisis.

Le système de M. de Lamartine, qui consistait à armer tout le monde, avait d'immenses dangers ; c'était la guerre civile en permanence ; il y avait un milieu à prendre et à garder.

Après enquête et mûre réflexion, le gouvernement s'est décidé pour un système qui consiste à choisir et à désigner les gardes nationaux à l'aide d'un conseil de recensement. Il a pensé que ce qu'il avait de mieux à faire était d'armer les honnêtes gens !

Du moment où M. de Morny intervenait, M. de Chasseloup-Laubat, qui comptait sur ses bons offices pour rentrer un jour en grâce près du prince président, s'empressa de supprimer pour ainsi dire la question en retirant la demande de la commission du budget.

M. le comte de Chasseloup-Laubat, rapporteur. — La commission veut la conservation de la garde nationale dont, d'autre part, on provoque la suppression ; elle n'a en vue qu'une diminution de dépenses ; mais elle aime mieux retirer son amendement que de laisser planer un doute sur sa pensée, et, dès lors, elle renonce à demander le rejet du chapitre.

Dans ces conditions, il était adopté d'avance.

VI. — MINISTÈRE DE LA POLICE GÉNÉRALE.

Frais d'inspections générales de police dans les départements : 425 000 francs

Séance du 24 juin

Ce fut M. le duc d'Uzès, membre de la commission du budget, qui vint, le premier, demander le rejet du chapitre.

M. le duc d'Uzès a traversé le ciel parlementaire du second empire en étoile filante : la première législature n'avait pas encore passé qu'il n'était déjà plus, — du moins comme député ; dans les dernières sessions, il abandonnait le plus souvent son siège du Corps législatif pour émigrer au Cercle agricole, partagé entre le désir de garder quelque importance politique et la crainte des railleries du faubourg Saint-Germain.

Son discours du 24 juin 1852 est le seul de son espèce, fusil à un coup qui n'a pas été rechargé ; mais il est spirituel, littéraire, supérieur à ce qu'on attendait de M. d'Uzès, et à ce qu'on en a vu depuis, — si bien que les mauvaises langues de la Chambre lui ont supposé, à ce moment-là, un secrétaire intelligent.

Sans plus nous occuper de l'orateur, voici le résumé du discours :

M. le duc d'Uzès demande s'il n'est pas vrai que ce mot de *police* est loin d'être populaire en France. Si l'on se reporte à la police de l'empire, on doit reconnaître, selon l'orateur, que c'est là un très fâcheux souvenir de cette glorieuse époque.

Sans doute, il y a une police très utile, et les services qu'elle rend ne sont point méconnus ; mais une autre police, qui aurait inévitablement recours à des investigations tracassières, et qui, au lieu de protéger la sécurité des citoyens, ne ferait guère que la troubler, ne paraît pas aussi digne d'intérêt.

L'honorable membre se souvient que la police politique n'est pas une création nouvelle. Tacite la caractérisait en disant : *Etiam muta atque inania tecta, et parietes circumspectabantur.* Tacite parlait ainsi quand les meilleurs citoyens de Rome gémissaient dans l'exil.

L'orateur ajoute qu'il a la conviction de parler en défenseur de l'honnêteté et de la dignité du pays quand il se prononce contre la création d'un ministère de la police générale.

Cette administration a existé sous l'empire ; elle a subsisté aussi pendant les premières années de la Restauration.

L'orateur se demande quand ce ministère a été supprimé ? C'est à une époque de triste mémoire, c'est lorsqu'un fils de France a été assassiné ! funeste coïncidence qui, selon l'orateur, aurait fait dire à un éloquent écrivain que le ministère de la police générale était tombé dans le sang.

A M. le duc d'Uzès répondit le baron Mercier.

M. le baron Mercier, le doyen du Corps législatif, est un revenant des assemblées pseudo-législatives du premier empire.

Après avoir été jusqu'à refuser le budget au gouvernement de Louis-Philippe, le baron Mercier regardait le gouvernement de Louis-Napoléon comme infaillible. Après s'être montré un opposant irréconciliable, il était devenu un autoritaire intolérant. A la moindre contradiction sur ce sujet, il se levait plein d'une ardeur juvénile ; sa figure apparaissait cramoisie sous des cheveux tout blancs, en sorte qu'il ressemblait, selon un mot de l'époque, « à une grosse cerise tombée dans du lait ».

C'est sur lui qu'on racontait cette anecdote : Un jour, le président tardant à lui donner la parole, il se serait écrié avec naïveté : « Mais laissez-moi donc parler, monsieur le président ; moi, je ne suis pas de l'opposition ! »

Il était plus éloquent toutefois dans les antichambres qu'à la Chambre. Il avait cueilli, pour les siens, dans le calice de ses fleurs de rhétorique ministérielle, de hauts postes administratifs et de bonnes sinécures judiciaires. — Même dans ses temps les plus farouches, il avait toujours su entendre l'opposition utilitaire.

Son passé connu d'intransigeance donne quelque chose de plaisant à l'absolutisme dictatorial de son discours du 24 juin :

M. le baron Mercier déclare, qu'à son avis, si le ministère de la police n'existait pas, il faudrait le créer. L'utilité de cette administration ne paraît pas à l'orateur pouvoir être niée. Une police active, surveillant dans les départements tout ce qui pourrait être un danger pour l'ordre, une police ne dépendant pas directement des préfets, et dont le personnel est même inconnu à ces fonctionnaires, paraît à l'orateur une des nécessités de la situation. Il ne peut pas admettre qu'elle puisse jamais être tracassière ou compromettante ; ce sera, non une police de bas étage, mais une haute police dirigée avec prudence et loyauté...

M. le duc d'Uzès avait montré de l'esprit, mais en même temps une hostilité qui pouvait, — comme après le discours de M. de Montalembert, — changer le caractère que la commission du budget entendait maintenir à la discussion.

M. Perret, qui était modéré et fin en même temps que résolu, fut encore chargé, par la majorité de la commission, d'insister sur la demande de rejet, mais en lui enlevant toute couleur d'opposition politique. Il s'acquitta de cette mission avec autant de tact que de fermeté.

Voici quelques passages de son discours publié *in extenso*, la majorité en ayant (par une exception rare alors) autorisé l'impression :

Quand nous avons vu que le gouvernement allait envoyer de Paris de hauts fonctionnaires de la police dans les départements, nous nous sommes demandé ce qu'allaient devenir nos fonctionnaires à nous, les préfets, que nous aimons tous, et que nous devons tous défendre, les préfets auxquels on devrait donner plus d'influence encore en raison de la décentralisation.

Et c'est alors, messieurs, que nous avons été émus, que nous avons ressenti une vive crainte ; nous avons pensé que la présence de ces nouveaux fonctionnaires pouvait provoquer une sorte d'antagonisme, faire surgir une inquiétude incessante dans l'esprit des préfets. Nous avons craint que le gouvernement, qui doit toujours, envers et contre tous, protéger ses mandataires les plus naturels et les plus directs, ne vînt à les atteindre indirectement, dans leur liberté d'action, par la création des inspecteurs généraux de police.

Sous l'empire de ces appréhensions, nous avons sollicité de

de M. le commissaire du gouvernement quelques explications. Il s'est prêté à notre désir, peut-être capricieux, de la façon la plus gracieuse du monde ; seulement ses explications, très habilement données, n'ont pu détruire nos craintes et surtout n'ont pu nous amener à croire qu'il y ait utilité, même possible, dans la création nouvelle.

Eh! mon Dieu, messieurs, vous le dirai-je, déjà dans certains départements, les préfets sont inquiets de sentir à côté d'eux ces fonctionnaires puissants qui, certes, n'ont pas le droit de s'immiscer dans les détails de l'administration, mais qui représentent la pensée intime du gouvernement, qui ne dénoncent pas leur action au grand jour, — et les préfets dont je parle éprouvent une gêne dont nous devons les délivrer.

Il était habile, — pour résister à une demande du gouvernement, — de s'appuyer sur les sentiments et l'intérêt d'une partie de ses agents, et les agents les plus utiles au pouvoir, surtout aux députés dont ils tenaient la candidature officielle entre les mains. M. Perret se plaçait dans un ordre d'idées strictement gouvernementales qui devait frapper, et que pouvait accepter le prince président. L'orateur venait ainsi de porter à l'institution des inspecteurs généraux, et même au ministère de la police générale, un coup droit qui, à l'intervalle d'une année, leur fut mortel.

La majorité était évidemment ébranlée. Tous ses membres n'avaient pas la sympathie enthousiaste du baron Mercier pour la police secrète. L'ordre fait, non plus avec le désordre comme du temps de Caussidière, mais avec un tel genre de vénalité, répugnait à certaines âmes, et ces scrupules honnêtes devaient être ménagés.

C'est cette défense difficile qui incombait au nouveau

président de la section de l'intérieur au conseil d'État, — M. Bonjean.

Pour apprécier sans colère le rôle de M. Bonjean en 1852, il faut se souvenir qu'il a fini en libéral, et qu'il est mort en héros civil, donnant l'exemple aux martyrs chrétiens eux-mêmes!

M. Bonjean est un des exemples les plus instructifs de cette vérité philosophique que l'âme humaine est inconséquente par essence, et de cette vérité historique qu'on rencontre plus d'une fois la vertu privée et la moralité publique séparées l'une de l'autre.

La Bruyère a écrit : « L'on exigerait de certains personnages, — qui ont été une fois capables d'une action noble, héroïque et qui a été sue de toute la terre, — qu'ils eussent du moins, dans le reste de leur vie, cette conduite sage et judicieuse qu'on remarque, même dans les hommes ordinaires; qu'ils ne tombassent point dans des petitesses indignes de leur haute réputation, et qu'ils ne fissent point passer le public, de la curiosité et de l'admiration, à l'indifférence, et peut-être au mépris. »

Pour M. Bonjean, il est trop vrai de dire que sa vie (sa vie politique, bien entendu) n'a pas été digne de sa mort.

Ainsi, il se fait élire comme républicain avancé; entre, au sortir de la Drôme, dans le comité clérical et royaliste de la rue de Poitiers; passe de là à l'Élysée; devient au conseil d'État l'un des doctrinaires les plus absolus de l'autorité dictatoriale, et termine sa carrière au Sénat comme parrain du régime parlementaire en voie de renaître.

Il a ainsi traversé tous les partis, — les servant tant qu'il a pu s'en servir; il a pris passage sur toutes les barques qui avaient le vent en poupe; la fortune soufflait d'où elle voulait; il tournait docilement sa voile du bon côté.

En politique, c'était un de ces hommes qui se gardent de s'appuyer sur les principes, — pour pouvoir, plus à l'aise, changer de maximes; qui vont à l'aventure, se laissant porter, entraîner par les événements, par le succès, par la mode. Ils n'ont point d'opinion qui soit à eux; ils en empruntent à mesure qu'ils en ont besoin.

Le visage de M. Bonjean est comme son caractère; il inspire une sympathie mêlée de défiance. La figure est rasée, côté du magistrat; la chevelure rejetée en coup de vent, côté de l'homme politique. L'œil unique interroge l'horizon; l'autre paupière semble fermée plus par malice que par infirmité. Le sourire est celui d'un sceptique qui a fait le tour de beaucoup d'idées, traitant la liberté en maîtresse un peu compromettante, mais agréable en somme, et qu'on peut décemment reprendre, même après l'avoir quittée depuis longtemps et avec fracas.

Désireux d'atteindre au pouvoir, il se montre surtout ambitieux de renommée. Il est follement avide de bruit et de publicité sous toutes les formes; il pose d'avance pour la postérité, au cas où elle daignerait regarder son portrait. Le destin, il faut en convenir, a fait large mesure à sa soif d'immortalité : il a trouvé dans une fin sublime ce qu'il avait vainement cherché jusque-là au service des divers partis.

Courtisan successif de la force victorieuse et de l'opinion dominante, Dupin au petit pied, il était, dans la vie privée, l'homme le plus laborieux et le plus méritant.

C'était le fils de ses œuvres; il avait lutté péniblement au début contre les difficultés matérielles de la vie, et, plus d'une fois, il avait dû, jeune homme, continuer le livre commencé aux rayons gratuits de la lune. C'est en économisant sur les répétitions de mathématiques, données par lui, qu'il était parvenu à payer ses inscriptions de droit; c'est en épargnant sur le produit de ses leçons de droit qu'il était arrivé à acheter une charge d'avocat à la cour de cassation; aussi pouvait-il, plus tard, dire à ses enfants avec un légitime orgueil : « Soyez fiers de votre fortune; elle est mienne et ne doit rien aux spéculations douteuses, aux entreprises téméraires. »

Comme magistrat, il méritait qu'on rendît hommage à l'étendue de sa science et à son zèle infatigable pour l'expédition des affaires. Président de chambre à la cour de cassation, il eut et l'ardeur communicative et l'autorité morale nécessaires à de si hautes fonctions exercées dans un milieu si éminent.

Comme homme de parole il a pris soin de s'analyser lui-même : « Je n'ai pas l'imagination très brillante, disait-il à l'un de ses amis; mais j'ai une force de classification et une perfection de méthode acquises par un travail opiniâtre, et que bien peu possèdent. Je n'ai jamais traité une question (et celles auxquelles j'ai touché sont nombreuses) sans l'avoir approfondie et examinée sous toutes ses faces. Avec ma méthode, j'ai fait des petits tableaux statistiques très clairs, qui n'ont l'air de rien, et qui m'ont coûté une somme d'études considérable. »

La dialectique était, de son aveu, le caractère le plus marqué de son tempérament oratoire. Homme de discussion plus que de sentimentalité, il aimait mieux se trouver en présence des affaires que des passions politiques. Disert sans être éloquent, il avait besoin, pour briller, du milieu uniforme et terne du Corps législatif ou du Sénat de l'empire.

Dur au travail, déjà profondément versé dans la législation, il était plus apte que personne aux recherches savantes, et souvent arides, demandées par les rapports spéciaux sur ces pétitions dont, jusqu'à 1861, l'examen suppléa pour le Sénat les débats de l'adresse et la discussion politique des actes du gouvernement. Il a laissé ainsi une œuvre législative importante, comprenant ceux de ses rapports et de ses discours qui ont trait à des questions techniques.

Tels sont les rapports sur la pétition *Libri*, sur la conservation des oiseaux utiles à l'agriculture, sur l'organisation du corps médical, sur l'impôt progressif, sur le projet de loi relatif aux crimes et délits commis à l'étranger, ou les discours sur le cadastre et la propriété littéraire et artistique.

Au point de vue religieux, il se posa au Sénat en défenseur des doctrines gallicanes expirantes ; au point de vue politique, en partisan tardif du régime parlementaire près de reparaître. Il avait, dès longtemps, la foi, l'austérité de vie, les habitudes pieuses et les défiances traditionnelles de Port-Royal. Il avait, depuis peu, un accès de ce libéralisme intermittent dont sont saisis certains hommes qui, comblés par le pouvoir de tout ce qu'ils pouvaient obtenir de places et de faveurs, voudraient y joindre, par surcroît, la popularité.

La seule fidélité, ou plutôt l'unité politique de cette vie a été de toujours refléter assez exactement le sens des événements qui venaient de s'accomplir ou qui allaient se passer. On en peut induire d'avance qu'en 1852 M. Bonjean devait se montrer plus autoritaire que l'auteur même du coup d'État.

C'est, en effet, ce qui résulte de son discours du 24 juin.

Dès le commencement se révèle l'esprit délié qui saisit de suite la portée politique des arguments, l'homme vraiment instruit qui peut prendre ses adversaires en flagrant délit d'erreur historique :

Il déclare qu'il ne peut voir, dans la proposition de la commission, une question d'économie ; l'économie discute les chiffres, elle ne supprime pas les institutions. Or la commission a-t-elle, après examen, proposé des réductions sur les crédits alloués aux inspecteurs généraux de la police? Non : elle a attaqué la création elle-même, comme un rouage inutile qui peut devenir dangereux.

Aujourd'hui, l'attaque a porté sur les inspecteurs généraux ; demain, sans doute, elle sera dirigée contre le ministère de la police générale. M. le commissaire du gouvernement croit donc utile de vider dès aujourd'hui cette question.

Il lui semble qu'en empruntant une citation à Tacite, M. le duc d'Uzès a confondu la terreur avec la sécurité. Quant à ce qui a été dit du souvenir d'un exécrable attentat, l'orateur rappelle que le ministère qu'occupait M. le duc Decazes n'a pu être supprimé à l'occasion de la mort de M. le duc de Berry, assassiné en 1820, puisque cette suppression avait eu lieu en 1818.

Nous l'avons déjà dit, ce qui est contestable chez M. Bonjean, ce n'est pas le mérite, c'est le caractère.

A l'appui de cette assertion, citons des paroles de nature à peser lourdement sur la mémoire de l'ancien républicain avancé et du futur libéral. Il a cherché à se les faire pardonner; il n'est point parvenu à les effacer, et la moralité de l'histoire exige qu'elles soient implacablement retenues pour que le mal se trouve placé, de l'autre côté du bien, dans la balance de la postérité :

La police n'est pas populaire en France, dit-on. L'orateur se rappelle, en effet, que les attaques contre la police étaient autrefois le thème favori de l'opposition. Mais il n'y a plus aujourd'hui d'opposition systématique; on le dit, et M. le commissaire du gouvernement le croit sincèrement. Il est impossible, en effet, de n'être pas d'accord sur l'immensité du péril qu'a couru la société et sur les nécessités d'une défense énergique.

Ce n'est pas l'orateur qui contestera les grands résultats de l'acte héroïque du 2 Décembre; mais les tronçons du monstre ne peuvent-ils chercher à se rejoindre?

Quand il s'agit de l'anarchie, on n'est jamais assez sûr qu'elle soit bien réellement morte; il faut, lorsqu'elle est debout, l'attaquer, la frapper; la frapper quand elle se met à genoux, quand elle est à terre; la frapper encore jusqu'à ce que sa mort soit bien certaine.

M. Bonjean s'aperçut de suite de l'étonnement glacial, de l'indignation sourde provoqués, jusque dans un Corps législatif de candidats officiels, par ces paroles à la Barnave; il constata qu'il avait fait fausse route.

Il se modère donc de lui-même, et s'en tient à paraphraser une lettre par laquelle le prince président a récemment plaidé la cause du ministère de la police générale :

A côté du danger des conspirations et des complots, danger matériel, immédiat, et en quelque sorte brutal, il existe un autre danger, plus redoutable encore pour un gouvernement : celui du désaccord entre les populations et lui ; désaccord qui n'est d'abord qu'un dissentiment sourd, qui s'empreint bientôt de passion, aboutit à la haine, et finit par laisser le gouvernement, au jour des crises, dans un isolement et un abandon où il succombe.

Émanation du vœu national, le prince ne veut gouverner que selon le vœu national ; mais, pour cela, il faut qu'il connaisse fidèlement, en quelque sorte jour par jour, heure par heure, les sentiments, les opinions, les vœux du pays ; c'est dans ce but qu'a été créé le ministère de la police générale. Ce n'est point une inquisition contre les personnes (le petit nombre des inspecteurs en exclut l'idée), mais une sorte d'enquête permanente ouverte au sein du pays pour que le gouvernement puisse éclairer l'opinion, si elle s'égare, ou rectifier lui-même sa marche, s'il y a lieu.

Cependant, l'impression pénible de tout à l'heure subsiste. Les députés voient désormais, dans le ministère de la police générale, l'instrument d'une politique de rigueur à outrance frappant l'opposition à terre, les vaincus même à genoux. En le présentant sous cette sinistre couleur, M. Bonjean l'a condamné à mort.

Assez perspicace pour se rendre compte de l'effet durable produit par ce qu'il a dit d'abord, l'orateur perd quelque peu la tête. Aussi, cette institution — d'où dépendait, quelques minutes avant, le salut de l'État, — devient-elle pour lui une création malheureuse, un simple essai dans lequel il est possible que le gouvernement ne persiste point.

Voici ce nouveau langage si en contradiction avec le premier :

On objecte que les inspecteurs généraux ont été froidement accueillis dans quelques départements, que le silence se fait autour d'eux, et qu'ils ne peuvent dès lors transmettre au gouvernement aucun renseignement utile.

L'orateur demande comment on a pu se former une opinion à cet égard, si on a été à même de comparer la correspondance des nouveaux fonctionnaires avec les rapports émanés d'autres agents de l'autorité ?

Il craint que les auteurs de l'objection ne ressemblent à des juges qui prononceraient sans avoir vu les pièces du procès. Quand il serait vrai, d'ailleurs, dans une certaine mesure, que, par suite des préjugés et des souvenirs dont on a parlé, l'accueil fait à ces nouveaux fonctionnaires fût d'abord empreint de quelque défiance, M. le commissaire du gouvernement ne pourrait voir dans ce fait autre chose que des difficultés de premier établissement.

Que l'expérience se fasse, et les populations ne tarderont pas à ressentir l'influence protectrice d'une institution dont on a pu d'abord méconnaître le vrai caractère.

L'orateur ajoute que *l'expérience est loin d'être faite*. C'est dans les mois de février et de mars que les inspecteurs généraux de police ont été nommés. Cette institution n'a donc que trois mois d'existence. Il serait, par conséquent, téméraire de la juger aujourd'hui.

L'orateur déclare en appeler, du jugement trop prompt de la commission, à la sagesse de l'assemblée.

Quand le gouvernement demande la vérité, l'assemblée ne lui refusera pas le moyen de la connaître.

L'orateur termine en déclarant que le *gouvernement serait d'ailleurs le premier à abandonner la création si, l'épreuve faite, il la reconnaissait dangereuse.*

Cette sorte d'abandon final par le commissaire du

gouvernement d'un ministère qu'il avait commencé par défendre avec exagération tournait à la scène de haute comédie. La commission du budget, pour garder son avantage, ne voulut pas le pousser plus loin ; elle n'aurait obtenu qu'une minorité au scrutin, tandis que l'impression presque unanime de la majorité était défavorable à la police générale.

M. de Chasseloup-Laubat se lève donc et, avec cette ironie voilée, ce persiflage latent, qui caractérisent son talent de demi-teinte, déclare que, « *surtout* en présence des *dernières* explications de M. le commissaire du gouvernement qui, lui-même, n'attribue à cette institution qu'un caractère d'*essai*, d'*expérience*, il n'y a pas lieu, pour la commission, d'insister sur le rejet du chapitre ».

§ 3. — *Questions diverses*

INCIDENT ESPINASSE

A la fin de la séance du 24 juin, pendant que les nombreux chapitres du ministère de la guerre défilaient au grand trot devant des députés presque inattentifs à force d'être résolus à les adopter, il se produisit un incident qui causa plus d'impression qu'il ne dura de temps.

Il s'agissait de M. Espinasse. Le duc d'Aumale, après lui avoir sauvé la vie en Afrique, en avait fait longtemps son favori ; mais les anciens protégés de M. le duc d'Aumale sont destinés, paraît-il, à devenir les ennemis les plus dangereux du parlementarisme. C'est ainsi qu'après 1848, le colonel Espinasse se mit à la disposition du prince président pour aider à l'exécution du coup d'État. C'est son régiment dont un bataillon était chargé de défendre l'Assemblée dans la nuit du 2 Décembre.

C'est lui qui envahit le palais Bourbon en se faisant ouvrir la porte comme supérieur hiérarchique de l'officier de garde.

C'est lui qui, surprenant le commandant militaire de l'Assemblée en train de s'habiller, se saisit de son épée; en quoi il agit prudemment, car cet honnête homme s'écria : « Vous faites bien de la prendre; je vous l'aurais passée au travers du corps ! »

C'est lui qui veilla à l'arrestation du général Le Flô, en utilisant une porte dérobée qu'il s'était fait indiquer, quelques jours avant, dans une visite amicale à son ancien chef.

C'est lui qui s'attira, de sa victime, au moment où des agents de police l'entraînaient au milieu de soldats qui croisaient la baïonnette, ce mot trivial, mais flétrissant : « Vous faites là un sale métier ! »

C'est lui enfin qui, chargé de vérifier sur place si les commissions mixtes n'avaient pas été trop rigoureuses, fit un rapport dans lequel il les déclarait trop indulgentes.

M. Espinasse devait encore être le chef de la sinistre expédition de la Dobrutscha, et le ministre de l'abominable loi de *sûreté générale*.

En juin 1852, il jouissait paisiblement de la récompense des *services de campagne* rendus au palais Bourbon. Promu général et pris comme aide de camp par Louis-Napoléon, il pouvait se dire que, pour lui, *tout était gagné, fors l'honneur !*

C'est au sujet de la situation réglementaire du général Espinasse, que M. de Kerdrel posa une question plus politique encore que militaire : c'était toucher à un ami du prince; c'était réveiller, dans une intention hostile, les souvenirs de Décembre.

Voici comment cette question fut formulée :

M. de Kerdrel demande s'il n'y a pas, dans le cadre des officiers généraux, un général de brigade qui a été promu à ce grade prématurément et contrairement à toutes les lois?

C'était M. le général Allard qui, de par son mandat de commissaire du gouvernement, se trouvait obligé de défendre le général Espinasse.

M. Allard était à la fois général et conseiller d'État; mais il était plus conseiller d'État que général.

Comme militaire, il avait un beau souvenir de jeunesse, c'était d'avoir fait partie des élèves de l'École polytechnique licenciés en 1815 pour avoir défendu Paris contre l'invasion étrangère. Officier des plus laborieux et des plus instruits dans l'arme essentiellement réfléchie et savante du génie, il avait pris part à l'expédition d'Alger en 1830, et à l'œuvre patriotique des fortifications de Paris en 1840. Il avait fait surtout son avancement au dépôt des cartes et plans du ministère de la guerre et au parlement, où il servait comme député plus que comme soldat.

Du général, il conservait seulement la moustache et la mouche, qui mettaient deux points blancs sur cette figure souriante de brave homme, aux traits réguliers et fins, mais un peu ternes.

Comme membre du conseil d'État, le général Allard faisait autorité en matière de règlements sur l'armée; c'était la loi militaire vivante, bibliothèque ouverte à chacun, et que les indépendants n'hésitaient pas à consulter eux-mêmes, tant ils le savaient loyal. Dans cet arsenal intellectuel, les circulaires s'accumulaient en se combinant; sa mémoire était un dictionnaire qui fournissait une réponse à chaque interrogation. Rarement on vit un militaire s'exprimer aussi bien, avec autant de facilité, de précision, de simplicité et d'élégance, ne regardant qu'à peine son papier, répondant aux objections imprévues, et ne jurant ni ne perdant la tête. Non qu'il eût la parole brûlante et imagée du général Trochu qui charmait, en les éclipsant, les avocats du gouvernement de la Défense nationale; mais il déviait moins de son sujet, et savait conclure clairement.

Au fond, c'était un esprit de juste milieu. Il avait été libéral modéré sous Louis-Philippe; il était autoritaire modéré sous Louis-Napoléon. Député avant de toucher au gouvernement, il avait appris à respecter l'indépendance de la Chambre, sans oublier le rôle qui revient au pouvoir. N'ayant rien à faire oublier, il n'avait besoin d'aucun excès de zèle.

Un tel homme devait montrer quelque embarras dans sa réponse. C'est, en effet, ce que laisse percer le compte rendu, qui continue en ces termes:

M. le général Allard, commissaire du gouvernement, prie l'honorable préopinant de désigner l'officier dont il veut parler.

M. de Kerdrel nomme M. le général Espinasse.

M. le général Allard répond que M. le colonel Espinasse a été promu au grade de général de brigade en vertu de l'article 19 de la loi de 1832, qui dispense de toute autre condition l'officier qui reçoit, en temps de guerre, de l'avancement pour une *action d'éclat* mise à l'ordre du jour de l'armée;

un décret du prince président de la République a *assimilé aux services militaires en campagne* les services rendus dans les journées de Décembre. L'avancement donné à M. le colonel Espinasse est donc justifié à un double titre.

M. de Kerdrel déclare qu'il connaissait la loi, mais il ignorait que M. le général Espinasse, auquel un prince d'Orléans a sauvé la vie en Afrique, dont la bravoure est du reste très connue, *eût fait, le 2 Décembre, une action d'éclat!*

M. de Kerdrel venait de toucher à l'amour-propre et surtout à l'intérêt de tous les officiers de l'entourage présidentiel; aussi y eut-il, le soir, une réunion belliqueuse de l'état-major particulier du prince; on y agita le projet de tirer au sort un délégué qui irait, au nom de l'armée outragée dans la personne du général Espinasse, demander raison à l'orateur royaliste.

Heureusement, M. Darricau, officier supérieur de l'intendance et en même temps conseiller d'État, assistait à ce petit conseil de guerre. Il s'attacha à calmer l'effervescence générale, disant qu'il fallait fermer la salle du Corps législatif et supprimer toute discussion si on ne pouvait plus supporter un trait, malicieux sans doute, mais qui ne dépassait pas, en somme, les convenances parlementaires. La majorité de la réunion, après s'être soulagée par quelques gros mots contre les bavards de la Chambre, finit par se ranger à ce sage avis. M. de Kerdrel ne se douta de ce qui s'était passé que quelques jours après, — des collègues lui ayant demandé en riant s'il était bien sûr d'être encore en vie!

BUDGET DES RECETTES

(Budget spécial de la Légion d'honneur, rattaché pour ordre au budget des recettes).

Séance du 23 juin

La commission du budget signalait comme exorbitante la rétribution de 1500 francs par séance, attribuée au secrétaire de l'ordre de la Légion d'honneur, soit 6000 francs pour quatre séances par année.

Ce fut M. Boinvilliers qui eut à s'expliquer sur cette demande de réduction.

M. Boinvilliers était le type du bavard sans éloquence, de l'orateur content de lui qui, la main passée dans son gilet, affecte un ton d'autorité. Il offrait aux regards une large figure sur laquelle se détachait un nez proéminent et mince, qu'il prenait pour un bec d'aigle ; il avait un front dénudé, qu'il aimait à croire vaste ; la chevelure était rejetée en arrière, comme celle d'un homme inspiré ; l'œil perdu dans les espaces semblait vouloir remonter aux sources de la pensée ; avec cela, par une vieille habitude de palais il étudiait peu ses dossiers, s'en fiant à une facilité qu'il s'exagérait.

Plusieurs fois il avait été surpris en flagrant délit d'erreur dans ses renseignements, et de légèreté dans ses affirmations. On se demandait comment il avait pu faire partager aux autres la bonne opinion qu'il avait de lui-même, et être élu bâtonnier du barreau de Paris. Les *gamins* du Corps législatif (il y en a dans toutes les assemblées sérieuses) s'amusaient à le combler d'éloges hyperboliques, et à lui faire conter ses succès d'autrefois, récit interminable au cours duquel ses auditeurs s'éclipsaient l'un après l'autre.

Cette fois, M. Boinvilliers avait lu son dossier et, comme il ne s'agissait que du traitement d'un bureaucrate, son emphase habituelle ne trouva à se déployer que dans une mesure restreinte. Il expliqua que le conseil se réunissait, en fait, au moins une fois par mois et que le secrétaire, ayant une besogne permanente pour préparer l'instruction des dossiers à examiner, avait droit à un traitement fixe.

Il aurait pu se dispenser, en cette affaire, d'invoquer le nom du chef de l'État pour entraîner le vote de l'assemblée. Du moment où il voulait bien parler avec quelque simplicité, le Corps législatif, tout heureux d'échapper aux périodes pompeuses dont il se croyait menacé, s'empressa de voter sans phrases le traitement du secrétaire de la Légion d'honneur.

TARIFS DE DOUANES

Séance du 25 juin

Dans le cours de la discussion du budget des dépenses, au titre du ministère des affaires étrangères, mais, en réalité, à l'occasion des tarifs de douanes formant recette au budget, M. le comte de Flavigny avait, le 23 juin, posé au gouvernement une question qui répondait aux préoccupations visiblement protectionnistes du Corps législatif.

Voici comment avait été formulée sa demande d'explications :

M. le comte de Flavigny demande à faire quelques observations. Il a remarqué, dans le numéro de juin du *Bulletin des lois,* un traité de commerce entre la France et la Sardaigne, traité important qui contient des dispositions considérables en matière de tarifs. L'orateur demande *si la Chambre ne sera pas consultée sur la partie douanière de ce traité. Il dit que la Chambre ne doit pas abandonner son droit de contrôle. — En le faisant, elle compromettrait sa dignité, et pour ainsi dire son existence même.* L'orateur insiste donc pour savoir si, le *Bulletin des lois* ayant publié un traité qui doit être exécuté à partir du 22 juillet prochain, et aucune proposition n'ayant encore été faite à la Chambre, l'intention du gouvernement est de ne pas la consulter. Dans ce cas, la Chambre, selon l'orateur, devrait faire ses réserves.

Le commissaire du gouvernement, baron Brenier, était pris de court. On espérait qu'il lui échapperait, dans sa surprise et son inexpérience parlementaire, quelque révélation instructive ; mais il n'en fut rien.

Le baron Brenier était un diplomate de carrière, avec une grande figure régulière, des traits beaux et droits, mais sans rien d'aristocratique dans l'aspect ; on se trouvait en présence d'un bourgeois plus affiné, mais moins spirituel que le type primitif de la race.

Il est toujours souriant et s'efforce d'être aimable, bien qu'il paraisse légèrement infatué de lui-même et qu'un pli de dédain se dessine discrètement au coin de ses lèvres. C'est un homme de salon, plus que de cabinet, qui plaît plus aux femmes qu'il n'a d'influence sur les hommes, et qui cause mieux à la buvette qu'il ne parle en séance publique. Il connaît bien l'Europe, pour l'avoir longtemps parcourue comme secrétaire d'ambassade ; il est ferré sur l'étiquette des cours, dont il garde, jusque dans les relations privées, la politesse formaliste ; il a appris à s'exprimer dans des termes vagues, sans rien, ni affirmer, ni dénier, ni compromettre : *Verba et voces !*

Sa réponse à M. de Flavigny est un modèle du genre qui consiste à prendre la parole, non point tout à fait pour dissimuler, mais, du moins, pour ne pas dire sa pensée :

M. le baron Brenier, commissaire du gouvernement, répond que la question est grave ; il eût préféré que l'honorable préopinant prévînt le gouvernement avant de présenter ses observations devant la Chambre. Quoi qu'il en soit, le gouvernement n'a pas encore examiné la question. Il l'examinera, et une solution sera donnée au moyen d'un sénatus-consulte, s'il y a lieu.

La réponse, ce fut en effet le sénatus-consulte du 25 décembre 1852 enlevant au Corps législatif tout contrôle sur les traités de commerce et la fixation des tarifs de douanes.

Et la conséquence ultérieure, ce fut, à quelques années de date, la substitution inattendue, sans discussion, sans préparation, sans ménagements, du système du libre échange au régime de la protection.

PRODUIT DE LA VENTE DE BIENS DU DOMAINE

Séance du 26 juin

M. de Montalembert devait animer la fin comme le début de la discussion du budget.

On était arrivé au paragraphe 3 du budget des recettes. Il s'agissait des *Revenus et prix de vente des biens du domaine*. Une somme de 12 760 000 francs était portée à ce chapitre.

M. de Montalembert demanda, à l'improviste, la parole.

Le procès-verbal rend compte, dans les termes suivants, de la manière dont, sous prétexte de motiver son vote sur le budget, il trouva moyen de protester publiquement contre les décrets du 22 janvier.

M. de Montalembert arrive, à force de subtilité dans la conception et de souplesse dans la parole, à placer, à propos du budget, la protestation qu'il voulait confier à l'histoire contre les décrets du 22 janvier :

> La commission, dit-il, a constaté que la question soulevée par le décret du 22 janvier ne se produit sous aucune forme, directe ou indirecte, dans le budget de 1853, et que le vote de ce budget ne renferme aucune participation à cette mesure d'une date antérieure à celle de la réunion du Corps législatif. L'orateur prend acte de cette énonciation.
>
> Il tient à ce qu'il soit établi, d'une manière incontestable, que le budget que l'assemblée s'apprête à voter ne contient aucune somme provenant, directement ou indirectement, de l'exécution des décrets du 22 janvier relatifs aux biens de la maison d'Orléans.
>
> Il déclare qu'il est heureux de pouvoir constater que la sanction du Corps législatif n'y est apportée d'aucune manière. Il est bon que le pays sache qu'aucun de ses députés n'a été engagé à approuver ces décrets par le vote du budget, d'autant plus que, selon lui, le pays a été unanime à blâmer ces décrets, aussi bien dans l'intérêt de celui qui en a été l'auteur que de ceux qui en ont été l'objet.
>
> L'orateur ajoute que, quant à lui, dans le triple intérêt de la propriété, de la justice et d'une auguste infortune, il fait de solennelles réserves au sujet d'une faute qu'il croit pouvoir déclarer sans excuse, sans provocation ; et il voit, à ce propos,

avec douleur qu'on s'attache à la rendre chaque jour plus irréparable.

M. le président déclare qu'il ne peut laisser la discussion s'engager sur ce point. Il fait observer que les paroles qui viennent d'être prononcées tendraient à mettre en question des décrets qui ont force de loi et qui doivent être respectés.

La constatation que l'orateur demande au procès-verbal de la séance, n'est qu'une manière détournée d'arriver à une espèce d'ordre du jour motivé, qui ne saurait être ni proposé ni débattu.

M. le comte de Montalembert fait observer qu'il n'a voulu constater qu'une seule chose, qui est précisément ce que vient de dire M. le président, à savoir qu'il n'y a pas, de la part de l'assemblée, de vote à émettre.

Dans cette discussion du budget qui avait occupé les séances des 22, 23, 24, 25 et 26 juin, la commission n'avait arraché au conseil d'État, grâce au rejet provisoire d'un chapitre, qu'une économie sérieuse, une diminution de 400 000 francs sur le crédit affecté aux constructions et grosses réparations d'édifices publics pour l'année 1853; car c'était une mesure d'ordre, plus qu'une mesure de fond, que la suppression du chapitre XII, avec transfert intégral de la dotation du Sénat au chapitre des *Dépenses des pouvoirs législatifs*.

La victoire de la commission du budget était donc unique, et, de plus, bien mince en elle-même, surtout comparée à l'énorme chiffre des dépenses voté presque sans discussion ! Pour toutes les autres demandes de réductions, ou la commission y avait renoncé spontanément, ou elle avait été battue au scrutin.

Eh bien, le gouvernement ombrageux de Louis-Napoléon ne pouvait admettre cet échec, si isolé et si partiel qu'il fût.

Le prince était persuadé que la Chambre n'était pas assez hardie dans ses velléités d'indépendance pour en arriver à « entraver les services publics, en rejetant des crédits nécessaires », comme disait le ministre d'État, — même sous la réserve d'une entente ultérieure avec le conseil d'État, même dans le but d'arriver au vote définitif sur un chiffre commun.

Partant de cette conviction, il résolut de placer, dans l'avenir, le Corps législatif entre le vote du budget sorti des délibérations du conseil d'État sans aucun changement, et le rejet de l'ensemble des crédits alimentant tout un ministère, c'est-à-dire une atteinte évidente apportée à la marche des services publics. Il mettrait ainsi ses candidats officiels en demeure de choisir, entre une docilité aveugle et une résistance révolutionnaire !

MM. de Montalembert, de Kerdrel, de Chasseloup-Laubat et de Flavigny, par un sentiment louable mais par une mauvaise tactique, avaient usé trop tôt et trop hardiment du reste de franchises parlementaires que l'auteur de la constitution du 14 janvier 1852 avait laissé subsister par erreur, plutôt que par réflexion.

Louis-Napoléon — alors entre ses deux premiers plébiscites — était dans toute la force ascensionnelle de la popularité qui, après l'avoir porté librement à la présidence, avait docilement sanctionné le coup d'État du 2 Décembre. Il pouvait tout faire, et ne voulait admettre aucune gêne ; c'était, dès lors, une imprudence de le blesser, sans être en état de le contenir ; c'était une faute de l'éclairer à temps sur les points faibles du rempart qu'il avait élevé autour de sa personne et de son pouvoir.

Dès la réunion du Corps législatif, la question s'était posée de savoir si, avec le droit de « voter l'impôt », c'est-à-dire de discuter le budget des recettes (droit expressément reconnu par l'article 39 de la constitution du 14 janvier), le Corps législatif obtiendrait, de la tolérance du gouvernement, la faculté de contrôler les dépenses.

A ce moment-là déjà, certains publiscites de l'Élysée avaient soutenu que les élus du pays ne devaient être admis qu'à voter, d'ensemble, les sommes que le prince recevait pour pourvoir aux services publics. C'était assimiler le chef de l'État au fils de famille qui n'a pas de comptes à rendre, tant que ses largesses n'excèdent pas le chiffre annuel de sa pension.

Les feuilles non subventionnées avaient, au contraire, réclamé pour le Corps législatif le droit de régler le budget des dépenses, comme celui des recettes, dans tous les détails.

Intervenant dans cette polémique préliminaire, l'administration, par un *communiqué* adressé au *Constitutionnel*, avait reconnu à la Chambre la faculté de voter, article par article, le budget des dépenses.

C'est sur cette interprétation, reconnue à l'épreuve trop libérale, de l'article 39 de la constitution que Louis-Napoléon était décidé à revenir après l'expérience de la première discussion du budget au Corps législatif.

Il entendait garder entière la libre disposition de la totalité des crédits votés par la Chambre, — sauf à les répartir administrativement comme il lui conviendrait, dotant tel ministère plus largement que tel autre, accroissant un chapitre au détriment de celui d'à côté, et cela, sans avoir à tenir compte du point de vue où s'était placé le Corps législatif!

Ce but devait être atteint par la faculté des *virements* de chapitre à chapitre, de ministère à ministère, et c'est malheureusement l'opposition prématurée, faite pendant la session de 1852, qui détermina le prince à réclamer, au moment où il devint empereur, des droits destructifs de tout contrôle financier.

Le président de la commission du budget, M. Gouin, plus perspicace parce qu'il était moins passionné, chercha en vain à apaiser le courroux latent du président et à détourner la foudre qu'il sentait gronder au-dessus des derniers pouvoirs budgétaires de la Chambre; au moment de la clôture de la discussion du budget, voici comment il s'exprima :

M. Gouin, président de la commission, déclare que la commission, en procédant comme elle l'a fait, a entendu remplir loyalement son devoir. Il se plaint que ses intentions aient été méconnues et calomniées. Que veut-elle? Que peut-elle vouloir aujourd'hui?

S'agit-il encore de ces luttes qui s'engageaient dans les anciennes Chambres pour la conquête des portefeuilles? Personne aujourd'hui, dans le Corps législatif, ne peut être inspiré par de tels mobiles. Les membres de la commission, et tous leurs collègues, ne veulent qu'une chose : s'associer sincèrement aux vues du gouvernement pour tout le bien qui est à faire.

Ce concours doit être éclairé. Il n'y aurait pas de loyauté, il y aurait danger dans une approbation systématique; car de telles adhésions, bien loin de servir le gouvernement, ne peuvent que le perdre.

Le concours de la commission a été acquis au gouvernement; en échange, la commission veut espérer que toute pénible impression pourra être bientôt effacée.

On comprend et on approuve le sentiment qui animait M. Gouin; mais, pour peu qu'il connût Louis-Napoléon, il ne devait guère conserver l'espoir de parer le coup accablant qui fut, en effet, porté au Corps législatif par le sénatus-consulte du 25 décembre 1852.

IV

FIN DE LA SESSION ORDINAIRE DE 1852
AU CORPS LÉGISLATIF

En même temps que le budget (car l'heure pressait), c'est-à-dire dans la séance du 26 juin, fut votée la loi relative aux interdictions de séjour dans le département de la Seine et dans les communes de l'agglomération lyonnaise.

C'est M. Boudet, conseiller d'État, qui en avait rédigé l'*exposé des motifs* et qui devait supporter le poids de la discussion.

M. Boudet avait la physionomie d'un administrateur sévère, mais avisé. La figure exactement rasée ; un nez aquilin fortement prononcé ; un collier de barbe toute blanche jurant avec une chevelure trop noire ; l'œil attentif à la discussion et éveillé sur ses intérêts ; la mâchoire lourde et l'air renfrogné, il possédait plus de valeur sérieuse que d'agréments physiques.

Son cœur était droit, mais sec, et parfois faussé par une ambition jalouse. Dans sa jeunesse, il était emporté de caractère, comme le prouve une scène violente dans laquelle il s'oublia jusqu'à menacer M. Thiers d'un coup de pied, — ce qui ne l'empêcha point, par la suite, de rester secrétaire général de la justice durant le ministère du même M. Thiers et de le suivre fidèlement dans sa lutte contre le cabinet Guizot. Son tempérament était une eau bouillante qui refroidit à mesure que le temps s'avança. Après avoir débuté comme *carbonaro* farouche, au temps où, simple stagiaire, il travaillait dans le cabinet de Dupin aîné, il n'alla plus que jusqu'à la gauche dynastique dans son opposition à Louis-Philippe.

Il eut du moins la dignité de conserver, malgré l'empire, quelque chose de l'indépendance de l'ancien député. On n'aurait pu lui demander, ni de tout soutenir comme commissaire du gouvernement, ni de tout faire comme ministre de l'intérieur. Le changement principal qui s'opéra en lui, c'est que, solliciteur très actif et très heureux tant qu'il eut personnellement à monter, il fut pris, une fois arrivé, du fétichisme hiérarchique des *droits acquis*, faiblesse encore commune aux gens parvenus par la politique, et qui saisissent cette facile occasion de se rendre, aux dépens d'autrui, agréables aux hommes de la carrière; bref, ce n'était pas un grand caractère; mais ce ne fut pas non plus un homme sans honnêteté, ni sans mérite.

Pour en donner une idée, nous reproduisons ici les conseils que, au-dessous de son portrait, il a lui-même tracés à l'usage des ministres de l'intérieur futurs, conseils que ses successeurs feront bien de suivre :

Le ministre de l'intérieur ne sait ce qui se passe dans tout l'empire, ce qui s'y prépare, les tendances qui s'y manifestent, que par l'intermédiaire des préfets, qui, dans leurs rapports, lui exposent les faits, leurs vues, et lui proposent les mesures administratives ou politiques qu'ils croient utiles de prendre. Pour apprécier exactement ces situations et s'arrêter avec certitude à des résolutions utiles, le ministre doit connaître le caractère, le tempérament, les idées, les qualités, les faiblesses et les tendances de ses préfets; il doit connaître également l'état des départements et de leurs principales localités, leurs mœurs, leurs intérêts, leurs habitudes, les besoins et les penchants de leurs populations. Ce qui est vrai, ce qui est utile pour un département, ne l'est pas pour un autre ; la direction de l'administration ne doit pas être la même dans le Nord et dans le Midi ; la mesure qui est indispensable au milieu d'une population passionnée est inutile ou dangereuse au sein d'une population calme et laborieuse. D'un autre côté, les mesures de gouvernement n'ont de valeur que par les hommes qui sont chargés de les exécuter. Il ne faut donc exiger d'un préfet que ce qu'il peut faire, et n'accepter ses appréciations que pour ce qu'elles peuvent être. Donc, le premier devoir du ministre, et sa plus sûre garantie, est de bien savoir ce qu'il peut attendre de chacun de ses agents et de lui donner des ordres et des instructions calculées sur sa valeur personnelle et sur l'esprit des populations qu'il administre.

P. BOUDET.

La loi préparée par M. Boudet, sur l'interdiction de séjour à Paris et dans l'agglomération lyonnaise, avait été présentée dès le 26 mai ; la commission spéciale, élue par la Chambre, eut le temps de demander au conseil d'État un certain nombre de concessions, et elle fit adopter trois amendements.

Elle demanda, d'abord, qu'une personne *domiciliée*

ne pût être l'objet d'aucune interdiction de séjour ; celui qui a un domicile, dit-elle, c'est-à-dire qui entretient dans une commune des relations de famille et des rapports d'intérêts, offre à la société des garanties que la crainte d'un danger, même prochain, ne peut faire méconnaître ; d'ailleurs, le fait du domicile, en rendant la surveillance plus facile, permet de parer au péril sans recourir à une mesure extrême qui, en cas d'erreur, pourrait avoir les conséquences les plus déplorables. Le conseil d'État consentit à ne comprendre, dans la loi, que les individus non domiciliés.

La commission exigea, en second lieu, que l'interdiction de séjour ne pût être infligée au condamné pour délit de coalition sans que la peine, prononcée de ce chef, eût été au minimum d'un mois d'emprisonnement. C'était seulement dans ces conditions, suivant elle, que le délit spécial de coalition pouvait changer de caractère, en relevant, chez celui qui s'en rendait coupable, une tendance mauvaise à chercher dans la violence et l'émeute la solution immédiate de la question du salariat. Le conseil d'État souscrivit encore à cette modification.

La commission, enfin, fit insérer dans la loi cette réserve que les condamnations servant de point de départ à l'interdiction de séjour devraient avoir été encourues « depuis moins de dix ans ».

L'article 1er de la loi se trouva ainsi rédigé :

ARTICLE PREMIER. — Le séjour du département de la Seine, et celui des communes formant l'agglomération lyonnaise, désignées dans l'art. 3 de la loi du 19 janvier 1851, peuvent être interdits administrativement, pendant un délai déterminé qui ne pourra excéder deux ans, à ceux qui, n'étant pas *domi-*

ciliés dans ce département ou ces communes : 1° *ont subi, depuis moins de dix ans, une condamnation à l'emprisonnement* pour rébellion, mendicité ou vagabondage, ou une condamnation *d'un mois de la même peine pour coalition;* 2° n'ont pas, dans les lieux sus-indiqués, *de moyens d'existence.* L'interdiction de séjour pourra être renouvelée.

La loi permettant de punir en France les *délits*, même d'opinion, même de presse, commis à l'étranger par des Français avait un caractère relativement aristocratique ; elle était dirigée contre les chefs du parti républicain qui avaient rencontré assez de sympathies pour échapper aux recherches et disposé d'assez d'argent pour gagner la frontière. La loi sur les interdictions de séjour visait, non plus les généraux, mais les soldats de l'armée démocratique, les ouvriers vivant au jour le jour et ne pouvant s'éloigner des ateliers du pays. C'était cette masse populaire sur laquelle la police demandait à avoir constamment la main et dont elle allait disposer à son gré, puisque le projet de loi abandonnait à son arbitraire l'appréciation, en droit, du *domicile*, et, en fait, des *moyens d'existence.*

Dans ce Corps législatif, où le parti républicain ne comptait pas un seul représentant avoué, allait-il se trouver des députés pour élever une voix désintéressée en faveur des principes de justice éternelle et de vrai libéralisme ? Il s'en trouva, hâtons-nous de le dire, et, si le désir de ne pas laisser échapper un thème favorable à leur opposition contre le prince président fut pour quelque chose dans cette attitude, ce serait calomnier la nature humaine que de ne pas admettre, de compte à demi, un mobile plus généreux et plus haut.

M. Bouhier de l'Écluse avait eu le mérite d'être le premier à combattre une loi inique, même quand les démocrates y étaient seuls visés. M. de Kerdrel, cédant à une louable émulation, prit, cette fois, la tête de la résistance. Comme il avait l'esprit plus généralisateur que son collègue de la droite, il élargit le débat en demandant que la loi remît à l'autorité judiciaire le droit de statuer sur les questions si délicates dont le gouvernement proposait de livrer la décision à sa police.

Voici le résumé de ce discours qui est un des meilleurs de M. de Kerdrel, et comme sentiment plein d'élévation, et comme argumentation pleine de logique :

M. Audren de Kerdrel a la parole. Il commence par reconnaître que, quand une nation a couru de très grands dangers, il est naturel qu'elle soit disposée à accueillir toutes les mesures de répression et même de prévention dont le gouvernement veut s'armer ; il s'explique facilement cette disposition des esprits. Il ne conseille nullement au Corps législatif de s'isoler du courant de l'opinion publique ; mais, à ses yeux, le devoir des députés n'est pas seulement de s'imprégner de cette opinion ; ils doivent aussi quelquefois savoir résister à ses entraînements.

Pour l'orateur, il y a deux espèces de gouvernements : il y a, dans les temps ordinaires, le gouvernement tempéré, vivant de la loi, et faisant vivre de la loi les citoyens, conciliant le respect des garanties individuelles avec les exigences de l'intérêt général ; dans les temps de crise, il y a un gouvernement plus fort, mieux armé, plus prompt dans ses résolutions, plus énergique ; un gouvernement qui, seulement dans la mesure du strict nécessaire, sait quelquefois faire fléchir les garanties individuelles devant un grand intérêt public.

L'orateur comprend ces deux gouvernements qui, l'un et l'autre, ont leur raison d'être ; mais ce qu'il ne comprend pas, c'est un mélange de ces deux gouvernements ; c'est que l'arbitraire demande à la loi une consécration et un blanc-seing, — surtout quand les circonstances sont telles, que le pouvoir législatif ne peut pas, en toute liberté, contrôler les actes de la puissance exécutive...

On pourrait concéder que, dans les circonstances extrêmes qui suivent des révolutions, le pouvoir exécutif fût quelquefois autorisé à faire invasion dans le domaine du pouvoir législatif; mais, que le pouvoir judiciaire puisse jamais être absorbé par lui, voilà ce que l'orateur conteste d'une manière absolue.

Un homme, avec le projet actuel, est condamné pour mendicité à un jour de prison; le juge aurait voulu l'acquitter; forcé d'appliquer la loi, il lui inflige la peine la plus minime; il refuse de le placer sous la surveillance de la haute police, attendu qu'il ne voit pas en lui un homme dangereux. Et cependant, l'administration pourra, pendant dix ans, le considérer comme tel, c'est-à-dire, non seulement ajouter à la sentence du juge, mais même aller contre cette sentence; elle prescrira, sinon une surveillance absolue, du moins une demi-surveillance; car la première se compose de deux choses : prohibition de rester dans tel lieu, ordre de se fixer dans tel autre; la seconde, qui est celle dont l'application sera faite ici, c'est, sinon la fixation d'une résidence, du moins l'interdiction de résider dans tel ou tel lieu...

N'avoir pas de moyens d'existence, il y a là encore un vague effrayant, et qui rendrait possibles des actes d'une criante injustice.

Lorsque l'orateur présente ces critiques contre le projet, ce n'est pas qu'il ait des préventions contre la police. Il déclare qu'il ne la regarde pas comme impopulaire. Il croit qu'elle a été considérablement réhabilitée dans ces derniers temps...

Mais il n'aime que celle qui est faite par des hommes en uniforme, par des sergents de ville. Il fait l'éloge du zèle de ces hommes, qu'on voit toujours dévoués et courageux au milieu des émeutes et qui, quelquefois, ont été, au milieu des plus grands périls, arrêter des insurgés jusque sur les barricades...

Ce que l'orateur demande avec insistance, c'est que la police reste toujours dans ses attributions; or, il lui semble qu'ici elle en sortirait. Là où la mission de la police finit, il faut que l'œuvre de la justice commence...

On a invoqué l'ancienne monarchie. A cet égard, l'honorable membre ne nie pas qu'il y ait eu des abus sous l'ancienne monarchie; mais pourtant il demande que l'on reconnaisse qu'il existait des formes légales dans lesquelles étaient poursuivis les vagabonds et les repris de justice; ils étaient traduits devant le lieutenant civil du Châtelet, qui faisait office de juge et s'éclairait en entendant des témoins. Au-dessus de sa juridiction, était le Parlement qui réformait la sentence, quand le Châtelet s'était trompé.

Le roi Louis XVI était un protecteur vigilant de la liberté individuelle. Il était surtout porté à compatir aux douleurs de l'exil, à cette peine d'autant plus cruelle, dit l'orateur, qu'elle est appliquée, presque toujours sans jugement, à des citoyens dont le crime est d'avoir trop aimé et trop bien servi leur pays. A cet égard, l'orateur cite ces paroles de Louis XVI : « Mes sujets ont autant le droit d'être mes sujets que j'ai le droit d'être leur roi; je ne peux pas plus les priver de leur droits qu'ils ne peuvent me priver des miens. »

En finissant, l'honorable membre déclare que, quelle que soit l'opinion qu'il vient d'exprimer contre le projet de loi, il ne saurait être suspect quand il s'agit de mesures de répression, de mesures propres à donner de la force à l'autorité. A une époque où bien des personnes n'hésitaient pas à flatter les passions révolutionnaires, il s'exposait à la colère des partis; et, quand d'autres demandaient le maintien des clubs, il protestait avec force et recevait à domicile des menaces de mort. Il a été assez énergique pour être modéré maintenant.

Ce qui pesait surtout sur la loi proposée, c'étaient les souvenirs de Décembre, l'arrestation sans délit, et l'exil sans jugement des généraux les plus illustres, des citoyens les plus honorés. Si le pouvoir n'eût pas été suspect de vouloir poursuivre des adversaires politiques, plus que des malfaiteurs de droit commun, nul homme de gouvernement n'aurait pu méconnaître la justesse et la force des raisons d'ordre public et d'intérêt social données en ces termes par M. Boudet :

M. Boudet, commissaire du gouvernement, demande à bien préciser le point de départ du projet de loi. Que veut-on? Maintenir à Paris et à Lyon la sécurité publique, expulser tous ceux qui peuvent la troubler. Une triste expérience n'a que trop prouvé que les hommes, sinon réduits au vagabondage et à la mendicité, du moins dénués de *moyens d'existence,* devenaient toujours, en cas d'émeute, les auxiliaires des perturbateurs.

Il faut savoir si, oui ou non, l'on veut avoir raison de cette dangereuse classe d'individus? Veut-on les laisser sur le pavé de Paris, et consentira-t-on à ce que quelques inconvénients possibles fassent disparaître toute l'utilité de la loi?

Loi de droit commun, tendant à la *relégation* des gens sans aveu, nous avons voté nous-mêmes cette mesure; mais, loi politique de *suspects,* elle devenait odieuse. C'est donc sur le caractère politique du projet que l'opposition avait intérêt à insister. C'est en effet sur ce terrain, et exclusivement sur celui-là, que M. Bouhier de l'Écluse, en intervenant à son tour, posa la question :

M. Bouhier de l'Écluse a la parole. Il déclare que, si l'on veut mettre un individu, sans moyens possibles de défense, à la discrétion de l'autorité administrative, il faut adopter le projet. Il a bien compris qu'on a promis que l'autorité serait modérée; qu'elle ferait un usage prudent de la loi; mais on n'a pas promis que l'on resterait toujours dans la légalité.

Il dit qu'il s'agit ici d'une question des plus graves; la liberté individuelle est en cause. L'orateur ne croit pas qu'elle soit sauvegardée par le projet.

M. Boudet avait déjà parlé. Des deux autres commissaires du gouvernement, l'un, M. Carlier, était dans une position difficile, comme ancien chef de la police; l'autre, M. de Thorigny, avait perdu toute influence sur la Chambre. Il fallait qu'un membre de la majorité se dévouât pour venir défendre le projet.

Ce fut M. Roques-Salvaza qui intervint.

M. Roques-Salvaza est le meilleur des hommes colères. Avocat, et natif de Carcassonne, il menace d'un double danger les oreilles peu faites à l'accent languedocien; mais il ne lui reste, de son ancien organe, qu'un souffle, qui bientôt expire en râle, et il demeure aphone, — ce qui le fait jurer comme un païen. On en est alors réduit à deviner, au mouvement des lèvres, qu'il doit dire de bonnes choses.

Ce quasi-mutisme ne l'empêche pas de s'agiter sur son banc; sa longue tête intelligente, ses yeux, ses mains, tout son corps parlent pour lui; les raisonnements qu'il n'approuve pas, les opinions qu'il ne saurait partager, le font sursauter. Il se lève, il interrompt, il demande convulsivement la parole. Lorsque le président est contraint par le règlement de la lui refuser, il insiste, il ne lâche pas pied et, de guerre lasse, il obtient de la Chambre un moment d'attention, que parfois il mérite.

A la buvette, il retrouve son air jeune; il se montre le plus gai des Méridionaux; il s'attendrit sur les orateurs du gouvernement, qu'il s'oublie à appeler « mes enfants », mais en restant cordial pour les députés suspects d'indépendance. Bref, c'est un homme d'esprit, avec un caractère rageur.

Son allocution du 26 juin fut aussi emportée que peu entendue :

> *M. Roques* demande que l'on ne perde point de vue le véritable caractère de la loi. Le but qu'on se propose est de donner à l'administration un moyen prompt, énergique, de sauvegarder la sécurité publique dans un moment de péril. Les abus de détail, si possibles qu'ils soient, n'ont aux yeux de l'honorable membre, qu'une importance secondaire, à côté du principe général de la loi. Qu'importe un abus dont le redressement amènerait cent fois plus de dommage que l'abus lui-même n'en peut causer?
> En définitive, une seule chose est à rechercher, selon l'honorable membre: c'est s'il n'est pas manifeste que les inconvénients s'effacent devant la masse des avantages. Quand nous sortons à peine de révolutions sans précédent dans l'histoire, quand la société agitée jusque dans ses fondements n'a pas encore retrouvé son état normal, il faut donner de la force au pouvoir ; il faut que, devant le grand intérêt du salut public, toute autre considération disparaisse.

Ce discours était à peine arrivé jusqu'aux oreilles, et, en tout cas, n'avait pas pénétré dans l'esprit de la Chambre. M. de Morny qui avait la connaissance intime, comme la faveur entière de la majorité, sentit qu'il fallait lui communiquer l'impulsion décisive qu'elle attendait. Il se leva donc :

> *M. le comte de Morny* dit que toute la question est de savoir si la société veut être défendue, oui ou non ; il y a, dans ce débat, un élément essentiel à considérer : la confiance dans l'administration; il s'agit, en définitive, de peser les avantages et les inconvénients du projet de loi, et d'adopter la loi si elle doit, comme cela est certain, avoir des effets utiles.

Comme les musiciens qui retrouvent leur ensemble

dès que le bâton du chef d'orchestre leur a indiqué la mesure, les députés, après les quelques mots de M. de Morny, demandèrent à passer aux voix.

La clôture de la session allait avoir lieu le 28 juin; or on était au 27, et, en outre des lois d'intérêt local accumulées, le Corps législatif devait, en deux séances au plus, voter les trois grands projets de chemins de fer : 1° de Paris à Cherbourg; 2° de Lyon à la Méditerranée; 3° de Bordeaux à Cette. C'était de la bonne besogne, — l'avenir l'a prouvé, — mais rien ne garantissait au Corps législatif qu'à cet or ne se mêlât point beaucoup d'alliage.

Comment avaient été faits les contrats? A quelles compagnies les trois grandes lignes étaient-elles concédées? Quelles charges devait-il en résulter pour l'État? N'y avait-il point eu, à ces négociations, des préliminaires secrets où la presse à scandales d'une époque de liberté absolue aurait pu surprendre, — nageant entre deux fanges, — des hommes politiques besogneux, des femmes intrigantes et des boursiers sans scrupules? Voilà le côté vaseux qu'on voulait soustraire à l'examen d'une Chambre composée en général d'hommes sans grande portée d'esprit, sans beaucoup d'indépendance de caractère, mais qui conservaient du moins le sentiment de la probité privée.

Voilà pourquoi on acculait le Corps législatif à un vote de dernière heure et on lui imposait, en quelque sorte, le scrutin *de l'étrier*.

Ce fut M. Bouhier de l'Écluse, toujours empressé à monter sur la brèche, qui, à propos du chemin de fer de Paris à Cherbourg, se fit l'interprète des honnêtes scrupules de plus d'un député.

M. Bouhier de l'Écluse a peine à s'expliquer comment, à la fin d'une session, on provoque l'assemblée à émettre précipitamment une décision dont elle n'a pas même le loisir d'étudier les éléments. La situation financière du pays ne lui paraît pas tellement satisfaisante qu'on puisse, à la légère, lui imposer de nouveaux sacrifices.

Heureusement pour la loi, la résistance par esprit politique fut noyée, pour ainsi dire, dans l'opposition par esprit local. Les représentants des circonscriptions intéressées demandaient la substitution du tracé par La Loupe au tracé par Caen. Cette proposition amena M. Levavasseur, un des députés menacés, à prendre la parole :

M. Levavasseur, député de la Seine-Inférieure, avait, ou plutôt a (car il vit encore, ce qui prouve que l'esprit conserve) un visage dont le haut et le bas ne concordent point ensemble : front pensif et bouche ironique. Le fond de son esprit est grondeur, et la forme de ses discours railleuse. Il anime de cette verve mécontente les questions les plus spéciales et d'ordinaire les plus sèches : chemins de fer, patentes, irrigations, travaux des ports, douanes aux Antilles, et douanes en général ; il parle, non en avocat disert, mais en homme pratique qui connaît à fond les choses de l'industrie pour y mettre la main tout le premier.

Ce que l'on conçoit bien s'énonce clairement...

C'est ainsi qu'il se fait écouter. Son caractère, d'ailleurs, inspire autant d'estime que de sympathie. Il n'a pas seulement le bonheur d'être riche ; il a le mérite d'être généreux.

Cette fois, ce n'est pas le gouvernement qu'il attaque

et qu'il raille (il n'était pas prudent de s'y risquer !), ce sont ceux qui, par esprit de routine, par intérêt personnel ou de clocher, se mettent en travers de cette grande œuvre des chemins de fer que le parlementarisme avait préparée, sans la faire aboutir, et que la dictature, son héritière, réalisait alors presque sans discussion :

M. *Levavasseur* dit que les retards apportés à la présentation du projet de loi tiennent précisément aux objections que l'assemblée vient d'entendre. Chacun voudrait que le chemin de fer passât par son village et le gouvernement a eu à se débattre, au dehors, contre les difficultés qu'il trouve aujourd'hui sur le terrain de la discussion...

L'honorable membre déclare qu'il faut savoir au besoin sacrifier les intérêts de localités et se placer au point de vue plus élevé de l'intérêt général.

Dans la question, l'intérêt essentiel est d'aller, par la ligne la plus directe, de Paris à Cherbourg. Il s'agit de donner à cette grande place maritime la force qui lui manque du côté de la terre en mettant à sa portée tous les secours qui peuvent lui être envoyés de l'intérieur. Il s'agit, en outre, de conserver au commerce la direction qu'il a spontanément adoptée depuis un temps immémorial.

En présence de ces deux grandes nécessités, l'orateur n'admet pas qu'on puisse se laisser aveugler par un intérêt de localité au point de repousser un projet manifestement utile au pays...

L'orateur, faisant allusion aux dessous véreux soupçonnés dans cette affaire, dit :

Qu'il hésite à relever des insinuations qui ont osé se produire ailleurs que dans cette enceinte, et qui tendent à propager d'odieux soupçons. Il se réjouit des murmures que provoque cette simple allusion; car il y voit un témoignage d'impuissance et de discrédit pour ceux qui tenteraient de reproduire de pareilles rumeurs.

M. Levavasseur avait facilité la tâche de M. Magne, président de section au conseil d'État et commissaire du gouvernement, en détournant l'attention de la Chambre du point de vue politique traité par M. Bouhier de l'Écluse.

M. Magne était trop habile pour ne pas profiter de l'avantage que lui donnait cette diversion.

Chez M. Magne, la figure eût été insignifiante, sans les yeux qui étaient perçants et sans les lèvres qui se relevaient volontiers avec une silencieuse ironie. La chevelure avait blanchi de bonne heure; elle était toujours peignée avec le soin méticuleux de l'homme d'ordre qui sait, par un célèbre exemple, qu'il ne faut pas dédaigner de ramasser une épingle; l'allure semblait incertaine, — reste de timidité native, embarras de premier abord.

La parole, de même que la démarche, commençait par hésiter; la voix, avant d'arriver à l'oreille, passait par le nez; le débit était lent et sans chaleur; le geste étriqué plutôt que sobre; en un mot, l'action oratoire, chez M. Magne, n'ajoutait rien au fond du discours.

Si la nature avait fait peu pour lui, la fortune ne l'avait pas non plus favorisé à son début. C'était un simple soldat de la pensée qui, ayant comme les autres son bâton de maréchal dans la giberne, avait fini par l'en tirer. Petit expéditionnaire, il était arrivé, par des prodiges d'économie, à pouvoir faire son droit à Toulouse. Reçu licencié, il était revenu s'inscrire modestement au barreau de Périgueux, où il aurait consenti à couler une vie tranquille et ignorée; car il appartenait à cette race casanière de provinciaux sincèrement attachés au culte de la petite patrie.

Nommé, sans l'avoir demandé, conseiller de préfecture grâce à M. Romieu, qui avait parfois des idées sérieuses et une bonne inspiration, il fut, presque sans s'en douter, porté à la députation en 1844.

Étant entré, dès la République, dans les hautes fonctions, sous-secrétaire d'État aux finances, puis ministre des travaux publics, il fit partie du gouvernement de Louis-Napoléon jusqu'en 1870. Un seul moment, au début du régime de 1852, il crut devoir à sa conscience de protester contre le décret spoliateur sur les biens de la famille d'Orléans. Mais cette éclipse politique ne fut que momentanée; M. Magne était, en effet, un homme précieux pour le prince dont il servait les intérêts, sans discuter ses volontés, mais aussi sans partager ses passions.

Compatriote de Montaigne, dont il devait plus tard racheter et restaurer le château avec un soin archéologique mêlé de fierté locale, il avait été le protégé du maréchal Bugeaud qui lui avait transmis quelque chose de sa bonhomie familière. C'était un Périgourdin touchant à la Garonne, c'est-à-dire un finaud à langue dorée. D'un caractère égal et optimiste, d'un cœur bienveillant, il n'était pas toujours tout à fait sincère, à force de chercher à être aimable.

Il resta fidèle à ses opinions, surtout parce que ses opinions restaient naturellement modérées. Il était ennemi, par nature, de l'anarchie gouvernementale qui résulte peu à peu d'une liberté illimitée; mais opposé, par tempérament, aux compressions brutales, aux réactions violentes.

Ministre des finances, il avait pleine confiance dans le crédit du pays, et les hommes d'affaires, à leur tour, avaient pleine confiance en lui. Il ne se bornait pas à représenter la situation du trésor comme bonne; il contribuait à la rendre telle par une administration à la fois active et sagace. C'était un médecin *Tant-mieux* qui était en même temps un habile praticien. Non seulement il rassurait le malade par de bonnes paroles, mais il savait trouver des remèdes utiles, empiriques peut-être, mais l'empirisme de l'expérience, non du charlatanisme. M. Thiers, qui appréciait surtout M. Magne quand il le voyait remplacé par M. Fould, lui reprochait malicieusement de n'avoir pas assez *l'instinct du refus et cette férocité* dont est appelé à faire preuve le gardien de ce pauvre budget qui tente tous les appétits et qu'assaillent toutes les convoitises.

Comme orateur, M. Magne effaçait peu à peu, — à force de clarté, de science et de logique, — l'impression défavorable causée tout d'abord par son physique et son organe; il avait le chiffre intéressant, la multiplication éloquente, et le total irrésistible. A la fin, on prenait plaisir à l'entendre parler avec tant d'aisance de crédits supplémentaires et extraordinaires; on lui savait gré de la bonne opinion qu'on prenait de soi-même en comprenant, pour la première fois, quelque chose à ces questions toujours si ardues, et d'ordinaire si peu récréatives. Il se mouvait imperturbablement dans ce dédale de millions, les groupant par masses, les comparant, les opposant, et arrivant, pour conclure, à une sorte de démonstration mathématique de l'affirmation optimiste qui avait été son exorde. La raison n'était pas convaincue, mais l'esprit était satisfait. Comme un escamoteur, il faisait passer la muscade budgétaire avec d'autant plus d'adresse qu'il avait un extérieur plus ingrat et qu'il semblait recourir à des moyens de persuasion plus simples.

Habile, même quand il avait tort, à persuader aux autres qu'ils n'avaient pas raison, il était à l'aise pour défendre le projet de chemin de fer de Paris à Cherbourg. Les bons arguments ne lui manquaient pas, et il eût su, au besoin, en faire valoir de médiocres.

Voici la partie de son discours où il traite la question générale des voies de transport :

M. Magne, président de section au conseil d'État, commissaire du gouvernement. — Dans l'opinion de M. le commissaire du gouvernement, cette question est une preuve de plus que la recherche du mieux est presque toujours un obstacle à l'accomplissement du bien. Si lentes à concerter leurs efforts lorsqu'il faut agir, les localités se coalisent lorsqu'il s'agit d'empêcher. Le débat qui vient d'avoir lieu, prouve que les orateurs font comme les localités...

Il importe, selon M. le commissaire du gouvernement, que l'Assemblée examine la question à un autre point de vue ; qu'elle se préoccupe, avant tout, de l'intérêt général. Tout le monde y gagnera, car l'intérêt général satisfait sera en même temps une satisfaction donnée aux intérêts particuliers qui, à tort, rejettent le projet et l'entravent...

M. le commissaire du gouvernement repousse le reproche d'avoir accordé à la Compagnie des conditions trop favorables, d'avoir fait bon marché des intérêts du Trésor. L'appât d'offres soit-disant plus avantageuses n'aurait servi qu'à donner plus tard ouverture à des demandes de subventions supplémentaires. Toute grande entreprise, l'expérience l'a prouvé, doit commencer dans de bonnes conditions ; à ce prix seulement, elle a de la vigueur et de la résolution, parce qu'elle sent devant elle l'avenir...

Il s'agit, non pas seulement de commencer, mais surtout de finir. Compléter les sacrifices est le seul moyen de les rendre fructueux...

En terminant, l'orateur dit qu'il généralisera, en l'adressant à la France tout entière, le conseil qu'il avait cru devoir donner à certaines localités. Il l'adjure de ne point se résigner au rôle d'infériorité humiliante que lui infligerait l'inachèvement de ses grandes lignes de fer. Pour peu qu'on jette les yeux sur la carte d'Europe, on voit s'étendre, de tous côtés, un vaste réseau de chemins de fer prêts à nous enlacer. Demeurer stationnaire, quand tout avance autour de nous, ce serait reculer. La France, qui a toujours marché la première dans la voie du progrès, voudra-t-elle se résigner au dernier rang?...

Elle le peut d'autant moins qu'il lui est donné de mesurer avec orgueil l'espace qu'elle a parcouru, en deux ou trois mois, sous l'impulsion d'une volonté ferme et résolue. Grâce à cette volonté, la question des chemins de fer a fait, en trois mois, les progrès qu'avaient entravés depuis six ans d'intarissables discussions.

En présence des efforts de nos rivaux, le prince président n'a pas voulu que la France demeurât stationnaire; il s'est servi de son pouvoir pour doter enfin le pays du chemin de la Méditerranée, cette grande voie européenne.

M. le commissaire du gouvernement demande si assez de temps n'a pas été perdu dans les discussions de systèmes et de tracés, et si le moment d'agir n'est pas venu, alors que la Sardaigne s'élance vers Gênes et l'Autriche vers Trieste!

Le Corps législatif s'inspirera de l'exemple d'une volonté puissante; il voudra terminer promptement ce qui a été si bien commencé. Le gouvernement lui en a fourni les moyens; il ne sera pas fait vainement appel au patriotisme de l'Assemblée.

Le résultat de ce discours fut, d'un côté, la clôture de la discussion générale; de l'autre, le vote du projet de loi à une majorité de 218 bulletins blancs, contre 3 bulletins bleus; les trois opposants étaient MM. Bouhier de l'Écluse, Lacave et Soullié.

Là ne se borna point le succès oratoire de M. Magne. Le Corps législatif lui fit les honneurs d'une innovation. Pour la première fois, il ordonna la publication *in extenso* du discours du commissaire du gouvernement. Voici, du reste, comment le procès-verbal relate l'incident :

> M. *le président* annonce que la commission tout entière, sous l'impression du discours qui vient d'être prononcé par M. Magne, a exprimé le désir que ce discours soit publié textuellement. Le règlement ne permettait pas qu'on suivît cette forme. D'autre part, la modestie de M. Magne se refusait à demander l'autorisation d'impression. Enfin, cédant aux instances de la commission, l'honorable orateur a consenti à demander cette autorisation. En conséquence, l'assemblée es consultée sur cette demande.
> L'assemblée décide, *à l'unanimité*, que le discours de M. Magne sera imprimé.

Ne dirait-on pas l'enthousiasme d'une assemblée générale d'actionnaires, applaudissant d'abord, faisant publier ensuite un rapport de président de conseil d'administration qui laisse entrevoir, dans l'avenir, de forts dividendes ?

Où avait passé le premier projet, les deux autres passèrent sans difficulté.

La fin de la session ordinaire de 1852 donna lieu à deux manifestations individuelles, et d'ailleurs courtoises dans la forme, en faveur de la royauté héréditaire.

L'ordre du jour de la séance du 26 juin appelait la discussion sur un projet de loi portant « affectation d'un fonds annuel de 320 000 francs pour indemnités viagères au profit des employés de la dernière liste civile ».

M. le marquis de Calvières, ami personnel et représentant plus particulier du comte de Chambord dans le Corps législatif, se leva pour faire les observations suivantes :

M. le marquis de Calvières dit que, selon l'exposé des motifs lui-même, les employés de la liste civile de Louis-Philippe sont sans autres droits que ceux du malheur. Certes, l'orateur s'associe à la pensée de venir au secours de leur infortune ; mais celle des employés de la liste civile de Charles X n'est pas moins touchante, et, de plus, leur droit légal est incontestable puisqu'il repose sur un contrat entre le serviteur et le maître ; c'est ici l'État qui s'est substitué, en 1830, à la liste civile.

M. le président fait observer qu'on ne peut discuter un amendement que la commission et le conseil d'État n'ont pas accueilli, et qui, dès lors, n'existe pas pour le Corps législatif.

M. le marquis de Calvières reprend la parole et dit qu'il n'ignore pas les dispositions du règlement relatives aux amendements et que, ne voulant pas, pour sa part, recourir à la mesure extrême du rejet du projet de loi, il se borne à exprimer l'espoir que le gouvernement, éclairé sur la légitimité des droits dont il s'agit, présentera au Corps législatif un projet de loi destiné à étendre le bienfait de la loi actuelle aux employés de la liste civile de Charles X, et accordera ce témoignage de sympathie aux derniers serviteurs de rois qui ont donné à la France le gouvernement représentatif, et, en tombant, lui ont légué sa plus belle colonie, le plus beau fleuron de sa couronne, l'Algérie !

Cette jalousie persistante des deux branches royales, qui se disputent jusqu'aux bienfaits de l'empire en préparation, n'est-elle pas un spectacle méritant d'être retenu pour la joie de la galerie ?

Le lendemain, 27 juin, on discutait un projet de loi

tendant à ouvrir au ministre de l'intérieur un crédit de 120 000 francs pour la création d'un *musée impérial et royal*.

M. Bouhier de l'Écluse exprima, à cette occasion, un sentiment complexe. En tant que monarchiste, il approuvait pleinement la création « d'un musée spécial dans lequel devaient être réunis tous les objets ayant appartenu, d'après des documents authentiques, aux souverains qui ont régné sur la France »; mais, en tant que fidèle de la royauté des Bourbons, il ne pouvait s'empêcher d'être navré de voir le gouvernement songer uniquement à la période *impériale* et *royale* où Napoléon Ier avait seul occupé la scène du monde.

En rappelant trop exclusivement une certaine époque, dit-il, on trouble la vérité chronologique de notre histoire.

Pour rendre toute confusion impossible, l'orateur proposerait d'intervertir l'ordre des termes employés dans le projet de loi et de dire : « Musée *royal et impérial* ».

Quelque grande, en effet, qu'ait été, sous l'empire, la gloire des armées françaises, l'éclat d'un règne de dix années ne peut, selon l'honorable membre, faire oublier l'éclat des quatorze siècles de la monarchie française et faire passer, en quelque sorte, cette époque avant toute l'histoire de France.

Mais l'orateur eut beau insister sur ce que la royauté « avait fait de la France la nation la plus grande, la plus civilisée, la plus libre et l'une des plus glorieuses de l'univers », sa cause n'obtint pas plus de succès que sa parole. Le président ne prit même pas la peine de lui faire observer qu'il n'avait point, réglementairement, le droit de présenter un amendement sans l'approbation préalable du conseil d'État, et sans phrases, le Corps législatif procéda au vote du projet de loi adopté par 193 voix contre une, celle de l'infortuné M. Bouhier de l'Écluse dont les amis politiques n'avaient fait que s'abstenir.

Le 28 juin, le Corps législatif expédiait, sans y prêter attention, une série de projets d'intérêt local. C'était la grande lessive législative de fin d'année. Tout le monde attendait, avant d'aller faire sa malle pour le soir, l'arrivée de l'aide de camp porteur du message présidentiel de clôture. Enfin, le colonel Edgard Ney fit son entrée, monta au fauteuil et remit entre les mains de M. Billault le précieux papier qui allait donner la clef des champs aux écoliers parlementaires [1].

Ce message est, d'un côté, la réponse écrite du chef de l'État aux critiques orales de MM. de Montalembert et de Kerdrel durant la session de 1852; de l'autre, une prière voilée aux membres de la majorité de s'unir au mouvement, en partie factice, en partie spontané, qui s'organisait déjà pour le rétablissement de l'empire.

Dans la première partie du message, on sent percer la sourde rancune que le prince garde de la séance du 22 juin au Corps législatif. Il s'attache à réfuter, en ces termes quelque peu amers, les attaques dirigées contre son gouvernement et les objections faites à son œuvre constitutionnelle du 14 janvier :

> Vous avez su résister à ce qu'il y a de plus dangereux parmi les hommes réunis, l'entraînement de l'esprit de corps; et, toute susceptibilité écartée, vous vous êtes occupés des grands intérêts du pays, comprenant que le temps des dis-

---

[1]. M. de Kerdrel disait qu'à « moins d'employer les gendarmes, on ne le retiendrait pas après le 1er juillet. »

cours passionnés et stériles était passé, que celui des affaires était venu.

L'application d'un nouveau système rencontre toujours des difficultés; vous en avez fait la part. Si le travail a manqué à vos premières séances, vous avez compris que le désir d'abréger la durée de ma dictature et mon empressement à vous appeler autour de moi en avaient été la cause, en privant mon gouvernement du temps nécessaire à la préparation des lois qui devaient vous être soumises.

La conséquence naturelle de cet état de choses exceptionnel était l'accumulation des travaux à la fin de la session.

Néanmoins, la première épreuve de cette constitution — d'origine toute française — a dû vous convaincre que nous possédions les conditions d'un gouvernement fort et *libre*. Le pouvoir n'est plus le but immobile contre lequel les diverses oppositions dirigeaient impunément leurs traits. Il peut résister à leurs attaques et désormais suivre un système sans avoir recours à l'arbitraire ou à la ruse. D'un autre côté, le contrôle des Assemblées est sérieux; car la discussion est libre, et le vote de l'impôt décisif.

Quant aux imperfections que l'expérience aurait fait connaître, notre amour commun du bien public tendra sans cesse à en affaiblir les inconvénients, jusqu'à ce que le Sénat ait prononcé.

Dans la seconde partie du message, Louis-Napoléon passe du mécontentement contenu au lyrisme débordant. Il fait surtout des avances aux catholiques, dont le concours plébiscitaire va lui être, sinon indispensable, du moins précieux. Il incline le peuple et il agenouille l'armée devant « l'image de Dieu, présente au haut de l'autel »; il insiste sur la « foi » dont il est animé. Bref, il se pose en Constantin, demandant à la Croix de marcher devant lui pour le guider.

En retournant dans vos départements, écrit-il, soyez les

échos fidèles du sentiment qui règne ici : la conciliation et la paix. Dites à vos commettants qu'à Paris, ce cœur de la France, ce centre révolutionnaire qui répand tour à tour sur le monde la lumière ou l'incendie, vous avez vu un peuple immense s'appliquant à faire disparaître les traces des révolutions et se livrant avec joie au travail, avec sécurité à l'avenir. Lui qui naguère, dans son délire, était impatient de tout frein, vous l'avez vu saluer avec acclamations le retour de nos aigles, symboles d'autorité et de gloire!

A ce spectacle imposant, où la religion consacrait par ses bénédictions une grande fête nationale, vous avez remarqué son attitude respectueuse. Vous avez vu cette armée si fière, qui a sauvé le pays, se relever encore dans l'estime des hommes en s'agenouillant avec recueillement devant l'image de Dieu, présente au haut de l'autel.

Cela veut dire qu'il y a, en France, un gouvernement animé de la *foi* et de l'amour du bien; qui repose sur le peuple, source de tout pouvoir; sur l'armée, source de toute force; sur la religion, source de toute justice.

Recevez l'assurance de mes sentiments,

LOUIS-NAPOLÉON.

La lecture de ce message, fréquemment interrompue par de nombreuses marques d'approbation, se termine au milieu des acclamations unanimes de l'assemblée.

Messieurs les députés se séparent aux cris répétés de : « Vive le prince Louis-Napoléon ! »

En 1852, l'opposition venait d'être plus vive qu'elle ne devait le rester pendant tout le cours de la première législature. Les députés, même conservateurs, même dévoués, mais sortant à peine des assemblées libres de la République, n'étaient pas encore pliés à la docilité muette que Louis-Napoléon attendait d'un Corps législatif maintenu pour la décoration plus que pour l'usage. Ils montraient une certaine inexpérience dans la servilité. Il y avait de l'ignorance dans leur cas ; ils ne savaient pas au juste ce qu'ils pouvaient faire, et de quoi ils devaient s'abstenir. L'alignement n'avait pas encore été donné avec la même précision qu'après l'établissement de l'empire. Le bâillon n'était pas assez serré sur la bouche, et le Corps législatif pouvait faire entendre quelques sourds gémissements. Ces plaintes importunes, le sénatus-consulte du 25 décembre 1852 acheva bientôt de les étouffer, — sans, du reste, que l'opinion parût s'en apercevoir.

Car, le vrai mal, c'est que le pays ne désirait pas alors être entretenu de ses affaires ; il était pris d'un besoin invincible de calme et de silence. Il sortait avec soulagement de l'anarchie gouvernementale ; il était fatigué de l'exercice trop fréquent de ses droits politiques. Il abdiquait, non seulement sans résistance, mais avec une sorte d'empressement joyeux ; il allait, de lui-même, au-devant des entraves, à la recherche « de l'heureuse sécurité de la brute ».

La terreur folle, que les menaces bruyantes du collectivisme révolutionnaire avaient causée en 1851 à tous ceux qui possédaient un champ et une femme, se changeait en une sorte de défiance farouche contre la liberté, dans laquelle on ne voyait que le monstre socialiste de nouveau démuselé. C'était le temps, dont parle La Bruyère, « où l'on sent que l'on ne saurait trop attenter contre un peuple, et où l'on peut impunément enlever à une ville ses franchises, ses droits et ses privilèges ».

Les hommes qui, comme M. de Montalembert, réclamaient trop vite des contrepoids constitutionnels, un contrôle législatif, se heurtaient, dans les villes, à une classe moyenne indifférente, et, dans les campagnes, à une démocratie hostile, poussant le pouvoir plutôt qu'elle ne le retenait dans la voie de la compression. Il ne fallait compter que sur l'esprit de prévoyance du prince pour se modérer lui-même, dans le présent, afin de ménager l'avenir.

V

SESSION ORDINAIRE DE 1852 AU SÉNAT

Cependant, et sans qu'on s'en doutât dans Paris même, le Sénat tenait séance.

Exclu de l'enceinte de la Chambre haute, le public achevait d'étouffer, sous une dédaigneuse indifférence, ce qu'on avait prétendu lui dérober.

Malgré cette sorte d'*incognito*, les sénateurs continuaient à siéger avec la solennité gourmée de gens pleins de leur importance.

Ils aimaient à être présidés par un Bonaparte, le seul survivant des frères de Napoléon Ier. Ce n'était pas le caractère de l'homme qui leur plaisait; c'était sa situation de prince qui souriait à leur orgueil collectif.

Celui que les flatteurs appelaient encore le *roi Jérôme* avait assisté aux plus étranges spectacles et aux retours les plus imprévus de la fortune ; il avait vu, sinon accompli, de grandes choses. Le premier consul en avait fait un marin ; l'empereur un soldat ; puis un roi vassal ; enfin, plus qu'un roi, le commandant d'un des corps de la Grande Armée.

Pendant plus de trente ans, il avait traîné ensuite une

vie d'exil assez gênée, tantôt en Allemagne, tantôt en Italie. Au moment de la révolution de 1848, il venait de rentrer en France après s'être soumis au gouvernement de Louis-Philippe, et s'apprêtait à demander modestement une pension.

Il obtint de la République, après l'élection du 10 décembre, la reconnaissance de ses services militaires ; sa main, qui avait tenu le sceptre, reçut le bâton de maréchal. Gouverneur des Invalides, il avait la garde du tombeau de Napoléon Ier. Il allait bientôt recouvrer, sur les marches du trône impérial restauré, la place de premier prince du sang qu'un moment il avait déjà occupée par la volonté du chef de la dynastie.

Le président du Sénat était vieux, sans être vénérable. Ses cheveux blancs eussent inspiré le respect s'ils n'avaient pas été teints. Il avait un front vaste et nu, sur lequel se plaquaient quelques mèches dont le peu d'épaisseur était dissimulé grâce à un savant ramenage ; le menton rond et épais, ainsi que la partie inférieure d'une bouche épicurienne, rappelaient Napoléon Ier engraissé et alourdi ; les yeux étaient largement ouverts, comme ceux d'un homme avisé qui avait du tact et du jugement lorsqu'il ne s'abandonnait pas à l'empire des sens. Le nez était long, aquilin, renflé et retombant par le bas de manière à projeter une ombre sur la lèvre supérieure. Son visage respirait, au repos, la lassitude d'une longue vie qui a connu toutes les vicissitudes et aussi toutes les jouissances ; mais il était de ces vieillards, mondains jusqu'à la dernière fibre, qu'un beau cheval qui passe sur les Champs-Élysées ou une jolie femme qui sourit dans les salons suffit à ragaillardir.

Au moral, c'était un vieil enfant gâté; son caractère, semblable à celui de sa sœur Pauline, était resté plein de vivacité et d'étourderie, dépourvu de calcul et dominé surtout par l'ardeur du plaisir. Il ne sut jamais maîtriser cette faiblesse, et elle avait fini par faire, du mauvais sujet élégant du premier empire, une sorte de baron Hulot, mitigé de Géronte.

Mais si, chez lui, la volonté était faible, le sang était courageux, et il avait su faire son devoir de prince et de soldat devant l'ennemi. Si son cœur était irrémédiablement léger et infidèle, il sut du moins se montrer sensible aux vertus et au méritoire dévouement de sa seconde femme, Catherine de Wurtemberg.

Un moment, en 1848, le prince Jérôme avait songé à se présenter comme président de la République, à la place de son neveu. Il pensait que sa qualité incontestée de frère de Napoléon prévaudrait, dans l'esprit des masses, sur la régularité des fictions dynastiques; mais il fut arrêté par l'obligation de renoncer à la dignité royale dont il aimait à conserver tout au moins l'ombre et la tradition. D'un autre côté, il était plié, depuis sa jeunesse, au respect de l'autorité domestique. Napoléon Ier, en effet, entendait la famille comme un homme de l'antiquité. Souvent Jérôme avait essayé de résister; toujours il avait fini par céder, qu'il s'agît de sacrifier sa première femme ou ses sujets momentanés. Il fut repris, sous le second empire, de velléités d'indépendance, toujours suivies également d'une soumission empreinte de cordialité extérieure.

Le discours prononcé par lui, en prenant possession de son fauteuil de président du Sénat, respire bien cet esprit : C'est un homme qui se subordonne, tout en voulant faire sentir l'étendue du sacrifice qu'il croit faire.

En voici les principaux passages :

La base du pouvoir du premier consul et de l'empereur était si solide que, pour l'ébranler, il a fallu la coalition des souverains de toute l'Europe, puissamment aidés par la trahison, et encore, code, systèmes administratifs et financiers, institutions judiciaires et religieuses, tout est resté debout.

Le chef de l'État trouvera en vous des appuis fermes et énergiques aux jours de danger, des conseillers sages, modérés et cléments dans les temps de paix et de prospérité, alors qu'il s'agit de faire oublier nos discordes, de fermer nos plaies sociales, et de faire de tous les Français une seule famille...

Le frère de l'empereur, un des vieux soldats de nos grandes guerres, croyait sa carrière finie ; il veillait, avec une pieuse sollicitude, sur des cendres glorieuses et révérées, lorsque le président de la République a fait appel à son patriotisme et à son dévouement.

Après tant de vicissitudes et tant d'années d'exil, la Providence destinait le dernier sénateur survivant de l'empire à être le premier membre du Sénat de notre République.

Aussitôt qu'il tint sous sa main une Chambre haute bonne à tout faire, Louis-Napoléon s'arrangea pour qu'elle eût l'idée d'augmenter sa dotation présidentielle.

Le Sénat, réunion de créatures et de courtisans, s'empressa de prendre une initiative qu'il savait devoir être agréable.

Le bureau de l'assemblée fit « la proposition collective » de porter, par un sénatus-consulte *spontané*, le traitement annuel du prince à 12 millions. De plus, l'usage des palais nationaux et des forêts de l'État lui était abandonné, tant pour l'habitation que pour la chasse. Il ne restait qu'une seule chose à l'État : l'entretien et les charges. Ce sénatus-consulte, aussitôt proposé, fut pris en considération, rapporté et, à la date du 1ᵉʳ avril, transformé, pour le prince président, en une agréable réalité dont il affecta d'être surpris.

C'était M. Achille Fould, sénateur, qui avait été chargé du rapport.

M. Achille Fould (qu'on appelait méchamment dans les salons du faubourg Saint-Germain le *duc de Viljuif*) fut, sous le second empire, une des figures les plus en vue,... et les plus déplaisantes. La chevelure était encore épaisse, avec un accroche-cœur de mauvais goût. L'œil s'enfonçait profondément sous l'arcade sourcilière. Le regard était observateur, sans être bienveillant. M. Fould avait l'air de chercher de suite ce qu'il pourrait bien tirer de l'homme qui était en face de lui, sans penser à ce qu'il pourrait faire en sa faveur. Il avait le *rictus* du sceptique, la lèvre méprisante, et ce plissement de front particulier aux hommes d'un tempérament impérieux.

Dans la vie, il montrait un égoïsme féroce, qui tenait le milieu entre le cynisme et la naïveté. Il était de ceux qui trouveraient naturel qu'on arrêtât le cours de la Seine pour leur servir un verre d'eau. Souvent, il a pris ses intérêts pour des principes, ses passions pour des idées, ses goûts pour le goût, sa brutalité de parole pour de la franchise, son mauvais caractère pour du caractère et sa grandeur personnelle pour le bien de l'État.

Habile, après coup, à se tirer des mauvais pas où il

s'était engagé, impitoyable dans ses attaques quand il trouvait les autres en défaut, il a eu la double chance de voir sa valeur surfaite, par les contemporains, et de garder la faveur du plus soupçonneux des maîtres. L'achèvement du Louvre, l'impulsion donnée aux travaux publics, tout cela s'est fait *sous lui*, plus encore que *grâce à lui*. Il bénéficia du raffermissement social et du développement de l'activité nationale plutôt qu'il ne les provoqua par son initiative. Ministre des années heureuses : voilà son grand mérite !

Quand surgirent les difficultés, il sut mieux signaler le mal qu'appliquer le remède.

Son mémoire à l'empereur, en septembre 1861, exposait (dans une forme sans peine libérale, puisque c'était aux dépens de M. Magne qu'il exerçait son sens critique), d'après quelles règles auraient dû être établis les budgets de l'empire. Cette pièce se terminait par la proposition de renoncer à la faculté d'ouvrir, en l'absence des Chambres, et par décrets, des crédits supplémentaires et extraordinaires. Napoléon III consentit solennellement à sacrifier sa prérogative. M. Fould, — ange de l'espérance budgétaire, — fut appelé aux finances « pour asseoir solidement le crédit en retenant les ministres dans leurs velléités de dépenses ». Le résultat, meilleur pour le pouvoir que pour le public, ce fut l'augmentation immédiate du budget normal.

En revanche, il serait exagéré et injuste de présenter M. Achille Fould comme un homme sans valeur, ne devant son élévation qu'à une série de hasards heureux. C'était déjà quelque chose de préférer aux jouissances, qu'il eût pu tirer d'une oisiveté luxueuse, le rude labeur de la vie politique. Il avait le sentiment de l'ordre, l'esprit pénétrant, l'ardeur au travail, surtout la faculté de se résoudre et de se tenir à la décision prise, — fermeté qui lui donnait barre sur le caractère flottant de l'empereur.

D'abord banquier capable; puis, sous Louis-Philippe, député actif sans être éminent ; enfin, sous Louis-Napoléon, ministre des finances apprécié à la Bourse, il pouvait porter à son actif la confiance du monde des affaires.

Si, de temps en temps, par humeur plus que par indépendance, M. Fould faisait à son maître des scènes violentes qui contribuaient peut-être à ancrer encore sa faveur, il savait aussi, à l'occasion, montrer des souplesses inattendues de flatteur bourru et de « courtisan du Danube ».

C'est dans cet ordre d'idées qu'il fit le rapport sur le sénatus-consulte attribuant au prince une ample liste civile, avec la jouissance plus large encore des palais nationaux.

Nous mettons sous les yeux du lecteur le passage saillant de ce rapport ; on y sent la monarchie poindre sous la République autoritaire :

> Il s'agit de fixer la position du chef d'un grand peuple. Le pays entend que l'homme qui a sauvé la société, et à qui il a donné sa confiance par une manifestation unique dans l'histoire, puisse le représenter dignement dans la magistrature suprême dont il l'a investi.
>
> Il veut qu'il habite les palais de ses anciens souverains, qu'il exerce noblement l'hospitalité de la France, qu'il encourage les arts, les sciences et les lettres qui sont une partie de la gloire nationale, qu'il puisse tendre une main secourable à toutes les infortunes.

Dans cette partie importante de sa grande mission, le prince Louis-Napoléon répondra dignement, nous le savons, aux vœux de la France. Il appartient au Sénat de lui en assurer les moyens par son vote.

Le Sénat acheva de se constituer par un règlement intérieur daté du 2 juin. La Chambre haute y tranchait certains points de détail que le décret organique du 22 mars 1852, sur les rapports des pouvoirs publics, avait laissés à son appréciation. Ainsi, les sénateurs devaient-ils siéger en costume officiel, du moment où le public n'était pas admis à leurs séances? D'un autre côté, les noms des orateurs seraient-ils mentionnés dans l'extrait du procès-verbal communiqué au ministre d'État, et parfois inséré au *Moniteur*?

Sur le premier point, le port du costume, la commission se prononça pour l'affirmative, et son opinion prévalut. (Art. 8.)

Sur le second point, l'indication du nom des orateurs, les commissaires étaient en majorité partisans de la négative par application de la règle de modestie et de silence que la constitution du 14 janvier leur semblait avoir imposée aux assemblées nouvelles; une telle conséquence parut forcée, et le Sénat ne consentit point à étouffer jusqu'à sa propre parole. (Art. 41.)

C'était M. le baron Dombidau de Crouseilhes, sénateur, qui, dès le 15 mars, avait présenté le rapport.

M. de Crouseilhes devait beaucoup à son nom, à son habitude du grand monde et à ses sentiments religieux. Au début de sa vie, il avait été un des élèves de Juilly; à la fin de sa carrière, il fut un des défenseurs du pouvoir temporel.

Il avait commencé par la magistrature, et y était revenu par la voie détournée du conseil d'État et des directions de ministère; il finissait par la politique, sénateur de Louis-Napoléon, après avoir été pair de Louis-Philippe.

Un moment, sous la République de 1848, il fut même ministre, tout comme un autre; seulement, à la différence de beaucoup d'autres, il montra plus de qualités qu'il n'avait fait concevoir d'espérances. A l'instruction publique, il adoucit, par ses manières courtoises et son esprit de bienveillance, ce que la réaction cléricale, qui suivit la loi de 1850, avait de pénible pour le personnel universitaire laïque.

Depuis le 2 Décembre, il était très recherché dans les salons bonapartistes où son absence eût été d'autant plus mal vue qu'il avait toujours été soupçonné de tendances aristocratiques. Il y portait une belle figure, un peu effacée, mais toujours souriante. Ses cheveux semblaient conserver la poudre du xviii° siècle, comme naguère les dentelles de son rabat de magistrat paraissaient lui être restées de son jabot de gentilhomme. Sa politesse un peu formaliste et son esprit légèrement précieux dataient de la même époque que le *vernis Martin*.

Comme sénateur, il n'était nullement choqué de siéger en costume, même en l'absence de tout public, lui qui, dans la chambre du conseil de la cour de cassation, avait été habitué à rester, pour ses seuls collègues, revêtu de la robe rouge et de la toque de velours aux galons d'or.

Contre lui, le général comte Baraguey d'Hilliers soutint et fit voter un amendement d'après lequel les noms des orateurs devaient être mentionnés au procès-verbal de la séance.

Le général Baraguey d'Hilliers (devenu depuis maréchal, grâce à son succès de Bomarsund dans la Baltique) était d'humeur batailleuse, sans pourtant affecter le type militaire; il portait de préférence un costume civil, ce qui faisait ressortir l'absence de son poignet gauche amputé à Leipzig. Il était grand et fort, la taille droite, le nez prononcé et résolu, les cheveux taillés en brosse; une moustache de jeune homme retombait sur sa lèvre et la cachait; il avait un œil vif, sans cesse aux aguets, comme s'il eût toujours craint que quelqu'un voulût lui manquer. Susceptible pour lui-même, il se montrait volontiers goguenard vis-à-vis des autres, et sa jovialité se manifestait quelquefois par des expressions de corps de garde.

Il n'avait pas toujours été bonapartiste; mais il n'avait pas cessé d'être hostile à la République et aux républicains. Son père était mort disgracié par Napoléon Ier, et lui-même, aux Cent-Jours, était resté fidèle à la Restauration. Chargé, depuis, du commandement de l'École de Saint-Cyr, il avait réprimé, sans ménagement, une sédition républicaine. En 1848, il rompit dès le début avec Ledru-Rollin et refusa de servir sous Cavaignac, même pour défendre la cause de l'ordre sur les barricades de Juin. Tenace dans ses antipathies, il se rangea parmi les rares représentants qui refusèrent de voter l'ordre du jour déclarant que le général Cavaignac avait bien mérité de la patrie!

En politique, ce fut toujours un homme de droite. En 1848, il se signala comme un des fondateurs et l'un des présidents du comité de la rue de Poitiers. Au 2 Décembre, il adhéra sans hésiter à la reconstitution d'un pouvoir fort sur la tête de l'héritier de la légende napoléonienne.

Mais, en même temps que conservateur endurci, il était, jusqu'à un certain point, respectueux des prérogatives du pouvoir législatif. Mal accueilli à l'Assemblée, en janvier 1851, parce qu'il avait accepté la succession du général Changarnier, comme chef de l'armée de Paris, il ne justifia pas les défiances injurieuses que le parlement lui avait tout d'abord témoignées. Il refusa le rôle principal que Louis-Napoléon lui destinait dans le coup d'État, déjà en préparation, et donna honnêtement sa démission au terme légal de son commandement.

Si, après avoir été un député réactionnaire, il paraissait un sénateur relativement libéral, c'est que, malgré la modification des circonstances, il restait lui-même.

Le général Baraguey d'Hilliers, dans son discours du 2 juin, aborde successivement trois questions.

Il exprime d'abord le vœu timide que les séances du Sénat deviennent publiques, sinon en droit, du moins en fait, par une tolérance semblable à celle qui s'est peu à peu introduite dans la Chambre des lords d'Angleterre.

Il voudrait, subsidiairement, que le ministre d'État, auquel est communiqué le procès-verbal des séances de la Chambre haute, prenne l'habitude de le faire insérer au *Moniteur*, publication qui aurait l'avantage d'éviter la multiplicité des pétitions sur un même objet, — l'avis du Sénat étant une fois connu.

Enfin, il supplie ses nouveaux collègues de s'abstenir des sollicitations personnelles, des démarches dans les ministères, — abus parlementaire d'autrefois dont le résultat était de faire réussir la médiocrité intrigante aux dépens du mérite modeste.

Voici le début de ce discours composite, débité à bâtons rompus, mais animé, tout le temps, des meilleures intentions :

L'orateur est porté à croire que le prince président de la République ne serait peut-être pas éloigné de regretter que la constitution ait décidé que les séances du Sénat ne seront pas publiques.

Quoi qu'il en soit de la pensée personnelle du chef de l'État, et en attendant que la publicité arrive au Sénat par les voies constitutionnelles, l'honorable opinant se demande si l'on ne pourrait pas agir comme on le fait en Angleterre. Dans ce pays, la *publicité* et la *publication* des séances de la Chambre des lords étaient également interdites; cependant l'une et l'autre ont été peu à peu admises. Quand on veut accidentellement que la publicité n'existe pas, un membre se lève et se borne à dire au président : « Monsieur le président, je crois qu'il y a ici des étrangers. » Sur cette observation, le président fait évacuer les tribunes.

M. Baraguey d'Hilliers demande ensuite que le ministre d'État, auquel sont communiqués les procès-verbaux du Sénat, soit libre de les publier, ou de ne pas les publier; le procès-verbal continue ainsi :

M. le président ajoute, à l'appui de l'opinion favorable à la publicité des séances du Sénat, que les procès-verbaux, envoyés à cent cinquante personnes, ne sauraient être considérés comme secrets.

M. le général comte Baraguey d'Hilliers demande pourquoi ils ne seraient pas, dès à présent, imprimés au *Moniteur*.

M. le président répond que, par suite de scrupules nés du texte de la constitution et du décret organique, ce résultat ne peut être poursuivi et obtenu par voie de règlement intérieur.

M. le général comte Baraguey d'Hilliers réplique que la publication n'est pas contraire à la constitution, qui se borne à dire que les séances ne seront pas publiques. Du moment où l'on a déjà publié des tronçons de séances du Sénat, la question de publicité cesse d'être une objection sérieuse. L'honorable opinant ajoute qu'il ne propose pas de rédaction ; mais qu'il se borne à émettre un vœu.

Le général Baraguey d'Hilliers s'élève enfin contre les passe-droits, les injustices résultant de ces sollicitations, de ces démarches qui étaient un des abus les plus criants du régime parlementaire, et il conjure les nouveaux sénateurs de s'en abstenir pour leur part :

Au lieu de faire son devoir, on sollicite ; le magistrat y perd sa dignité, le militaire son honneur ; chacun ne songe qu'à se faire valoir, et il en résulte une démoralisation générale qui va toujours en augmentant.

Le prince président de la République, dans son message du 27 novembre, a été amené à dire que la nation française était devenue une nation de solliciteurs. Le mal a été stigmatisé ; c'est au Sénat d'y mettre un terme.

Dans le reste de la session ordinaire de 1852, un seul orateur réveilla un moment les échos parlementaires du palais du Luxembourg : ce fut le cardinal Mathieu, archevêque de Besançon qui, le 5 juillet, prit la parole pour appuyer une pétition des officiers supérieurs de l'armée de terre contre les rigueurs de la retraite par limite d'âge.

Prélat dans une ville de garnison, aimant à montrer en

toute circonstance la solidarité de ces deux grands corps, le clergé et l'armée, le fougueux adversaire des libertés gallicanes et de l'enseignement universitaire était, sous forme de plaisanterie, appelé entre collègues le *cardinal des Armes*, par allusion au titre que portait, à Rome, le ministre de la guerre ecclésiastique du pape.

« M. de Besançon », comme on disait jadis, était à la fois corpulent et actif; il avait une large et belle figure; le front vaste; le nez aquilin terminé par un méplat grassouillet; des cheveux blancs sortant en touffe de derrière sa calotte cardinalice; des yeux où la gravité voulue voilait une tendance naturelle à l'ironie; enfin, un air de fierté corrigé par une expression d'indulgence.

Ce discours, le premier auquel le Sénat fit l'honneur d'une reproduction intégrale, mérite, par cela même, d'être retenu dans quelques-uns de ses passages.

Prenons le procès-verbal :

S. Em. le cardinal Mathieu, après avoir obtenu la parole, s'exprime en ces termes :

Messieurs les sénateurs,

Permettez à un évêque qui apprécie vivement les services de l'armée et des dignes chefs qui la commandent; à un évêque qui habite une ville essentiellement militaire, où il a souvent devant les yeux le spectacle d'une cruelle agonie, celle d'officiers généraux qui, dans la plénitude de leur force, et alors qu'ils peuvent rendre encore à l'État le plus de services, voient tout avenir cesser devant eux; permettez à cet évêque d'ajouter quelques paroles à celles qui viennent d'être si justement prononcées par MM. les rapporteurs de la commission des pétitions. S'il paraît entrer dans une sphère qui n'est pas la sienne, vous l'excuserez à cause du mouvement de cœur qui l'y porte, et, s'il se trompe en quelque chose, votre indulgence lui pardonnera...

Une entière solidarité s'était établie entre l'ancienne et la nouvelle armée jusqu'en 1849, où, par suite de la coupure profonde faite en 1848, la France s'est trouvée sans passé militaire. Son plus ancien général de brigade datait de 1837, et, sans un honorable général présent au milieu de nous, le général Harispe, qui se trouvait alors à la tête des généraux de division pour consoler la France, elle n'eût pas eu un seul témoin de sa gloire militaire qui tînt encore l'épée à la main. (*Assentiment.*)

Un officier général a rendu d'éminents services au pays; mais, peut-être, parmi ceux qui l'entourent, se trouve un rival qui convoite sa place; il épie le moment, il suppute les mois, il compte les jours, écoute même les secondes. Il succédera, je le veux; mais il devra être remplacé à son tour, et il trouvera sa punition dans le coup fatal qu'il croyait éloigné et que le temps, en se rapprochant, lui portera bientôt.

C'est ainsi que se produit un triste et nouveau genre de guerre, dans lequel le vainqueur est sûr d'être toujours vaincu. Est-ce donc là, messieurs, un spectacle digne d'un grand peuple, d'une armée fidèle, d'officiers nobles et généreux? Notre caractère national, si grand, si désintéressé, ne finira-t-il pas par s'y altérer? Et si cet état de choses continue, ne sommes-nous pas destinés à revoir ces luttes du Bas-Empire, où tout avait fini par devenir vil, même ce qu'il y a de plus grand en ce monde après les choses de Dieu, le bâton du commandement et la ceinture militaire?...

Nous usons de clémence même envers les plus criminels; on se reprocherait de leur indiquer trop à l'avance le moment fatal. Pourquoi oublier ces sentiments si justes, si naturels envers les plus honorés d'entre nous, et pourquoi les traiter avec une rigueur que l'homme ne peut supporter? Que serait-ce si ce coup les jetait dans la détresse et ouvrait pour eux un avenir de larmes et de faim?

Persuadé qu'il y a beaucoup à faire de ce côté, pour l'honneur de la France et le bien de l'armée, j'appuie de toutes mes forces le renvoi de la pétition au ministre de la guerre. (*Vif et unanime mouvement d'approbation.*)

(Un grand nombre de sénateurs quittent leur place et vont féliciter l'orateur. La séance demeure interrompue pendant quelques instants.)

M. le général comte d'Hautpoul demande l'insertion du discours textuel de Son Éminence au procès verbal.

Cette motion est appuyée de toutes parts.

L'esprit de corps est aussi clairvoyant dans les assemblées que l'intérêt individuel est perspicace chez les hommes. Le Sénat (il s'en rendait compte dès le premier jour) avait un seul moyen de prendre, en réalité, dans le pays, la place que la constitution lui assignait, — en apparence seulement, — dans l'organisme gouvernemental. C'était de se mettre en communication directe avec les citoyens par le droit de recevoir, d'examiner les pétitions, et de les faire suivre d'un avis motivé ressemblant à un ordre du jour. Ce colloque d'une assemblée inamovible et des rares Français qui avaient conservé le goût de la politique et le souci des droits individuels pouvait, à un moment donné, ouvrir une issue à l'esprit de liberté.

Le Sénat n'avait pas tardé à le comprendre; mais le gouvernement commençait à s'en défier!

VI

SESSION EXTRAORDINAIRE DE 1852
TANT AU SÉNAT QU'AU CORPS LÉGISLATIF

Ce fut toujours le talent de la famille Bonaparte (et, sous ce rapport, Napoléon III n'a pas dégénéré de Napoléon Ier) d'entendre à merveille la mise en scène populaire et officielle. Cette dynastie devait, à deux reprises, commencer et finir par la tragédie : tragédie de guerre civile au début, tragédie de guerre étrangère au dénouement ; mais, dans l'intervalle, elle a excellé à tenir le peuple français en haleine par une série variée de représentations intéressantes, où la comédie de salon alterne avec la parade de tréteaux. Napoléon Ier est célèbre par ses colères feintes et ses violences de commande, depuis l'acte du service en porcelaine brisé à Campo-Formio, jusqu'au scandale du chapeau de l'ambassadeur d'Autriche jeté à terre dans le cabinet des Tuileries. Napoléon III, sans pouvoir au même point trancher en maître du monde, était cependant un habile arrangeur de *scenarios*. Il avait l'art d'inspirer aux autres des propositions dont ceux-ci croyaient avoir eu l'initiative et feignait de céder, avec peine, à des instances inattendues au moment où il réalisait des projets depuis longtemps mûris.

C'est ainsi qu'à son retour d'un voyage de vacances triomphal dans les départements, le préfet de la Seine, au milieu d'une ovation officielle où chacun s'essayait à qui mieux mieux au rôle de courtisan, se fit humblement l'organe d'une prière qui voulait être spontanée : « Monseigneur, cédez au vœu du peuple tout entier : la Providence emprunte sa voix pour vous dire d'achever la mission qui vous a été confiée, en prenant la couronne de l'immortel fondateur de votre dynastie. »

Le lendemain, 19 octobre, le Sénat était convoqué pour délibérer sur le rétablissement de l'empire.

Le second acte de cette féerie impériale, qui devait se terminer en apothéose plébiscitaire, se joua dans la Chambre haute. D'avance, le texte du futur sénatus-consulte avait été arrêté dans les conseils du prince. D'avance, les trois commissaires du gouvernement, M. Baroche, vice-président, et MM. Rouher et Delangle, membres du conseil d'État, avaient été désignés pour en soutenir la discussion. D'avance, les jours du vote pour le plébiscite avaient été fixés aux 21 et 22 novembre 1852. D'avance, enfin, la convocation du Corps législatif décidée pour le 25 novembre, avec le mandat (qui n'était dans aucun texte de la constitution) « de constater la régularité du vote plébiscitaire, d'en faire le recensement, et d'en déclarer le résultat ».

Ce fut donc une véritable comédie que la demande *spontanée* que signèrent, au Sénat, en faveur du rétablissement de l'empire, MM. Mesnard, Troplong, Baraguey d'Hilliers, cardinal Dupont, général marquis d'Hautpoul, baron de Lacrosse, maréchal Vaillant, général comte Regnault de Saint-Jean d'Angely, comte Siméon, général comte d'Ornano; comédie, la réunion immédiate des bureaux et le vote unanime en faveur de la prise en considération; comédie, la transmission du texte soi-disant improvisé de cette proposition au ministre d'État; comédie, la réponse du ministre d'État revenue en une demi-heure, avec indication du nom des commissaires du gouvernement; comédie, enfin, la nouvelle réunion des bureaux pour la nomination de la commission et la désignation d'un rapporteur, qui était choisi depuis quelque temps déjà.

Au début de la séance sénatoriale du 4 novembre s'était produit un incident, dont les dessous sont curieux à connaître au point de vue des intrigues, des conflits et des calculs ambitieux qui agitaient le monde officiel d'alors.

Si le prince Jérôme avait été choisi à l'origine comme président du Sénat, c'était plus à titre dynastique qu'à titre parlementaire; c'était plutôt comme oncle du prince président que comme homme politique capable de diriger les délibérations de la Chambre haute. Le futur empereur étant résolu à se réserver par un sénatus-consulte postérieur « le droit de présider, quand il le jugerait convenable, le Sénat et le conseil d'État », le rôle purement décoratif joué par le prince Jérôme n'avait plus de raison d'être.

D'ailleurs, l'assemblée venait de prouver, pour le président qui lui avait été imposé et pour les siens, une antipathie si peu dissimulée que la situation réciproque fût devenue de plus en plus difficile.

Louis-Napoléon qui, homme de plaisir avant tout, avait une tendance au célibat prolongé, n'était pas d'abord éloigné d'adopter immédiatement, en qualité de successeur éventuel à l'empire restauré, son cousin, le fils de Jérôme, pour lequel, malgré de violentes querelles, il sentit, jusqu'au bout, une sympathie qui n'avait rien de commun avec la confiance ; mais un groupe important de sénateurs fit, près du futur empereur, une démarche pressante, le suppliant de ne pas donner suite à un tel projet.

Le prince Napoléon, après le 2 Décembre, avait affecté de se tenir à l'écart, manifestant très haut son indignation et rêvant d'être opposé un jour, par le parti républicain, à l'élu du 10 décembre, Bonaparte contre Bonaparte !

Cette opposition ostensible n'était pas le seul grief du Sénat. Composée en majorité de catholiques fervents, la Chambre haute repoussait le chef le plus en vue du parti voltairien. Formé d'hommes qui, s'ils n'avaient pas l'indépendance des opinions, se distinguaient, en général, par le puritanisme de la vie extérieure, le Sénat était choqué de l'étalage débraillé de mauvaises mœurs auquel se complaisait le prince Napoléon.

D'une seule voix, les délégués qui se rendirent près du prince président lui demandèrent donc de réserver pour plus tard la désignation de son successeur. C'était écarter, à mots couverts, et le prince Napoléon qui avait des chances réelles d'être adopté, et le prince Jérôme qui espérait lui-même être désigné comme frère authentique de Napoléon Ier et chef d'une des branches de la famille.

Quelques jours après, le rapport lu au Sénat devait exprimer le vœu (et celui-là était sincère) que, « dans un avenir non éloigné, une épouse vînt s'asseoir sur le trône et qu'elle donnât à l'empereur des rejetons dignes de ce grand nom et de ce grand pays; car, puisque l'empire était fait pour l'avenir, il devait porter en lui toutes les conséquences légitimes qui préservent l'avenir des incertitudes et des secousses ».

Entre le Sénat et son président un fossé s'était ainsi creusé; le prince Jérôme, qui ne manquait ni de tact, ni de bonhomie finaude, comprit, de lui-même, que sa place n'était plus au fauteuil. Il en descendit spontanément et sans récriminations, ayant l'air de dédaigner, dans sa grandeur nouvelle de prince du sang, le rôle politique qu'il ne pouvait plus conserver.

Voici quelques passages de son allocution d'adieu :

Messieurs les sénateurs,

Après le grand acte que vous allez proposer, la France entend qu'il n'y ait plus de dévouements incomplets, *ni d'adhésions provisoires*. Tout homme loyal, qui accepte une part dans le gouvernement, est engagé d'honneur avec lui et doit *rompre à jamais avec ses ennemis...*

Pour moi, messieurs les sénateurs, *obéissant à des scrupules personnels que vos consciences ont déjà pressentis*, jaloux d'écarter jusqu'aux apparences d'une participation qui n'aurait pas exclusivement en vue les grands intérêts de l'État, je laisserai à un autre l'honneur de diriger la discussion.

Le surlendemain, 6 novembre 1852, était déposé et lu au Sénat le rapport de la commission sénatoriale.

Il concluait à la modification de la constitution du 14 janvier en ce que celle-ci ne conférait que pour dix années, au prince Louis-Napoléon, la direction du gouvernement.

Il demandait la transformation de la dictature personnelle de décembre en empire héréditaire.

Ce rapport émanait de M. Troplong.

M. Troplong était un de ces rares Méridionaux qui n'ont ni facilité de parole en public ni charme de conversation dans l'intimité. Il appartenait à la Haute-Garonne, et il péchait par le défaut de faconde !

Intellectuellement, il avait la conception lente et lourde. C'était le bœuf de labour patient, et qui creuse droit son sillon. Jeune il manifestait du goût pour la littérature et la musique, mais sans supériorité marquée dans aucun genre. Personne n'eût été tenté de lui prédire : *Tu Marcellus eris !*

Au moral, son égoïsme était sans grâce, mais sans caractère malfaisant. Dans la vie privée, il se montrait incapable d'un acte malhonnête ; dans la vie publique, il fut fidèle. Il est vrai que son intérêt était d'accord avec son dévouement.

Se souvenant de ce qu'a dit La Fontaine :

> Rien ne sert de courir ; il faut partir à temps,

il entra de bonne heure dans la magistrature et accepta d'aller en Corse. Il monta péniblement, de grade en grade, jusqu'au poste d'avocat général à Bastia. C'était un administrateur de parquet exact et avisé ; mais, à l'audience, un piètre orateur. Il suait sang et eau à improviser des réquisitoires sans souffle, sans développements et, quelquefois, sans tact. Bref, il semblait destiné, dès que l'âge lui serait venu, à occuper un siége inamovible.

Il sentait que son avenir ne pouvait être que du côté

des travaux écrits. Il avait trouvé, chez un vieux magistrat, une riche bibliothèque renfermant tous les commentaires des lois romaines. Appelé au bout de quelque temps à la cour de Nancy, il s'adonna à l'étude de notre droit coutumier, sans se laisser rebuter, ni par les obscurités, ni par les lacunes des chartes féodales.

Ces connaissances vastes et approfondies, il les acquérait dans le silence, par un lent travail de cabinet. L'occasion se présenta enfin de révéler au public les progrès qu'il avait faits dans la science du droit. Il eut à donner des conclusions sur une question domaniale des plus importantes et des plus délicates, la question de la souveraineté des ducs de Lorraine sur le Barrois mouvant. Renonçant à l'improvisation qui lui réussissait mal, il lut à la cour un mémoire où il étonna les jurisconsultes de la province eux-mêmes par la nouveauté des recherches, l'ingéniosité des hypothèses, la découverte des précédents et la force des déductions. Ce réquisitoire écrit fut le vrai point de départ de sa réputation de légiste.

Il obtint, après ce premier succès, de s'asseoir comme président de chambre. C'est grâce aux loisirs d'une situation à la fois honorée et tranquille qu'il commença à publier ses commentaires sur le code civil, travaux destinés à continuer l'œuvre inachevée de Toullier.

Ce que M. Troplong a cherché, plus encore qu'il ne l'a atteint ; son but, en même temps que sa manière, c'était de rendre le droit attrayant et académique, en l'animant avec le style de Cicéron, et en l'éclairant avec la philosophie spiritualiste de Portalis, l'ancien.

Depuis longtemps, il avait fait des œuvres de Cicéron

son livre de chevet. A force de vivre dans ce commerce intellectuel avec le passé, il était parvenu à transporter, dans la langue française, quelque chose de son modèle latin. Si on relit les introductions de M. Troplong, on trouve la même touche large, aisée et un peu flottante; la même habitude de généralisation et d'élan vers les hauteurs philosophiques; le même style abondant, périodique et d'allure oratoire; le même esprit, enfin, ordinairement grave, naturellement sénatorial, parfois empreint de causticité, et relevé de temps en temps par un enjouement non dépourvu de quelque recherche.

Voilà pour la forme; au fond, il essayait d'introduire, dans l'étude du droit, la philosophie, l'économie politique et l'histoire ; le tout réuni dans un éclectisme à la Cousin, pour amener peu à peu la fusion, aussi complète qu'elle peut l'être, de la loi positive avec la loi naturelle.

Le président de chambre de Nancy fut directement nommé à la cour de cassation en 1835. Un tel avancement était alors sans exemple. Chose à noter! le nouveau conseiller ne rendit pas à la cour les services qu'on croyait pouvoir en attendre. Dans les débuts, M. le président de chambre Mesnard le prenait volontiers à partie sur certaines solutions contestables avancées dans ses ouvrages; mais M. Troplong ne se défendait que par la force du silence. Peu de magistrats paraissaient plus nuls dans ces délibérés *en rondeau* qui sont la pierre de touche des juriconsultes pratiques. Il n'avait point cette valeur argent comptant, qui se révèle dans les discussions improvisées de la chambre du conseil.

Rapproché du mouvement politique par le séjour de

Paris, M. Troplong tendit de plus en plus aux succès du publiciste.

Ses idées sur la constitution des États étaient tirées des légistes romains. Plus il voyait la démocratie ardente à accélérer sa marche, plus le contrepoids du principe d'autorité lui paraissait indispensable. Avec sincérité, — car il avait exprimé ces idées à un moment où elles n'étaient pas encore dominantes, — il regardait un pouvoir fort et respecté comme le premier besoin permanent de tout pays unitaire, et il gémissait très haut sur l'anarchie administrative et gouvernementale qui résulte du parlementarisme poussé à l'excès. C'est avec cette nuance très marquée et très personnelle d'autoritaire prévoyant qu'il entra à la Chambre des pairs, le 4 juillet 1846, et qu'il fut distingué, dès le mois de décembre 1848, par le prince qui, rêvant de succéder à Napoléon Ier, voulait, lui aussi, s'attacher un Cambacérès !

Nommé premier président de la cour d'appel de Paris, M. Troplong suivit dès lors, sans réserve ni partage, avec un dévouement corse, la fortune de Louis-Napoléon dont il encouragea et seconda ouvertement les visées césariennes. La *Gazette des tribunaux*, dans le numéro du 9 mai 1852, publiait un article de lui intitulé : *la Révolution impériale à Rome*. Le nouveau sénateur y écrivait :

Plus une démocratie est étendue, plus elle a besoin d'un gouvernement ferme. Le centre de tout mouvement doit être d'autant plus fort que la circonférence est plus vaste. C'est une loi dynamique, qui est en même temps une loi du monde moral.

M. Troplong avait, du moins, sur plus d'un homme politique de cette époque, la supériorité de n'avoir pas attendu que le pouvoir triomphât pour se déclarer en faveur du principe d'autorité. Le rapport qu'on lui demandait sur le sénatus-consulte de 1852 était, en tout, conforme aux doctrines qu'il avait depuis longtemps soutenues comme juriste et comme écrivain. On allait donc, non pas l'acheter, mais le récompenser en l'appelant au poste de premier président de la cour de cassation. Le comté de La Mark disait ainsi de Mirabeau se rapprochant de la cour : « Il ne s'est pas vendu; il s'est fait payer pour être de son avis. »

Voici maintenant le passage essentiel de son rapport :

Après les grands ébranlements politiques, il arrive toujours que les peuples se jettent avec joie dans les bras de l'homme fort que leur envoie la Providence. C'est la fatigue des guerres civiles qui fit la monarchie du vainqueur d'Actium; c'est l'horreur des excès révolutionnaires, autant que la gloire de Marengo, qui éleva le trône impérial. Au milieu des récents dangers de la patrie, cet homme fort s'est montré au 10 décembre 1848, au 2 Décembre 1851, et la France lui a confié son drapeau prêt à périr...

Aujourd'hui, la France demande la monarchie de l'empereur, c'est-à-dire l'ordre dans la Révolution et la règle dans la démocratie.

Il ne suffit pas au prince d'être l'héritier de l'empereur; il faut encore qu'il soit une troisième fois l'élu du peuple. L'hérédité et l'élection s'accorderont ainsi pour doubler sa force; le fait nouveau rajeunira le fait ancien par la puissance d'un consentement réitéré et d'un second contrat.

Le projet de sénatus-consulte fut, le 7 novembre, soumis à la discussion.

Aucune voix ne s'éleva dans la Chambre haute pour contester aucun des articles.

Il en résulta que 86 voix sur 87 votants se prononcèrent pour le rétablissement de l'empire. Il y eut un seul opposant, M. Vieillard, ancien précepteur des fils de la reine Hortense.

Pour la quatrième fois, depuis cinquante ans, un texte constitutionnel allait dire : « La couronne sera héréditaire dans la descendance directe et légitime du chef de l'État; » et, pour la quatrième fois aussi, le fait devait donner tort au droit !

Il semble que la France moderne ne puisse plus supporter que des dictatures personnelles et temporaires; il semble que, pour faire échec au principe dynastique de la transmission par primogéniture, aucun fils aîné de monarque ne doive régner.

Louis XIV a régné, son fils n'a pas régné; Louis XV a régné, son fils n'a pas régné; Louis XVI a régné, son fils n'a pas regné; Napoléon Ier a régné, son fils n'a pas régné; Charles X a régné, son fils n'a pas régné; Louis-Philippe a régné, son fils n'a pas régné; Napoléon III enfin a régné, son fils n'a pas régné. Sept fois de suite, le fait de l'exclusion du fils aîné a persisté avec une redoutable et mystérieuse obstination.

Le procès-verbal du Sénat (amusant à la condition de savoir lire entre les lignes) est ainsi conçu :

Immédiatement après la séance, tous les sénateurs en grand costume et LL. ÉÉm. en robe rouge, se sont rendus en corps au palais de Saint-Cloud, précédés d'une escorte de cavalerie.

Ils se sont réunis dans la grande galerie.

Quelques instants après, le prince président est entré dans la salle, entouré de ses ministres, des commissaires désignés par le conseil d'État, et accompagné de sa maison militaire.

A son entrée, le prince a été salué des cris de : *Vive l'empereur!*

C'est alors que le premier vice-président du Sénat, M. Mesnard, en remettant à Louis-Napoléon le sénatus-consulte adopté dans la séance de ce même jour, 7 novembre, prit la parole avec une concision et une netteté de langage qui contrastaient avec le ton de courtisanerie déjà à la mode.

M. Mesnard, président de chambre à la cour de cassation, eût été digne, du moins par le talent, de jouer un plus grand rôle encore. Malheureusement, le défaut de fortune l'empêcha, au début, de se lancer dans la carrière politique, et, lorsqu'il entra dans les Chambres hautes par le choix du pouvoir, la maladie de poitrine, contre laquelle il défendit longtemps un reste de vie, suspendait déjà, par intervalles, l'usage des précieuses facultés dont la nature l'avait doué.

M. Mesnard était petit et maigre. Cette apparence frêle faisait ressortir la largeur d'un front puissant. Les cheveux, encore épais et taillés en brosse, contribuaient à augmenter le volume du haut de la tête. Le reste de la figure, plissé de mille rides, se terminait par un menton pointu, avec une bouche moqueuse; l'ensemble de la physionomie était éveillé, spirituel et nerveux.

Il y a des hommes qui changent avec le milieu dans lequel ils sont successivement placés; non seulement leur horizon, mais leur talent s'élargit à mesure que leur situation s'élève : tel était M. Mesnard.

Avocat du barreau modeste de Rochefort, il plaidait utilement, avec une simplicité et une logique serrée qui ne contentaient pas les auditeurs habitués à la vieille emphase cicéronnienne du Palais; à peine avait-il pu, en défendant devant le conseil de guerre maritime le capitaine de frégate qui avait perdu la *Méduse*, laisser soupçonner ce que son esprit si plein de souplesse et de ressort pouvait déployer de chaleur et de puissance. Le général Berton, traduit devant la cour d'assises de la Vienne, l'avait demandé comme défenseur; mais le garde des sceaux refusa l'autorisation alors nécessaire pour que M. Mesnard, attaché au barreau de Rochefort, vînt plaider à Poitiers.

La révolution de 1830 fit de lui un premier avocat général. Chargé spécialement du service de la cour d'assises et portant la parole dans toutes les affaires de presse, il eut à braver en face les passions politiques qui fermentaient dans la Vendée. C'était justement l'époque où venait de se produire la tentative de la duchesse de Berry. Plusieurs fois, M. Mesnard soutint des luttes passionnées, étincelant d'esprit, plein de hauteur dans les vues, de vigueur dans le raisonnement et de correction dans la forme. Il se laissait entraîner, par le feu de l'audience, à une hardiesse momentanée qui jurait avec une nature au fond indécise et quelque peu craintive. C'était le pendant de cette inspiration du champ de bataille qui, au plus fort de la lutte, illumine certains généraux.

En 1834, il se trouva, comme procureur général à Grenoble, en face d'un mouvement républicain, contre-coup de l'insurrection formidable qui venait d'éclater à Lyon. Les communications avec Paris étaient interceptées;

les hauts fonctionnaires délibéraient à la préfecture ; on attendait du magistrat, si intrépide sur son siège, un conseil de fermeté, une initiative et une direction ; mais l'ardeur du combat oratoire n'était plus là pour le galvaniser, pour en faire un autre lui-même. On se trouva en présence d'un homme irrésolu, presque balbutiant, et dont on ne put rien tirer. Voilà comme quoi on risque de se tromper en supposant qu'un homme, qui a parlé avec courage, saura agir avec énergie.

Quant à ses triomphes d'audience, ils s'accroissaient avec l'importance des affaires et la réputation des grands avocats de Paris qu'il rencontrait en face de lui. Les jours où il prenait la parole étaient des jours de fête pour la haute société de Grenoble, puis de Rouen : « On ne respirait pas pour pouvoir l'entendre », racontait une de ses auditrices à Stendhal. Au sortir de la cour d'assises, où le jury venait de prononcer une quadruple condamnation capitale, — terrible satisfaction demandée au nom de la société et obtenue tout entière, — un avocat de Rouen disait à un des substituts de M. Mesnard : « Le garde des sceaux devrait interdire à votre procureur général le service des assises ; son éloquence y est trop dangereuse ! »

En 1841, M. Mesnard changea encore une fois de théâtre et, dans une nouvelle compagnie, déploya d'autres qualités. Conseiller à la cour de cassation, il fut homme de droit, après avoir été homme de parole. Il montrait une promptitude extrême à pénétrer jusqu'au vif des questions, une vivacité de langage toujours piquante, jamais blessante, par suite d'une bonne grâce sans apprêt. Ses rapports étaient rédigés d'un style sobre et clair. Sa science rappelait l'auteur du livre sur l'*Administration de la justice en France;* son goût littéraire laissait deviner l'écrivain, à âme de poète et d'artiste, qui allait consacrer ses derniers jours à traduire *la Divine Comédie* du Dante.

Stendhal avait dit depuis longtemps : « Que M. Mesnard n'est-il à la Chambre! » En septembre 1845, le gouvernement de Louis-Philippe le nomma pair de France. Il passa deux années entières cantonné modestement dans les questions techniques, prenant parfois la parole plus en jurisconsulte qu'en orateur; mais, en janvier 1848, à l'approche de la révolution, il ressentit une sorte de commotion électrique; il monta à la tribune, au début même de la discussion de l'adresse, et prononça un discours prophétique qui fit scandale dans le parti ministériel.

Dans les termes les plus courtois, mais les plus fermes, il montra que, de la part des gouvernements, c'est concourir aux révolutions que se refuser aveuglément aux réformes mûres, et que réaliser le progrès, en laissant les hommes exagérés le promettre bruyamment, doit être le rôle des conservateurs avisés.

Faisant le bilan de la session précédente, il rappela que « c'était d'une bouche dévouée que s'était échappé, comme un cri de détresse, le fameux mot : « Rien, rien, « rien, » si souvent répété depuis » !

Il prédit que « ce bruit stérile de luttes parlementaires, où tout semblait aboutir à des portefeuilles, ferait place à une politique plus large ». Enfin, il demanda au ministère, s'il allait se laisser acculer à ce point extrême, où il ne reste plus à dire que le mot fatal : « Il est trop tard! (*Très bien.*) »

Un passage de ce discours mérite d'être retenu; car il semble avoir inspiré, à un long intervalle, une des déclarations les plus célèbres, et aussi les plus heureuses, de Napoléon III.

Quand les gouvernements, disait M. Mesnard, prennent l'avance sur l'opinion, ils ne vont que là où ils veulent aller. Marchant en tête, ils choisissent leur route, et leur point d'arrêt; mais si, faute par eux de se rendre un compte suffisant des vœux, des besoins et des volontés du pays, ils se laissent devancer par cette même opinion, au lieu de mener, ils sont menés, et, tôt ou tard, forcés, au détriment de leur autorité, d'aller où ils ne voulaient pas aller.

Lorsqu'un gouvernement est poussé à sa perte par la force des choses, les avertissements, même les plus loyaux et les plus respectueux, restent aussi stériles qu'ils sont mal accueillis. M. Mesnard exprimait des vœux et des craintes; les vœux ne furent pas écoutés, et les craintes ne furent que trop justifiées. Quant à lui, comme il l'avait prévu, il en dit « trop pour les uns, pas assez pour les autres; aux gibelins il parut guelfe, et aux guelfes gibelin! »

Mais ce discours avait frappé Louis-Napoléon; il s'en souvint, le 14 décembre 1850, lorsqu'il s'agit de pourvoir à la vacance du siége qu'avaient occupé, à la tête de l'une des chambres de la cour de cassation, les Henrion de Pansey, les Zangiacomi et les Lasagni. Le prince-président était tout à fait *ensorcelé*, il le disait lui-même, par l'imagination brillante, la verve spirituelle, la conversation pleine de séduction de ce magistrat qui, jadis, malgré sa laideur, avait eu plus d'un succès mondain dû à l'esprit et à la grâce. Un moment, dans la pensée du prince, M. Mesnard fut destiné au rôle prépondérant dans l'État auquel furent appelés depuis les Billault et les Rouher.

Si ces intentions bienveillantes n'eurent pas la suite qu'on aurait cru, c'est que M. Mesnard se conduisit en coquette qui cherche à charmer tout le monde sans se livrer entièrement à personne. Louis-Napoléon fut mécontent de la cour que M. Mesnard, comme premier vice-président du Sénat, faisait, en même temps qu'à lui, au prince Jérôme. Le futur empereur voulait, comme confidents de sa pensée, comme interprètes de sa volonté, des serviteurs qui fussent tout à lui et n'attendissent rien que de lui; or, M. Mesnard n'appartenait réellement qu'à ses impressions, à ses nerfs, au souffle qui passait sur lui en l'animant.

Du reste, son déplorable état de santé lui aurait difficilement permis de se tenir constamment sur la brèche, comme allait le faire, avec beaucoup moins de talent, le prolixe M. Baroche. Bientôt même, il fut obligé de se retirer de la cour de cassation, de s'enfermer de plus en plus chez lui, en tête à tête avec l'implacable maladie.

Il se consolait en relisant les vieux auteurs, en accueillant avec une bienveillance charmante les jeunes gens studieux, en se permettant parfois une fine raillerie sur les hommes du jour qui avaient su saisir l'occasion et en profiter. Il est mort sans avoir rempli complètement la destinée à laquelle ses hautes facultés le rendaient propre, sans avoir entièrement « déballé », comme disait Sainte-Beuve. Il a été supérieur à sa fortune, moins heureux que tant d'autres dont la chance surpasse le mérite!

Voici les deux paragraphes principaux de l'allocution

de M. Mesnard. C'est un modèle du genre, en ce qu'elle est agréablement flatteuse sans être plate.

Le Sénat a compris que l'éclatante manifestation populaire qui s'est produite se justifie tout à la fois par les immenses services que vous avez rendus, par le nom que vous portez, par les garanties que donnent à l'avance la grandeur de votre caractère, la sagesse et la fermeté de votre esprit.

Il a compris, qu'après tant de révolutions, la France éprouve le besoin de mettre ses destinées sous l'abri d'un gouvernement puissant et national, qui, ne tenant au passé que par les souvenirs de sa gloire et la légitimité de son origine, retrouve aujourd'hui, dans la sanction du peuple, les éléments de sa force et de sa durée.

La réponse du prince est une invocation au « grand électeur de la colonne Vendôme[1] ». A la veille d'un vote plébicistaire, c'était le moment, plus que jamais, de faire appel à la légende napoléonienne, et l'habile metteur en scène n'y manqua pas :

Messieurs les sénateurs, dit-il, lorsqu'il y a quarante-huit ans, dans ce même palais de Saint-Cloud, dans cette même salle et dans des circonstances analogues, le Sénat vint offrir la couronne au chef de ma famille, l'empereur répondit par ces paroles mémorables : « Mon esprit ne serait plus avec ma postérité du jour où elle cesserait de mériter l'amour et la confiance de la grande nation. »

Eh bien, aujourd'hui, ce qui touche le plus mon cœur, c'est de penser que l'esprit de l'empereur est avec moi, que sa pensée me guide, que son ombre me protège, puisque, par une démarche solennelle, vous venez, au nom du peuple français, me prouver que j'ai mérité la confiance du pays.

1. Allusion à un mot prononcé par Louis Bonaparte lorsqu'il était venu avec sa mère à Paris, réclamant de Louis-Philippe le droit d'entrer dans l'armée française.

La docilité connue du Sénat avait permis de tout préparer.

Le soir même, deux décrets étaient signés : l'un qui « convoquait le peuple français dans ses comices »; l'autre portant convocation du Corps législatif pour le 25 novembre 1852.

Cette réunion du Corps législatif eut lieu au jour dit.

M. Billault commença par donner lecture du décret qui rappelait la Chambre, « à l'effet de constater la régularité des votes émis sur le projet de plébiscite soumis à l'acceptation du peuple français ».

M. Achille Fould, devenu ministre d'État depuis la fin de la session ordinaire, fut ensuite introduit avec le cérémonial d'usage et donna lecture d'un message du *prince* (on ne pouvait déjà plus dire le président de la République).

Avec un raffinement qui eût ressemblé à de l'ironie s'il ne s'était suffisamment expliqué par l'intérêt, Louis-Napoléon, — après avoir tué la République, si peu gênante qu'elle fût après le 14 janvier 1852, avec l'arme du suffrage universel habilement maniée, — tenait à faire concourir les élus du pays à l'édification du régime qui allait supprimer tout contrôle représentatif sérieux.

Le message s'attache à justifier le rôle que, sans pouvoir invoquer aucun texte constitutionnel, le prince assigne arbitrairement au Corps législatif dans la comédie plébicistaire.

Voici le passage significatif de ce document :

> Je vous ai rappelés de vos départements pour vous associer au grand acte qui va s'accomplir. Quoique le Sénat et le peuple aient seuls le droit de modifier la constitution, j'ai

voulu que le corps politique, issu comme moi du suffrage universel, vînt attester au monde la spontanéité du mouvement national qui me porte à l'empire. Je tiens à ce que ce soit vous qui, en constatant la liberté du vote et le nombre des suffrages, fassiez sortir de votre déclaration toute la légitimité de mon pouvoir. Aujourd'hui, en effet, déclarer que l'autorité repose sur un droit incontestable, c'est lui donner la force nécessaire pour fonder quelque chose de durable et assurer la prospérité du pays.

Au moment où le Corps législatif allait commencer le recensement général des votes des 21 et 22 novembre qu'on lui imposait ainsi, le président donna lecture de deux lettres de démission.

L'une était de M. de Kerdrel ; l'autre émanait de M. le marquis de Calvières.

M. de Kerdrel écrit :

Rennes, le 22 novembre 1852.

Monsieur le président,

Dans peu de jours le pouvoir *temporaire* de Louis-Napoléon sera devenu un pouvoir *définitif* et une nouvelle dynastie aura pris possession du trône de saint Louis ; je me trompe : dans la pensée du Sénat, le plébiscite du 7 novembre *n'établit pas l'empire*, il le *rétablit* et le continue à titre de gouvernement légitime, de telle sorte que les règnes de Louis XVIII et de Charles X sont relégués, de droit, au rang des faits révolutionnaires.

Néanmoins, si, sous ce nouveau régime, fondé sans ma participation, il ne s'agissait pour moi que de contribuer librement à la confection des lois de mon pays, je verrais ce que j'aurais à faire ; mais non ! comme député, je suis appelé à constater la régularité du scrutin des 21 et 22 novembre, c'est-à-dire à *proclamer l'empire*.

En présence de cette obligation imposée au Corps législatif, et que *j'aurais crue volontiers en dehors de son mandat*, l'hésitation ne m'est plus possible; je donne ma démission des fonctions de député, et je vous prie de la faire agréer à qui de droit.

La lettre du marquis de Calvières est ainsi conçue :

Monsieur le président,

Toutes les opinions ont pu se rallier sur un terrain neutre, *autour d'un pouvoir temporaire*, pour concourir à la défense de l'ordre et de la société.

Toujours dévoué aux grands intérêts du pays, attaché à l'hérédité monarchique par des principes invariables et à l'auguste maison de nos rois par des liens traditionnels de respect et d'inviolable fidélité, je ne puis conserver des fonctions politiques qui, dans la forme actuelle du gouvernement, cesseraient de se concilier avec mes sentiments et mes convictions.

Je viens donc vous prier de faire agréer à mes collègues l'expression des regrets que j'éprouve en me séparant d'eux, et, à la Chambre, ma démission de membre du Corps législatif.

Je saisis cette occasion, monsieur le président, pour vous renouveler l'assurance de ma haute considération.

MARQUIS DE CALVIÈRES.

Paris, 25 novembre 1852.

Ces deux lettres sont l'expression de la même pensée. Il s'était fait, après le 2 Décembre, une *concentration* (comme on dirait aujourd'hui) du parti conservateur autour de la dictature toute personnelle, et déclarée constitutionnellement *décennale*, de Louis-Napoléon. L'union se rompait du jour où cette dictature avait la prétention de devenir transmissible, et usurpait l'hérédité monarchique, exclusivement reconnue aux Bourbons par MM. de Kerdrel et de Calvières.

M. Bouhier de l'Écluse, qui ne voulait ni s'associer

à la proclamation de l'empire, ni rentrer de lui-même dans le silence et l'oubli en donnant sa démission de député, prit un terme moyen. Il déposa, en séance, une protestation émanée d'*un* électeur de la Moselle, et il profita de l'occasion pour déclarer, en son propre nom, qu'il protestait contre toutes les opérations du plébiscite.

M. Billault lui répondit avec hauteur :

En présence des millions de suffrages qui s'accumulent, tout ce que peut faire le Corps législatif pour une individualité qui proteste, c'est de l'écouter ; l'assemblée l'a fait, et sait à quoi s'en tenir !

Les procès-verbaux, directement transmis par les préfets au Corps législatif, ne contenaient ni réclamations ni observations. Le Corps législatif n'eut donc qu'à faire une opération purement mathématique. Après avoir additionné les différents chiffres, successivement relevés par les rapporteurs des sept bureaux, il constata officiellement l'existence de :

7 824 129 bulletins portant le mot : *Oui*.
255 145 bulletins portant le mot : *Non*.
63 326 bulletins nuls.

En conséquence, il « déclara que le peuple français, convoqué dans ses comices, avait accepté le plébiscite rétablissant la dignité impériale, dans la personne de Louis-Napoléon Bonaparte, avec hérédité dans sa descendance directe, légitime ou adoptive. »

Sans perdre une heure, le Corps législatif transmit cette déclaration au Sénat, qui, sans une minute de retard, rendit un sénatus-consulte conforme.

Les Chambres voulurent apporter le jour même au

nouvel empereur, et la déclaration du Corps législatif qui constatait les résultats électoraux du plébiscite, et le sénatus-consulte du 1ᵉʳ décembre qui plaçait sur sa tête la couronne de Napoléon Iᵉʳ.

Dans la nuit du 1ᵉʳ au 2 décembre 1852 (redoutable anniversaire !) à huit heures du soir, au milieu d'un brouillard épais, deux cents voitures éclairées par des *porte-torche* à cheval traversèrent Boulogne et se dirigèrent vers le palais de Saint-Cloud dont on voyait de loin briller les fenêtres. Ces voitures renfermaient les membres du parlement.

M. Bacciochi, un des dignitaires en expectative de la future cour, assistait M. Feuillet de Conches remplissant les fonctions de maître des cérémonies. Ses traits effacés, ses cheveux blonds, son teint pâle n'indiquaient guère son origine italienne.

Les grands corps de l'État étaient réunis à neuf heures; ils n'attendaient plus que le prince président resté dans son appartement avec les ministres. M. Bacciochi, l'ayant averti, revint bientôt précédant le cortège.

Le prince président portait l'uniforme de général de division, le prince Jérôme celui de maréchal de France; le prince Napoléon était en habit noir, comme pour maintenir jusqu'au bout son attitude indépendante.

La galerie, au moment où le prince président s'assit sur le trône, retentit d'acclamations.

M. Billault, président du Corps législatif, en remettant à Louis Bonaparte la déclaration adoptée dans la séance du même jour, le salua, le premier, du titre nouveau : « Sire ! »

Le discours dans lequel cet ancien radical converti

à la dictature « *livre la France tout entière* » à un maître, est un de ceux qui pèseront le plus sur sa mémoire. Il montre jusqu'à quel point l'avilissement du caractère peut déparer un beau talent. Voici les passages à retenir :

Sire,

Peu pressé de ceindre la couronne qu'on vous offrait de toutes parts, vous avez désiré que la France se recueillît; vous avez voulu qu'elle ne prît, que de sang-froid, dans sa pleine liberté, cette suprême décision par laquelle un peuple, maître de lui-même, dispose souverainement de sa destinée.

Votre vœu, Sire, s'est accompli. Un scrutin, *libre*, *secret*, ouvert à tous, a été dépouillé loyalement sous les yeux de tous. Résumant en une seule volonté huit millions de volontés, il donne à la légitimité de votre pouvoir la plus large base sur laquelle se soit jamais assis un gouvernement en ce monde...

Tout en gardant un fier souvenir des grandes choses de la guerre, la France espère surtout en vous pour les grandes choses de la paix. Vous ayant déjà vu à l'œuvre, elle attend de vous un gouvernement résolu, rapide, fécond; pour vous y aider, elle vous entoure de toutes ses sympathies; *elle se livre à vous tout entière...!*

Le discours de M. Mesnard, près de celui de M. Billault, paraît froid et réservé. L'orateur n'était pas peut-être assez philosophe pour voir sans dépit lui échapper, et la première présidence de la cour de cassation à laquelle il avait plus de droits professionnels que M. Troplong, et la présidence du Sénat qu'il eût plus brillamment occupée. Il dit donc ce qu'il devait dire; il fut ce qu'il devait être, mais en évitant de tomber dans l'exagération.

Son allocution se résume dans ces quelques phrases :

En rétablissant la dignité impériale dans la personne et dans la famille de Votre Majesté, en vous donnant la couronne qu'elle avait placée, il y a un demi-siècle, sur la tête du vainqueur de Marengo, la France dit assez haut quels sont ses vœux et comment, rattachant le présent au passé, elle confond ses espérances avec ses souvenirs.

La réponse de l'empereur respire cette sorte d'attendrissement généreux que fait naître, pour une heure, la satisfaction profonde d'un succès difficilement obtenu et tardivement arraché. Il fait appel aux hommes *indépendants*; il réclame des *conseils*; il demande « qu'on ramène son autorité dans de justes limites ». On verra s'il était prudent de s'y risquer !

Voici la partie de ce discours où, dans la joie du triomphe, il fait le bon apôtre :

Messieurs,

Le nouveau règne que vous inaugurez aujourd'hui n'a pas pour origine, *comme tant d'autres, dans l'histoire, la violence,* la conquête ou *la ruse.* Il est, *vous venez de le déclarer, le résultat légal de la volonté de tout un peuple, qui consolide, au milieu du calme, ce qu'il avait fondé au sein des agitations.* Je suis pénétré de reconnaissance envers la nation qui, trois fois en quatre années, m'a soutenu de ses suffrages, et, *chaque fois, a augmenté sa majorité pour accroître mon pouvoir. (Assentiment unanime.)*

Mais, plus le pouvoir gagne en étendue et en force vitale, plus il a besoin d'hommes éclairés, comme ceux qui m'entourent chaque jour, *d'hommes indépendants, comme ceux auxquels je m'adresse, pour m'aider de leurs conseils, pour ramener mon autorité dans de justes limites, si elle pouvait s'en écarter jamais. (Sensation. — Approbation prolongée.)*

La seconde partie de l'allocution impériale est une réponse indirecte à la lettre de démission de M. de Kerdrel.

Le nouvel élu sent qu'il a intérêt à ménager, en Europe, les monarchies traditionnelles et, en France, les royalistes ralliés qui, en grand nombre, figurent tant au Sénat qu'au Corps législatif ; aussi s'empresse-t-il d'affirmer qu'il n'a pas, en prenant le titre de Napoléon III, l'outrecuidante prétention d'effacer l'histoire et de tenir pour nuls et non avenus les divers gouvernements qui se sont succédé, dans l'intervalle, entre le premier et le second empire.

Cette déclaration rectificative est ainsi conçue :

Non seulement je reconnais les gouvernements qui m'ont précédé ; mais j'hérite, en quelque sorte, de ce qu'ils ont fait de bien ou de mal. (*Profonde sensation, suivie d'acclamations. C'est vrai! Très bien!*) Car les gouvernements qui se succèdent sont, malgré leurs origines différentes, solidaires de leurs devanciers... (*Nouvelle et plus vive approbation.*)

Mon règne ne date pas de 1815 ; il date de ce moment même, où vous venez de me faire connaître les volontés de la nation. (*Mouvement très vif d'assentiment.*)

Les cris de : *Vive l'empereur!* répondent à cette allocution. Sénateurs, députés, conseillers d'État, ministres unissent leurs voix pour saluer Napoléon III. Il quitte la galerie avec son cortège. Les torches se rallument dans la cour du palais ; les voitures se suivent sur le pont de Saint-Cloud ; peu à peu les dernières lueurs des lanternes et des flambeaux s'éteignent le long de la Seine ; la ville et le château reprennent leur tranquillité.

Cette représentation théâtrale du rétablissement de

l'empire, avec le palais Saint-Cloud pour théâtre, devait avoir un terrible épilogue : le feu mis à ce même château de Saint-Cloud par la main de l'étranger entré en France, pour la troisième fois, par le fait et par les fautes des Napoléons !

Revenus à Paris, et ayant rempli le mandat pour lequel ils avaient été convoqués en session extraordinaire, les membres du Corps législatif n'avaient plus qu'à rentrer dans leurs départements. Toutefois, ils ne voulurent pas se séparer sans avoir donné un banquet aux ministres. On se rencontrerait du moins à table, puisqu'on ne pouvait plus se trouver ensemble à la Chambre. Les ministres ne poussèrent par l'horreur du parlementarisme jusqu'à refuser l'invitation à dîner des députés. Ce repas de corps se termina, comme on s'y attendait, par un toast de M. Billault à l'empereur :

Nous remercions, dit-il en terminant, les ministres de s'être joints à nous. Ils nous trouveront toujours, *ailleurs* comme ici, unis dans une commune et patriotique pensée : dévouement à l'empereur, concours ferme et sympathique à son gouvernement.

Ces promesses de docilité parlementaire ne devaient pas, on le verra tout à l'heure, désarmer les défiances et les rancunes de l'ancien président de la République.

Resté en tête à tête avec le Sénat, Napoléon III se hâta de tirer personnellement de sa situation nouvelle tous les avantages qu'elle pouvait comporter.

Il se préoccupa d'abord de faire régler, pour la durée du règne, sa dotation annuelle et de faire constituer le domaine de la couronne.

Le sénatus-consulte du 12 décembre fut voté sur le rapport de l'ancien ministre d'État, M. le comte de Casabianca. M. Fould l'avait remplacé comme ministre; il remplaçait M. Fould comme rapporteur du projet de dotation. Au point de vue de la capacité, chacun était ainsi plus à sa place.

Ce sénatus-consulte se résume dans son premier article.

ARTICLE PREMIER

La liste civile de l'empereur est fixée, à partir du 1er décembre 1852, pour toute la durée du règne, conformément à l'article 15 du sénatus-consulte du 28 floréal au XII.

Or l'article 15 du sénatus-consulte organique du 28 floréal an XII disait : « La liste civile reste réglée ainsi qu'elle l'a été par les articles 1er et 4 du décret du 26 mai 1791 »; et l'article 1er de ce décret portait : « Il sera payé par le Trésor public une somme de *vingt-cinq millions* pour la dépense du roi et de sa maison. »

Ainsi le second empire se rattachait au premier, et le premier empire lui-même s'en était référé à la royauté. Dans les deux textes de l'an XII et de 1852, on évitait d'inscrire ce chiffre de 25 millions qui était de nature à frapper le peuple par son énormité et à lui faire regretter peut-être le gouvernement à bon marché de la République.

Le surlendemain, 14 décembre, l'empereur rendait un décret dont l'article 1er était ainsi conçu :

L'administration de la liste civile et de la dotation de la couronne est confiée à notre ministre d'État, M. Achille Fould, qui prend le titre de *ministre d'État et de la maison de l'empereur.*

On le voit, la dictature à prétentions héréditaires du troisième Bonaparte reprenait, une à une, toutes les traditions de la monarchie d'ancien régime.

Dès le 6 décembre, Napoléon III avait fait présenter à la Chambre haute un sénatus-consulte qui ne fut rapporté que le 21 par M. Troplong, et voté que le 25 décembre.

Ce sénatus-consulte avait trois objets différents : 1° régler la situation de la famille impériale ; 2° donner un caractère tout à fait monarchique au Sénat ; 3° restreindre, plus encore que par le passé, le droit de contrôle budgétaire et législatif de ce pauvre Corps législatif, déjà si maltraité par la constitution du 14 janvier 1852.

I. — SITUATION DE LA FAMILLE IMPÉRIALE

Le *Moniteur*, avec la tranquille audace d'un officieux qui sent que personne n'osera rire tout haut, avait mis sur le compte du bien public ce qui n'était que l'avantage particulier d'une famille. Il disait, le 11 décembre :

> Comme l'empereur, la famille impériale ne s'appartient plus ; elle appartient à la France ; il est donc nécessaire que la constitution en règle la position, les titres et les devoirs qui, du reste, se résument tous dans celui de se dévouer, sans réserve, aux grands intérêts du pays.

Napoléon III qui, — un de ses parents lui reprochant de n'avoir « rien de Napoléon Ier », avait répondu avec une mélancolique ironie : « Si, j'ai sa famille ! » — réglait de la manière suivante la situation officielle des Bonaparte :

ARTICLE VI.

Les membres de la famille impériale appelés éventuellement à l'hérédité et leurs descendants portent le titre de princes français.

Le fils aîné de l'empereur porte le titre de prince impérial.

ARTICLE VII.

Les princes français sont membres du Sénat et du conseil d'État quand ils ont atteint l'âge de dix-huit ans accomplis.

Ils ne peuvent y siéger qu'avec l'agrément de l'empereur.

Le Sénat était trop bien appris pour soulever aucune difficulté; ces articles furent donc votés sans observations.

II. — SÉNAT MONARCHIQUE

Le sénatus-consulte proposé à la Chambre haute n'avait pas pour objet de restreindre ses pouvoirs en même temps que les prérogatives du Corps législatif; mais il était destiné à lui imprimer plus fortement le caractère monarchique.

Les princes français y étaient introduits; les archives du Sénat devaient servir de registres de l'état civil à la famille impériale; le nombre des membres à la nomination directe de l'empereur était augmenté; enfin une dotation d'un caractère viager et d'un chiffre uniforme de 30 000 francs était attachée à la dignité de sénateur, quelle que fût la situation personnelle du titulaire.

Beaucoup de sénateurs recevaient, dans ce dernier article, le prix de leur empressement à voter le rétablissement de l'empire; mais ils avaient assez de tact pour que leur reconnaissance restât silencieuse. Cette distribution de récompenses n'avait pas besoin d'être trop publique !

III. — RESTRICTIONS NOUVELLES DU DROIT DE CONTRÔLE DE LA CHAMBRE

Jamais assemblée délibérante ne mérita moins que le timide Corps législatif de 1852 de voir ses attributions, déjà si modestes, restreintes et mutilées.

Tous ces députés, sauf sept, avaient préalablement reçu l'estampille du ministère de l'intérieur ; comme les bons livres du colportage officiel, ils avaient été admis à la libre circulation électorale.

Depuis, cette majorité s'était révélée comme un troupeau de véritables moutons de Panurge.

Si elle avait parfois manqué de discipline, c'est que l'expérience lui faisait défaut ; mais elle rentrait d'elle-même dans la voie désirée au premier avertissement du berger.

Si elle avait noué de bons rapports personnels avec les membres indépendants, c'était courtoisie d'adversaires bien élevés ; si elle avait écouté en silence les orateurs d'opposition, c'était *dilettantisme* de lettrés qui rendent justice à la forme d'un discours, sans en approuver les idées.

Comment, de la part du pouvoir, se défier d'une assemblée élue où la loi sur les crimes et délits commis à l'étranger, le budget d'un ministère de la police générale, et la loi sur l'interdiction de séjour à Paris et dans l'agglomération lyonnaise, avaient pu passer sans soulever de longues et ardentes discussions, et avaient, au scrutin, réuni un assentiment qui touchait à l'unanimité.

Louis Bonaparte faisait bien de garder cette Chambre, même après la proclamation de l'empire. Jamais plus, en effet, il ne devait en trouver une pareille !

Et, pourtant, l'empereur conservait un amer souvenir de la discussion du budget pendant la session de 1852. Il n'avait oublié ni M. de Flavigny faisant des réserves sur le droit de la Chambre de voter les tarifs insérés dans les traités de commerce, ni M. de Bussière s'opposant à la construction simultanée de divers pavillons du Louvre, ni M. de Chasseloup-Laubat faisant rejeter provisoirement le chapitre relatif aux édifices publics, ni MM. de Kerdrel et de Montalembert exerçant, avec une indépendance proche voisine de l'opposition, la prérogative de contrôler les dépenses de l'État.

Il ne lui suffisait pas que le Corps législatif fût dépendant par son origine, la candidature officielle; il voulait qu'il le fût encore par sa situation quotidienne, et, dans ce but, il l'humilia par un salaire à peine dissimulé sous le titre d'indemnité.

Il ne lui suffisait pas que le bruit des discussions parlementaires fût étouffé par une série de précautions restrictives ; il voulait enlever à la Chambre tout moyen légal d'exercer une action sérieuse et efficace sur aucun des actes du gouvernement.

La constitution du 14 janvier avait laissé subsister, par inadvertance plutôt que par modération, un reste de droit représentatif ; le sénatus-consulte du 25 Décembre allait achever de faire de l'empire un pouvoir sans contrôle et sans contrepoids.

Pour que le lecteur puisse saisir toute la portée des restrictions apportées aux pouvoirs du Corps législatif, nous mettons comparativement sous ses yeux les articles du sénatus-consulte du 25 décembre et les textes modifiés de la constitution du 14 janvier 1852.

CONSTITUTION DU 14 JANVIER 1852.	SÉNATUS-CONSULTE DU 25 DÉCEMBRE 1852.
Art. VI. Le président de la République est chef de l'État; il fait les traités de paix, d'alliance et de commerce.	*Art. III.* Les traités de commerce faits en vertu de l'article 6 de la constitution ont force de loi, pour les modifications de tarifs qui y sont stipulées.
Art. IV. La puissance législative s'exerce collectivement par le président de la République, le Sénat et le Corps législatif.	*Art. IV.* Tous les travaux d'utilité publique et toutes les entreprises d'intérêt général sont autorisés ou ordonnés par décret de l'empereur.
LOI DU 29 JANVIER 1831. *Art. XI et XII.* Le budget est voté par chapitre et les sommes affectées à chaque chapitre ne peuvent être affectées à des chapitres différents.	*Art. XII.* Le budget des dépenses est présenté au Corps législatif avec ses subdivisions administratives par chapitres et par articles. Il est voté par ministère. La répartition par chapitre du crédit accordé pour chaque ministère est réglée par décret de l'empereur, rendu au Conseil d'État. — Des décrets spéciaux, rendus dans la même forme, peuvent autoriser des virements d'un chapitre à un autre. *Cette disposition est applicable au budget de l'année 1853.*

CONSTITUTION DU 14 JANVIER 1852.	SÉNATUS-CONSULTE DU 25 DÉCEMBRE 1852.
Art. XXXVII.	*Art. XIV.*
Les députés ne reçoivent aucun traitement.	Les députés au Corps législatif reçoivent une indemnité qui est fixé à 2,500 francs par mois pendant la durée de chaque session ordinaire et extraordinaire.

L'empereur fait tomber les députés, de la dignité de représentants gratuits du pays, au rôle humilié de fonctionnaires gouvernementaux, payés à tant par mois de travail effectif.

Les membres du Corps législatif n'ont plus à connaître des traités de commerce, ni à les approuver comme documents diplomatiques, ni à voter les tarifs de douane qui y sont insérés; Napoléon III se réserve d'établir, du jour au lendemain, le libre échange pur et simple, au désespoir impuissant d'une Chambre notoirement protectionniste.

Les travaux publics seront décidés en dehors de toute discussion, quelle que soit leur importance, et le Corps législatif n'aura qu'à en acquitter la note, la dépense une fois irrémédiablement engagée.

Quant au budget, les députés n'ont plus que le *vote de l'impôt*. Il leur est désormais impossible de surveiller l'emploi des dépenses. Moralement, ils ne sont pas libres de rejeter le budget de tout un ministère pour amener la suppression d'un article contestable. Ce serait, en effet, arrêter un grand service public et commettre un acte révolutionnaire.

Il serait bien inutile également de discuter avec passion les détails d'une nomenclature budgétaire purement officieuse, administrative, provisoire, qui peut être changée par décret du pouvoir exécutif, en dépit de tous les votes parlementaires. Avec la faculté des virements de chapitre à chapitre, chaque ministre peut se mouvoir, comme il l'entend, dans l'intérieur de son budget particulier, et l'empereur, maître du budget général, a le pouvoir de transporter, d'un ministère à l'autre, les crédits destinés à un objet spécial par le Corps législatif.

En un mot, c'est la suppression complète du contrôle législatif sur le détail des dépenses budgétaires, et l'abandon au gouvernement du droit de disposer à sa guise de la somme totale produite par les impôts, sauf, — si le chiffre voté n'est pas suffisant, — à recourir aux crédits supplémentaires et extraordinaires, ouverts par décrets en l'absence de la Chambre. Louis-Napoléon s'était accordé jusqu'à la petite satisfaction de rendre inutile le travail de MM. Gouin et de Chasseloup-Laubat. A cet effet, il donnait un caractère rétrospectif au sénatus-consulte du 25 décembre en appliquant la faculté des virements au budget de 1853 voté dans la session ordinaire de 1852. C'était l'ironie du détail jointe à la brutalité du coup porté au pouvoir parlementaire.

Napoléon III, en se reportant à ce qui s'était passé dans la discussion de juin, croyait avoir enlevé au Corps législatif toutes les armes dont il pouvait être plus tard tenté de se servir ; seulement, comme l'avenir était susceptible de révéler des dangers inattendus, des lacunes encore inaperçues, l'empereur, par surcroît de précautions, se fit accorder, dans ce même sénatus-consulte, le droit de modifier indéfiniment, et comme il lui conviendrait, le règlement des deux Chambres. Il était dès lors impossible d'avoir plus la main sur les élus du suffrage universel.

Louis-Napoléon, après plusieurs déboires comme orateur, nourrissait une haine implacable contre le régime parlementaire; mais il avait une faiblesse de cœur relative pour la presse, ayant obtenu quelques succès comme journaliste.

Il était resté frappé des observations présentées dans diverses feuilles sur la nécessité de séparer, d'une part, le procès-verbal relatant les opérations matérielles de la Chambre et ne devenant définitif qu'après l'approbation de l'assemblée à nouveau réunie; d'autre part, le compte rendu analysant les discours prononcés et relatant les incidents divers de la discussion.

De leur côté, MM. de Kerdrel et de Montalembert avaient, à la Chambre, signalé l'inconvénient, pour la publicité des débats législatifs, de l'interdiction faite à la presse de reproduire, avant l'approbation du procès-verbal officiel, le compte rendu de la séance.

Dans ces conditions, l'empereur affecta de compenser les restrictions trop réelles apportées aux pouvoirs du Corps législatif par une concession apparente à l'esprit de liberté; il ajouta donc au sénatus-consulte du 25 décembre un article, un peu obscur et ambigu dans sa forme, mais dont le texte corrrespondant de la constitution fera mieux comprendre le sens :

CONSTITUTION DU 14 JANVIER 1852.	SÉNATUS-CONSULTE DU 25 DÉCEMBRE 1852.
Art. XLII.	*Art. XIII.*
Le compte rendu des séances du Corps législatif par les jour-	Le compte rendu prescrit par l'article 42 de la constitution

aux, ou tout autre moyen de publication, ne consistera que dans la reproduction du procès-verbal adressé à l'issue de chaque séance, par les soins du président du Corps législatif.

est soumis, avant sa publication, à une commission composée du président du Corps législatif et des présidents de chaque bureau. En cas de partage d'opinion, la voix du président du Corps législatif est prépondérante.

Le procès-verbal de la séance lu à l'Assemblée constate seulement les opérations et les votes du Corps législatif.

Même dans une Chambre aussi docile que le Sénat, la présentation du sénatus-consulte que nous venons d'analyser n'avait pas été sans émouvoir ceux qui avaient conservé quelque respect sincère pour ces principes de 1789 pompeusement inscrits en tête de la charte nouvelle.

Ceux-là se demandaient avec surprise pourquoi, au moment où la tranquillité matérielle semblait entière ; où l'esprit public était plutôt porté à exagérer son abdication ; où le suffrage universel venait de donner au chef de l'État un témoignage éclatant de confiance et de dévouement, les conseillers du souverain (car on n'osait élever la critique jusqu'à la personne de l'empereur) jugeaient nécessaire de mettre à néant les attributions d'un Corps législatif déjà réduit au *minimum* de contrôle représentatif.

C'est à ramener ces quelques hésitants que s'attacha le rapport présenté cette fois encore par M. Troplong, décidément transformé en Cambacérès du second empire.

Ce rapport lu seulement le 21 décembre, alors que *l'exposé des motifs*, signé Baroche, Rouher et Delangle, datait déjà du 6 décembre, commence par des considérations générales sur le caractère nouveau que va présenter l'empire autoritaire, comparé à la royauté constitutionnelle et à la république parlementaire. Il établit que, naguère, le pouvoir exécutif était trop affaibli ; mais il ne se risque pas à justifier la part toute léonine que se fait, par réaction, le gouvernement impérial.

Voici, au surplus, comment s'exprime M. Troplong :

L'opinion unanime de la France ayant porté du côté du pouvoir, trop longtemps affaibli, sa sollicitude et ses espérances, il a fallu retirer le gouvernement du sein des assemblées délibérantes qui en étaient devenues maîtresses et le consolider sur le piédestal élevé par le vœu populaire.

Quand le roi gouvernait le moins possible sous la tutelle des Chambres, il pouvait convenir d'agrandir, aux dépens de la couronne, l'influence du parlement, et c'est à quoi l'on était parvenu, surtout depuis 1830.

Le pouvoir impérial, sorti du sein du pays par trois élections immenses, doit au contraire avoir d'autant plus de force qu'il a des racines plus profondes, et qu'entre toutes les délégations de la puissance publique, la sienne est la plus large, la plus complète, sans qu'il doive effacer l'influence des corps politiques placés près de lui par la constitution pour modérer ses mouvements.

Il est contenu, et, ce qui est mieux, il veut être contenu par le libre examen du Sénat et du Corps législatif, par la controverse des hommes expérimentés que renferment ces Assemblées, et même par les discussions graves et réfléchies que des esprits sérieux peuvent incontestablement soulever dans la presse.

Un malheureux esprit de soupçon a tenu le pouvoir en échec depuis soixante ans, comme s'il avait été un ennemi ou un mal, tandis qu'il est une nécessité, une garantie, un élément de salut. Le moment est venu, messieurs, où le pouvoir reprend ses droits et met un terme à ces funestes écarts; la démocratie française, éclairée par de grandes leçons, vient abdiquer les préjugés déplorables dont elle était infatuée.

On n'alimente pas, avec les discours du *Forum*, avec les agitations permanentes des comices, avec les préoccupations d'une politique toujours en ébullition, un pays qui vit de son travail et non du travail de ses esclaves et des gratifications de l'État. Cette fièvre, à laquelle les républiques démocratiques donnent le nom de vie politique, on ne la communique pas impunément à une nation dont la splendeur consiste particulièrement dans le développement pacifique de sa richesse, et dans l'activité régulière et intelligente de ses intérêts privés.

On le voit, M. Troplong s'attache surtout à critiquer le passé, et la leçon qu'il donne mérite d'être retenue, de peur que, de nouveau, à l'*ébullition* ne succède l'abdication.

Ses remarques d'ailleurs ne lui sont pas personnelles; elles sont empruntées aux jurisconsultes romains de la République expirante et du Bas-Empire naissant. Car, dans l'antiquité comme dans les temps modernes, ce fut toujours le danger de la démocratie d'aller, sans jamais se tenir à un terme moyen, de l'anarchie au césarisme, et du pouvoir absolu à la liberté illimitée.

Après ces considérations générales, le rapport aborde l'examen des trois graves restrictions apportées aux droits de la Chambre :

1° Plus de contrôle législatif sur les tarifs insérés dans les traités de commerce ;

2° Les grands travaux publics autorisés, non plus par une loi, mais par un simple décret ;

3° Le budget des dépenses voté par ministère, avec faculté de *virements* pour le pouvoir exécutif.

Attachons-nous à ce dernier point, qui est capital.

Le rapport commence par proclamer le vrai principe

du régime représentatif; mais c'est pour y déroger aussitôt en invoquant, dans le passé, les abus amenés par le système parlementaire :

En principe, écrit M. Troplong, le pays veut voter l'impôt par ses députés; c'est là une de ses plus chères et plus antiques libertés; mais il veut aussi que l'empereur le gouverne et l'administre avec toute la latitude d'action que comporte un mandat trois fois répété. Il y aurait donc contradiction manifeste entre la constitution et le sentiment national, si les rapports des députés et de la couronne étaient organisés sur un pied de défiance qui mettrait en tutelle le tuteur des intérêts généraux.

En Angleterre, le bon sens du pays a établi que le vote des dépenses serait donné au ministère avec une facilité égale à la confiance qui l'a créé. Sous la charte de 1830, au contraire, la majorité de la Chambre des députés retenait, avec les plus minutieuses précautions, le règlement souverain de la dépense. Au lieu d'imiter les habitudes larges des Anglais, dont on imitait les institutions, non seulement on se tenait en garde contre la couronne à qui on imposait des ministres, mais on se défiait à outrance des ministres, après leur avoir donné le pouvoir.

Il semblait que l'on fût encore au temps du « livre rouge » et des abus de Versailles, et les représentants d'une nation qui avait vaincu la monarchie absolue, avec toutes ses grandeurs et toutes ses forces, prenaient peut-être trop de plaisir à user de la victoire pour rogner les frais de chauffage d'un bureau et les appointements de quelque pauvre employé.

Désormais, au lieu de voter le budget par articles séparés, ce qui permettait aux Chambres de régir les détails les plus minimes de l'administration, le Corps législatif votera par ministère. Le mal ancien, auquel le gouvernement vous propose de porter remède, était moins dans une discussion qui porte toujours des fruits que dans le vote par divisions étroites, qui enfermait le gouvernement dans le cadre trop circonscrit de la spécialité et le condamnait à rester immobile dans la sphère la plus bornée.

En lui accordant l'impôt pour des dépenses trop spécialisées dans chaque ministère, on lui retirait la confiance dont il avait besoin pour s'en servir au mieux des éventualités de l'administration.

Le vote par ministère, après une sérieuse discussion par chapitres, fera disparaître cette situation inacceptable pour un gouvernement élevé si haut par la confiance du pays. L'empereur aura le droit de se mouvoir dans l'étendue d'un ministère; il ne sera pas lié par des prévisions faites dix-huit mois d'avance et que les nécessités du présent peuvent démentir.

M. Troplong n'est pas sans se rendre compte qu'il en arrive au point le plus délicat de sa tâche. Aussi se met-il à remplacer les arguments sérieux par de grands mots ; comme on persiste, en général, à trouver que l'attitude du Corps législatif ne justifie pas la mutilation qu'il va avoir à subir, le rapporteur répond en faisant appel à la confiance du Sénat dans la sagesse personnelle du souverain ; — c'était dicter son vote à une Chambre de courtisans !

Veut-on savoir comment, alors, était donnée cette note de docilité monarchique ? Voici :

Ce ne serait pas la peine d'ériger des monarchies si c'était pour lier les mains du prince par d'indignes étreintes. Quand la prérogative est blessée dans les droits essentiels qu'elle tient de la confiance jurée à un souverain héréditaire, il faut s'attendre à ces grands revers politiques dont la France veut désormais être préservée.

Faut-il le dire, messieurs? la nation sent si profondément le besoin d'être gouvernée: elle le place aujourd'hui si fort au-dessus des autres qu'elle est prête à résoudre en faveur du pouvoir les conflits d'attributions qu'on avait jadis l'habitude de résoudre contre lui.

Le rapport de M. Troplong lu le 21 décembre, la discussion s'ouvrit le 23 et se continua le 25.

Dès le premier jour, le ministre des finances qui était en même temps sénateur, prit la parole.

Ce ministre était le même M. Bineau, qui n'avait pas hésité, dans les derniers jours de la période dictatoriale, à faire régler, par simple décret, le budget de 1852. Au Sénat, il émit, sans aucun ménagement pour le pouvoir parlementaire, la prétention de disposer arbitrairement, dans le détail, des crédits votés *en bloc* par le Corps législatif, — ce qui enlevait, de fait, à la Chambre la prérogative de contrôler le budget des dépenses.

Il avait été pourtant, jusqu'à 1848, un des députés libéraux du centre gauche ; mais c'était un homme d'affaires plus qu'un homme politique.

Ancien ingénieur des mines, uniquement occupé de la question des chemins de fer, M. Bineau avait pris la République de 1848 en haine pour l'avoir, un moment, arrêté dans ses entreprises. Aussi, dans l'Assemblée législative, se mit-il successivement contre la Montagne avec la droite ; puis avec l'Élysée contre la droite elle-même. Il est à remarquer que les économistes impatients ont, de même que les socialistes avisés, une tendance à se tourner vers un pouvoir fort, plein à l'origine d'initiative, de hardiesse, et dont ils espèrent, à bref délai, la solutions, retardée jusque-là par les discussions parlementaires, des questions qui les intéressent.

M. Bineau avait accepté d'être ministre des finances le

jour où avaient paru les décrets sur les biens d'Orléans, le lendemain de la retraite indignée de MM. de Morny, Rouher et Fould eux-mêmes! C'était, en effet, un de ces hommes aux yeux de qui une politique se juge surtout par les satisfactions données aux intérêts matériels du pays. Les fusillades de décembre 1851, la confiscation de janvier 1852, tout cela disparaissait pour lui devant la reprise des affaires, l'essor imprimé à l'industrie, et la confiance rendue à la Bourse.

Il se figurait de bonne foi que la postérité, — faisant comme lui table rase de l'humanité et du droit pour adorer le Veau d'or, — ne verrait que les nombreuses lignes de chemins de fer ouvertes sous son ministère, la constitution des grandes Compagnies, et le succès du premier emprunt émis par appel direct aux souscriptions individuelles des petits rentiers, ce qu'il appelait avec orgueil : — *Avoir démocratisé le crédit !* D'un côté, le parjure, la violation des lois, la suppression des libertés publiques; de l'autre, la rente qui ne cessait de monter; il n'hésitait point, — estimant qu'un sac d'écus conserve la même valeur, fût-il ramassé dans le sang !

La déclaration de M. Bineau était sèche comme un chiffre. En votant le sénatus-consulte du 25 décembre, la Chambre haute ne put se faire d'illusion sur ce qui restait du régime représentatif.

Le ministre disait, en effet :

A la France, par ses mandataires, à voter l'impôt, à dire la somme qu'elle veut mettre entre les mains du gouvernement pour l'administration et la protection du pays; au gouvernement, à employer ces fonds au mieux des intérêts de tous.

Cette théorie choqua, par sa brutalité, un certain nombre de membres du Sénat, et M. de Ségur d'Aguesseau demanda la parole sur l'article 12. (*Vote du budget des dépenses par ministère.*)

Au physique, M. le comte de Ségur d'Aguesseau avait un air de mauvais coucheur : les lèvres étaient serrées, les yeux fixes et profondément enfoncés sous l'arcade sourcilière ; un pli accentué et volontaire se dessinait au coin de la bouche ; un nez droit formait le trait principal du visage entièrement rasé ; les cheveux, devenus plus rares, frisaient, — naturellement crêpés.

Comme homme politique, son principal mérite consistait à avoir réuni deux beaux noms, et à savoir se servir d'une paire d'excellents poumons.

Il était neveu de Philippe de Ségur, l'historien de la Grande Armée, et petit-fils du comte de Ségur, l'auteur de l'*Histoire universelle*. Il tenait le nom de d'Aguesseau du chef de son aïeul maternel resté sans autre descendant. Il avait épousé, à Rome, mademoiselle Nadine Félicité Swetchine : voilà pour la généalogie et les alliances.

Quant aux poumons, ils le firent remarquer dès la première séance de l'Assemblée législative de 1849. Dans une allocution aux mâles accents, il invita énergiquement la droite à crier : *Vive la République!*

Voici comment, en plein Sénat de l'empire, il rappelait lui-même ce souvenir qui, — au moment du plébiscite de 1870, — commençait à moins lui peser :

Vous me dites, s'écriait-il, quelle valeur croyez-vous donc qu'ont vos paroles, vous qui avez crié « Vive la République! »

en 1849, et qui, un an auparavant, faisiez une profession de foi républicaine?

Vous croyez bien m'embarrasser peut-être. Eh bien! détrompez-vous.

Si j'ai fait ainsi, c'est que, pour moi, comme pour le peuple, il n'y avait pas autre chose à faire! Mais, dites-vous, ce cri de « Vive la République! » que vous profériez en 1849. Oh! c'est bien simple, messieurs, nous étions en République!

Une telle explication n'a-t-elle pas de quoi satisfaire les plus difficiles?

M. de Ségur d'Aguesseau qui, sous Louis-Philippe, avait su donner une démission retentissante à la veille du jour où il allait être destitué comme préfet, possédait un certain genre d'indépendance politique dérivant chez lui de l'orgueil patricien.

C'était un féodal de toutes pièces. Il s'inclinait devant Dieu avec respect, et devant le souverain avec condescendance. Il ne haïssait pas le despotisme, à condition d'en profiter, lui et les siens. Il déployait volontiers une fausse sentimentalité démocratique de sermonnaire. Les démocrates césariens, comme le prince Napoléon, ne le jetaient dans une fureur, poussée jusqu'à l'invective publique, que parce qu'ils attaquaient la souveraineté temporelle du pape, au nom de la souveraineté inaliénable du peuple.

Au fond, M. de Ségur d'Aguesseau ne fut jamais que du parti de l'Église, — Veuillot aristocrate, mais sans esprit.

Le 23 décembre 1852, il fit un des actes les plus courageux de sa vie, et son meilleur discours. On va en juger.

L'honorable sénateur demande si le moment est bien choisi pour faire des propositions pareilles à celles dont le Sénat est saisi, quand, dans la session qui vient de finir, le Corps législatif a montré tant de déférence et de dévouement au pouvoir exécutif; quand il a subi librement et spontanément l'influence légitime de l'empereur et de son gouvernement? Étaient-ce là les modifications auxquelles on s'attendait? Était-ce là ce que présageait ce magnifique message de l'empereur, admirable comme tout ce qui émane directement du prince?

Dans le Corps législatif, dans le Sénat, on s'était alors généralement flatté que les modifications auxquelles le message faisait allusion n'auraient pour objet que de rendre plus faciles les rapports du Corps législatif avec le conseil d'État, et de faire que les amendements de la Chambre, qui ne peuvent être discutés qu'après l'approbation du conseil d'État, pussent être défendus sérieusement dans le sein de ce conseil.

M. le comte de Ségur d'Aguesseau ajoute que, bien loin de critiquer le système établi par la constitution quant aux amendements, il y applaudit, parce que ce système a mis un terme aux désordres qu'apportaient dans la confection des lois des amendements improvisés.

Ce que demande l'honorable membre, c'est que le peu de liberté dont jouit actuellement le Corps législatif lui soit au moins intégralement conservé, et, encore une fois, que cette Chambre ne soit pas placée, pour l'exercice de son droit essentiel, entre l'impuissance et la folie.

Ce fut M. Baroche, vice-président du conseil d'État, qui répondit au comte de Ségur d'Aguesseau.

Depuis le 29 juillet, M. Baroche avait le rang de ministre et était investi du mandat général de représenter le gouvernement devant les Chambres. Ne pouvant être ni renversé par le Corps législatif, ni remplacé par les députés dont le mandat était incompatible avec sa fonction, il servait d'intermédiaire officieux entre le pouvoir législatif et l'administration. Il exposait, il défendait, il commentait une politique qui n'était pas la sienne, dont il n'avait la responsabilité ni constitutionnelle ni morale; c'était seulement le porte-parole d'un absent, l'interprète oratoire d'un silencieux. Des explications et des renseignements, — il ne fallait rien lui demander de plus.

Au physique, M. Baroche avait une tête étroite, prolongée par une calvitie à perte de vue; le crâne était dénudé comme le Sahara et poli comme l'ivoire. La figure apparaissait encadrée par quelques touffes de cheveux soigneusement ramenés et de longs favoris de magistrat; le nez aquilin était comme enfoncé entre deux grosses joues; la bouche souriait bien fendue, une fossette au menton et, aux narines, ce pli de contentement de l'homme gras qui n'a pas eu à se plaindre de la destinée.

La tenue se maintenait celle d'un homme qui a eu de « belles formes », à qui ses flatteurs le rappellent, et qui n'a pas encore abdiqué.

Dans l'ensemble, quelque chose d'agaçant par la complète satisfaction de soi-même que respirait cette physionomie. On y sentait l'homme, au fond médiocre, qu'une série de circonstances heureuses et une réunion de qualités de second ordre avaient porté, par hasard, au premier plan.

M. Baroche a occupé, dans le second empire, une place plus importante que celle qu'il mérite dans l'histoire.

Mais ce fut toujours un favori du sort. Dès la jeunesse, il s'était trouvé au-dessus du besoin, sans être dispensé du travail. Il n'eut pas à soutenir contre la pauvreté cette lutte cruelle qui brise les tempéraments trop frêles et laisse, — jusque chez les plus mâles génies, comme Mirabeau, par exemple, — un indélébile reflet des amertumes et des souffrances des temps d'épreuves.

M. Baroche se fit avocat et devint promptement un homme d'affaires consommé. Il lui manquait cette perfection artistique, — aujourd'hui si recherchée au barreau et qui, souvent, donne à la parole judiciaire le charme même des lettres; — mais il avait tout le reste. Personne n'était plus prompt à débrouiller un dossier, plus limpide dans son exposition, plus rapide dans son raisonnement, plus courtois dans ses répliques, enfin plus habile à ne pas compromettre, de son fait, la cause qu'il défendait.

Dans la salle des Pas-Perdus, comme à l'audience, M. Baroche portait, de plus, une bonne grâce continue, un peu banale, mais aussi sans apprêt, et qui ne descendait jamais au-dessous de certaines convenances; bref, il n'avait pas un ennemi quand il sortit du barreau, et il avait été deux fois bâtonnier de l'ordre.

Il arriva à la Chambre sans avoir, jusque-là, ni connu ni recherché les succès faciles de la politique.

Pour réussir sur ce nouveau terrain, il possédait un remarquable esprit de conduite et cette force si rare de caractère qui consiste à contenir le désir de briller pour atteindre sûrement un résultat plus solide.

Toutefois, il débuta par un de ces mots à effet qui restent attachés au nom d'un homme politique. Il se vanta, le lendemain de la chute de Louis-Philippe, « d'avoir devancé la justice du peuple en demandant la mise en accusation d'un ministère odieux et coupable. » Candidat à la Constituante de 1848, il disait dans sa profession de foi : « Je suis républicain par raison, par sentiment, par conviction. » Sa foi républicaine dura ce qu'elle valait. — Par une affinité naturelle, il se mit bientôt avec le pouvoir exécutif contre l'Assemblée.

Ce fut lui qui réclama la révocation de Caussidière, ce singulier préfet de police, qui voulait faire de l'ordre avec du désordre et commandait une bande de figurants de mélodrame ornés de ceintures rouges; ce fut lui qui s'éleva contre l'attribution d'une indemnité pécuniaire à des victimes politiques qui étaient surtout des condamnés de droit commun, habitués de la correctionnelle plus encore que défenseurs des barricades.

Cette rigueur le désignait pour entrer dans le parquet. Procureur général à Paris, il se révéla administrateur vigilant et actif; mais il n'eut pas de grande journée oratoire. On l'attendait aux séances de la Haute-Cour de Versailles; il se fit remplacer comme indisposé.

Malgré cet incident fâcheux, il devint ministre et le redevint, tant le prince président avait alors de peine à trouver des collaborateurs de bonne volonté.

Le 2 Décembre, M. Baroche avait été si peu initié aux projets de l'Élysée qu'on racontait de lui ce trait, encore inédit, croyons-nous : Ayant appris, assez tard dans la matinée, l'arrestation des députés et la dispersion violente de l'Assemblée, il se rendit en hâte chez M. de Morny pour lui représenter quels dangers il allait courir, combien il était chanceux de braver ainsi, et la loi, et la constitution. Le ministre de l'intérieur l'écouta de son air impassible, puis lui dit : « Mon cher ami, allez, je vous prie, faire un tour de boulevards, examinez comment les choses tournent; revenez me le dire, et, si (ce que je ne crois pas) vous restez dans les mêmes dispositions, eh bien! je vous rendrai le service de vous faire arrêter comme les autres. »

M. Baroche sort perplexe, gagne le boulevard des Italiens, puis rebrousse chemin... mais pour se rendre à l'Élysée et offrir ses services.

Du talent, et une docilité à toute épreuve : c'était une recrue précieuse. Il n'avait pas été l'ouvrier de la première heure; il devait rester le serviteur de la dernière.

Quelques semaines après, la situation était renversée: c'était M. de Morny qui se retirait pour ne pas paraître s'associer aux mesures prises contre la famille d'Orléans; c'était M. Baroche qui n'hésitait pas à préparer comme jurisconsulte, et à confirmer comme président du contentieux, les décrets du 22 janvier 1852; tant il est vrai que les zèles les plus tardifs sont toujours les plus exagérés!

C'est pour prix de cette attitude que M. Baroche avait reçu, avec le rang de ministre, la mission d'interpréter, d'une manière permanente et sans délégation spéciale, la pensée du prince devant le Corps législatif et le Sénat.

Esprit facile, travailleur obstiné, il devait promptement devenir un dictionnaire universel vivant et parlant. Prêt à répondre à toutes les questions, il s'était acquis une compétence dans toutes les spécialités, connaissant tous les tarifs et en mesure de discuter tous les prix de revient. Il pouvait faire beaucoup de discours dans la même session parce qu'il s'attachait successivement à chaque débat, sans rien voir au delà.

Doué de plus de bon sens que d'imagination, le porte-parole de l'empereur était moins éloquent dans la discussion qu'avisé dans le conseil.

Du véritable orateur, il n'avait ni les vastes connaissances historiques, ni les larges aperçus de politique générale, ni l'émotion irrésistible du cœur, ni le mordant un peu amer de l'esprit, ni le tissu serré du style. Chez lui, jamais un coup d'aile qui relevât le sujet; jamais une image qui rafraîchit l'attention; jamais une petite fleur des champs sur le bord de la route; pas même, dans la péroraison, ce bouquet que les ouvriers attachent au faîte d'une maison achevée. Rien qu'une argumentation terre à terre, poursuivie sans arrêt, sinon sans digression; rien qu'une eau tiède coulant en abondance d'un robinet toujours prêt à s'ouvrir.

Quand il sentait la nécessité de s'échauffer, M. Baroche devenait vite boursouflé, et, quand il se laissait aller à la colère, il perdait son principal avantage, qui était le raisonnement.

Ce n'est pas qu'il n'eût quelques-unes des qualités de sa situation. D'abord, il excellait dans l'art de répondre sans irriter; ensuite, la réserve naturelle de son langage lui permettait de ne jamais dépasser la pensée souveraine, et de laisser toujours ainsi le champ libre aux variations de l'avenir.

S'il a aimé les grands emplois; s'il y a trouvé de vives jouissances et de gros traitements, il semble prouvé, — malgré une insinuation isolée de cette mauvaise langue de comte de Viel-Castel, — qu'il s'est honoré jusqu'à la fin par une probité digne de l'ordre dont il avait été l'élu. C'était, au reste, l'avis de Berryer. Un jour qu'au Corps législatif de 1869 la gauche témoignait à M. Baroche une haine qui n'était pas justifiée et un mépris qui était exagéré, le grand orateur, mettant la main sur le bras de son voisin, lui dit : « Gardez cette indignation pour d'autres; ce n'est pas un homme d'argent! »

En revanche, M. Baroche abusait sans scrupule du favoritisme. Non seulement, il poussa ses fils, au profit desquels il faisait violer toutes les règles de l'avancement hiérarchique ; mais, pour les parents de ses domestiques eux-mêmes, il mettait les places du conseil d'État au pillage, congédiant garçons de bureau, huissiers et employés, les anciens comme les plus dignes d'intérêt.

En résumé, ce ne fut ni un grand orateur ni une grande âme; mais il ne méritait point qu'on assimilât son nom à un *vomitif*[1] et le second empire n'avait pas besoin, comme il est dit à un autre endroit des *Châtiments*, de

Mettre à son Baroche une feuille de vigne.

Ce qu'on va lire donne bien une idée du genre *neutre* de l'orateur :

M. le vice-président du conseil d'État fait observer qu'en demandant la division et le vote du budget par chapitres, M. le comte de Ségur d'Aguesseau admet qu'on laisse au gouvernement le droit de faire des *virements* de chapitre à chapitre en vertu de décrets impériaux rendus au conseil d'État. L'honorable préopinant oublie que l'unique sanction de cette spécialité des chapitres, qui a amené les conséquences fâcheuses que tout le monde reconnaît, c'était l'impossibilité des virements. Dès qu'on les admet, il n'y a plus de spécialité législative; il n'y a qu'une spécialité administrative...

1. Expressions de Victor Hugo dans les *Châtiments*.

La situation du Corps législatif reste entière quant à la liberté du vote. Le gouvernement veut que cette liberté soit complète, et rien de ce qu'il y a dans le sénatus-consulte en discussion ne peut tendre à l'amoindrir.

L'article 12, le plus important, celui qui portait la plus grave atteinte à la liberté représentative, fut voté à la suite du discours Baroche.

L'article 14, relatif à la distinction faite pour l'avenir, entre le procès-verbal et le compte rendu des séances du Corps législatif, ne disait pas d'une manière expresse que, — comme le procès-verbal était naguère communiqué aux journaux en exécution de l'article 42 de la constitution, — le compte rendu contenant l'indication du nom des orateurs et le résumé des opinions soutenues serait mis à la disposition de la presse.

C'est sur ce point que M. le comte Boulay de la Meurthe, trop expérimenté pour n'être pas un peu défiant, demanda une explication au gouvernement.

Au physique, M. le comte Boulay de la Meurthe avait une grosse tête enfoncée dans les épaules, le cou court, l'œil vif, les traits ronds, le nez retroussé, et des touffes de cheveux frisés de chaque côté d'un crâne dénudé ; il portait une haute cravate noire à la mode de 1830 et les vêtements amples d'un rentier cossu qui n'a pas regardé à l'étoffe.

Au moral, c'était un bourgeois de Paris patriote, courageux, humain et charitable.

Patriote, il l'avait prouvé en 1814 : à l'âge de dix-sept ans, il faisait le coup de fusil aux barrières de la capitale contre l'envahisseur étranger.

Courageux, il l'avait montré en 1830 et en 1848, tantôt comme insurgé légal, tantôt comme défenseur de l'ordre. Aux journées de juillet 1830, il était monté sur les barricades pour y soutenir la cause du droit constitutionnel et de la liberté. Aux journées de juin 1848, il conduisit la 11e légion de la garde nationale à l'assaut du Panthéon, qu'il parvint à réoccuper après une lutte sanglante.

Humain, il l'avait fait voir au lendemain de deux révolutions. Lors du procès des ministres de Charles X, il fut l'un des deux officiers qui protégèrent les prisonniers contre l'émeute grondant sans cesse aux portes du Luxembourg et finissant par menacer les juges avec les accusés; lors des lois d'exil votées par la Constituante contre Louis-Philippe et sa famille, il fut l'un des soixante-trois représentants qui refusèrent leur adhésion.

Charitable, il pouvait citer sa vie entière comme un exemple de cette vertu. Membre gratuit, et d'autant plus zélé, de toutes les commissions municipales chargées, à Paris, de soulager la misère et de répandre l'instruction élémentaire dans les quartiers pauvres, il avait été aussi courageux contre le choléra que contre l'étranger et l'émeute. Dernier trait ! Il avait employé en livrets de la caisse d'épargne pour les enfants des écoles le traitement de vice-président de la République que l'Assemblée avait tenu à lui allouer : exemple qui ne risque guère de devenir contagieux parmi les titulaires de sinécures !

C'est à Paris qu'il avait rendu des services ; c'est la province qui l'en récompensa en lui ouvrant la carrière législative.

Dès lors, il se mit à étudier l'agriculture ; il s'intéressa à l'instruction primaire dans les campagnes. Il écrivait de petits traités d'économie rurale; il se préoccupait d'améliorer le sort des instituteurs. Tour à tour représentant de la Meurthe et des Vosges, il se montra, à l'Assemblée comme partout, homme de bien plutôt qu'homme politique. Il était vénéré pour les nobles qualités du cœur plutôt que remarqué pour les hautes facultés de l'esprit. Sa manière de servir son parti, c'était de l'honorer par la dignité de sa conduite !

Dès le berceau, il avait été bonapartiste. Son père était un ancien ministre de Napoléon Ier; enfant, c'est dans un lycée impérial qu'il avait fait son éducation; jeune homme, il avait partagé à Francfort l'exil dont sa famille fut frappée par la Restauration pour sa fidélité au vaincu de Waterloo. Il avait vécu, à l'étranger, dans l'entourage de la femme du roi Joseph; il avait demandé le premier à la Constituante de rapporter les lois interdisant le territoire français aux Napoléons. Enfin il avait été le candidat présenté en première ligne, comme vice-président, après l'élection du 10 décembre. On le voit, ce passé le désignait d'avance pour faire partie d'un Sénat bonapartiste; celui-là n'avait pas eu besoin de se convertir; il n'avait eu qu'à se souvenir !

Mais, plus sa sympathie pour la famille régnante était sincère et ancienne, plus il gardait son franc parler vis-à-vis de l'empire. Il n'avait pas craint de dire toute sa pensée au prince président sur les décrets du 22 janvier relatifs aux biens de la famille d'Orléans; il n'hésitait point maintenant à protester contre le régime de compression et de silence qu'on imposait au Corps législatif. En cela, il se montrait fidèle à lui-même. Toujours il avait eu des opinions conservatrices; mais jamais il ne s'était associé aux excès des réactions.

Voici en quels termes fut posée la question :

Le Corps législatif pouvait, dans son procès-verbal, faire connaître les noms des membres qui avaient pris la parole et le résumé de leurs opinions; aujourd'hui, par suite des dispositions du projet de sénatus-consulte modificatif de la constitution, il ne pourra plus porter à la connaissance du pays que ses opérations et ses votes.

La surprise ne peut exister en pareille matière. Il faut s'expliquer franchement. Veut-on, oui ou non, supprimer la publicité telle qu'elle existait depuis un an? L'honorable sénateur le craint.

Tout à l'heure, à propos du Corps législatif, on semblait redouter que ce qui vient d'être décidé relativement au vote du budget par ministère, ne *jetât la perturbation* (c'est l'expression dont on se servait) dans l'esprit des députés. Une disposition ayant pour objet de limiter encore une publicité, déjà si restreinte, ne sera-t-elle pas de nature à troubler de plus en plus la conscience des représentants du pays?

Le commissaire du gouvernement chargé de répondre à M. Boulay de la Meurthe fut M. Rouher, — qui depuis... mais alors, — il était seulement président de section au conseil d'État, et presque à ses débuts comme orateur politique.

Voyons ce qu'était, en 1852, celui qui devait occuper une si grande place dans l'empire à son déclin.

Et d'abord, le côté physique de l'homme.

M. Rouher avait une grande figure régulière aux traits arrondis, un nez aquilin à la courbe heureuse, des favoris taillés à l'anglaise, et des cheveux châtains qu'il n'était pas encore obligé de ramener en mèche unique. Les yeux bruns et intelligents regardaient en face, mais sans flamme ni rayonnement, diminués par ce plissement sournois propre aux vieux avoués de province. On remarquait de suite la taille moyenne, le buste oratoire, le menton vigoureux, les épaules larges, les mains épaisses, les jambes courtes et volumineuses. L'extérieur était massif, l'ensemble marqué au coin d'une forte nature auvergnate.

Aux premiers mots, l'oreille était désagréablement impressionnée. En effet, la parole était sourde et un peu pâteuse au début, la prononciation tout à fait incorrecte et proche voisine du zézaiement, — ce qui avait fait surnommer M. Rouher : *Démosthènes avant les cailloux*. Déjà, à cette époque de sa vie, la langue était trop épaisse pour la bouche et semblait vouloir en sortir; il fallait qu'il la surveillât, et cela lui causait une gêne qui l'empêchait de tirer de sa voix aucun effet de douceur.

Faut-il tenter l'analyse de son genre de parole médiocrement littéraire ?

La plaisanterie n'est point son fait; il la manie d'une touche brutale et pataude. Il n'a pas plus de grâce dans son langage que dans sa personne, et la finesse de son esprit, qui est très fin, s'est exclusivement tournée du côté de la conduite à tenir. Il n'a ni termes nobles ni idées générales. Qui pis est! quand il veut s'élever, il se guinde, et cesse d'être naturel. Il ne possède point la haute culture de l'esprit, et, dans ses discours, tire tout, ou d'un fond de bon sens terre à terre, ou de l'étude du dossier.

Passons au côté moral et politique de son caractère; examinons son passé d'avocat en province, l'idéal d'ambition qu'il se formait en arrivant à Paris, et la manière dont il comprit toujours la défense du gouvernement.

Eugène Rouher, né à Riom en 1814, fait méthodiquement son droit à Paris, revient sagement dans son chef-lieu natal, et entre au barreau. Le voilà gendre du célèbre M. Conchon, la plus haute autorité locale, bien pourvu d'affaires et solidement établi dans l'estime de ses compatriotes. Aux procès substantiels, il ajoute quelques procès de presse : *Utile dulci*. Ses biographes assurent qu'il soutint, dans ces circonstances, la cause du libéralisme *avec talent*. Ont-ils eu raison de ne pas ajouter : *avec conviction ?*

M. Rouher devint député grâce à la révolution de 1848. Il n'osa se déclarer républicain de la veille, mais se proclama converti du lendemain. Il disait : « Les idées nouvelles peuvent seules faire le bonheur de mon pays; je m'y dévouerai avec énergie. » Quelques mois après, ces idées nouvelles n'étaient plus qu'une « catastrophe »! Cette indépendance du cœur marqua le commencement de sa fortune politique.

Il revenait à Paris très laborieux, pauvre, mais avec la ferme volonté de cesser de l'être. Avocat excellent, homme d'affaires consommé, habile au droit, habile à la procédure, avant tout déterminé à réussir; mais réussir, pour lui, ce n'était pas faire triompher telle ou telle idée, telle ou telle opinion, tel ou tel programme politique. — Non! c'était se montrer assez utile pour devenir peu à peu un instrument de plus en plus indispensable.

Il apparaissait comme un esprit absolument sceptique quand, par hasard, il dépouillait, dans une conversation familière, les formes solennelles revêtues pour les besoins de son rôle gouvernemental. Ainsi, on citait de lui un trait caractéristique : Un jour, il causait avec M. Vuitry. Celui-ci, très curieux de littérature, très au courant de tout ce qui s'écrivait, se plaignait de pouvoir à peine lire à cause du travail incessant que lui donnaient ses fonctions au conseil d'État. « Eh bien! moi, dit M. Rouher, je lis tous les jours. — Vraiment, vous en trouvez le temps? — Oui, mais un seul livre. — Et lequel? — Celui d'un philosophe chinois appelé « Je-m'en-fous! »

Il transportait dans la défense du gouvernement ses habitudes du barreau. La politique ne représentait pour lui, ni un principe, ni une passion; c'était un dossier qu'on lui donnait à plaider. Pour chaque affaire qui se présentait, il déployait, sans s'y ménager, son *maximum* de zèle et d'éloquence. Il soutenait chaque cause comme un procès unique, ne se rattachant à rien, ni dans le passé, ni dans l'avenir; il était par là dispensé de l'esprit de suite et de prévoyance qui fait les hommes d'État. S'il venait à changer d'avis, le gouvernement était pour lui un plaideur qui, à quelques mois de distance, a deux procès en sens inverse. Se plaçant à ce point de vue, il les plaidait sans embarras, l'un après l'autre, et, régulièrement, les gagnait tous deux.

En 1852, M. Rouher avait encore beaucoup de progrès à faire; il en a fait d'énormes jusqu'à 1870. En même temps que sa position officielle s'est élevée, son talent oratoire a grandi. Il s'est formé et développé, d'abord en touchant aux grandes affaires comme ministre du commerce; puis en participant, comme ministre principal, aux débats parlementaires qui ont suivi le décret du 24 novembre 1860.

Pour le moment, M. Rouher avait à donner au Sénat

des renseignements agréables. Très adroit, il sentit qu'il n'aurait jamais meilleure occasion de se faire bien venir dès l'abord comme commissaire du gouvernement. Voici donc en quels termes il répondit à M. Boulay de la Meurthe :

Le décret organique du 22 mars avait, par erreur, confondu le compte rendu avec le procès-verbal officiel des séances, aussi ne pouvait-il être publié qu'après son adoption par le Corps législatif. De là des retards, des lenteurs.

Désormais, le compte rendu, rédigé par les soins du président et résumant les opinions des députés, sera indépendant du procès-verbal des séances qui ne contiendra que les votes et les documents officiels. Le résumé des opinions, placé sous la direction du président, pourra être rédigé immédiatement et livré tout de suite aux journaux.

Était-ce assez faire? La haute impartialité du président du Corps législatif, les garanties que présentent sa position et sa personne même, n'ont pas paru suffisantes au gouvernement, et il a voulu que ce résumé complet, impartial des opinions, fût rédigé sous la surveillance d'une commission composée, non seulement du président de la Chambre, mais des présidents des sept bureaux nommés à l'élection.

Au moment où on allait procéder au vote de l'ensemble du sénatus-consulte, intervint le baron Charles Dupin, aussi estimé pour son indépendance de caractère que redouté pour son incontinence de parole.

Le baron Charles Dupin avait été successivement ingénieur de la marine, vulgarisateur de cours populaires, fondateur de musées scientifiques, voyageur et géographe, professeur au conservatoire des arts et métiers, membre du conseil d'État, délégué des colonies, commissaire du gouvernement près des Chambres, enfin quelques jours ministre de la marine. Pair de France sous Louis-Philippe, il était, dès le début, sénateur sous Louis-Napoléon. Il a ainsi survécu à cinq régimes, a tout été et tout su, — sauf faire le nœud de sa cravate et parler d'une façon amusante.

Fils d'un ancien membre des assemblées législatives, élève favori de Monge, il protesta publiquement quand il vit le nom de Carnot sur les listes de proscription dressées à la demande de l'étranger et sollicita l'honneur de défendre son illustre ami, s'il était traduit en justice. Il perdit volontairement le bénéfice des souscriptions du ministère aux ouvrages qu'il publiait sur la Grande-Bretagne afin de pouvoir conserver toute son indépendance d'écrivain et de critique. Il inaugura, à Paris, l'enseignement professionnel, estimant qu'éclairer les esprits, c'est les affranchir, et que la liberté n'a pas de pire ennemie que l'ignorance. Enfin, il se fit toujours honneur d'avoir figuré, en 1830, au nombre des 221.

Comme parlementaire, c'était le membre le plus studieux des Chambres les plus actives. De 1827 à 1837, il était intervenu dans la discussion de cent lois; il avait été élu membre de cinquante commissions, et choisi trente fois comme rapporteur.

Ayant toujours eu des habitudes pieuses et des opinions modérées, il devint au Sénat du second empire encore plus catholique et plus conservateur; néanmoins il ne reniait ni son passé ni ses anciens dieux, — ce qui, par ce temps d'apostasie, était d'un brave cœur et d'un esprit ferme!

Le baron Charles Dupin avait un aspect sympathique : le corps petit et mince; le nez long et droit; le front haut et ridé par l'effort multiple de la pensée; l'œil observateur; des cheveux gris retombaient sur un côté du visage, et la bouche était largement fendue, comme pour parler plus facilement. Hélas! voilà l'ombre au tableau; il parlait beaucoup, il parlait trop, il parlait toujours; c'était une inondation de périodes, un déluge de mots. On admirait sa science; on aimait sa personne; mais on redoutait sa loquacité.

Voici les observations que, dévoué sans être courtisan, le baron Charles Dupin présenta avec la même inutilité que Cassandre, de mélancolique mémoire :

Dans ce moment-ci, il y a une tendance excessive à priver un grand corps, qu'on a laissé subsister, du peu de prérogatives qui lui restent, et des plus inoffensives.

Si on avait supprimé l'institution, il n'y aurait rien à dire ; mais, puisqu'elle est conservée, il ne faut pas lui ravir ce qui est son essence, sa vie. Cela serait impolitique ; cela serait une faute.

Il faut prévoir l'avenir. On n'est pas toujours au lendemain d'un triomphe!

Dans un moment lointain, — très lointain, si l'on veut, — des difficultés peuvent naître.

On va voter un sénatus-consulte où se trouvent plusieurs dispositions très restrictives des facultés déjà si restreintes du Corps législatif. Le Sénat doit être avare des dispositions d'un tel genre. Il ne saurait admettre que celles qui sont absolument indispensables.

Le droit d'avoir un procès-verbal officiel contenant, avec les votes, le résumé des opinions n'a jamais cessé d'appartenir à toutes les assemblées délibérantes qui se sont succédé dans notre pays. Le Sénat ne voudra pas dépouiller le Corps législatif de ce droit consacré par la raison et par le temps, droit sans danger pour le gouvernement.

Le Sénat saura ne pas se laisser entraîner à une sorte d'immolation générale à l'égard d'un corps qu'il faut se concilier dès l'instant qu'on maintient son existence.

Le Sénat ne ferait pas une chose prudente et sage, si, peu de mois après la mise à exécution d'une constitution, il en reprenait chacune des parties pour supprimer les dispositions favorables aux grands corps de l'État.

Il y eut un autre Sénat qui, dans le grand siècle d'Auguste, prit une part fortunée au gouvernement. Après les quarante ans du règne immortel de ce premier empereur, il advint un autre règne où le Sénat a été traîné dans la boue, et où il a finalement été victime, parce qu'il ne sut rien défendre à propos. Sachons accepter les enseignements de l'histoire.

Malgré ces objurgations, plus raisonnables qu'éloquentes, le Sénat passa au vote. Le scrutin révéla qu'il n'y avait que *sept opposants*. Ces indépendants eussent mieux mérité que ceux de 1869 à la Chambre (adversaires de la liberté, ceux-là!) l'épithète de « Sept Sages de la Grèce ».

Voici leurs noms, d'après le procès-verbal :

Ont voté contre :

MM.

Audiffret (le marquis d');
Baraguey d'Hilliers (le général comte);
Beaumont (le comte de);
Boulay de la Meurthe (le comte);
Croix (le marquis de);
Husson (le général);
Ségur d'Aguesseau (le comte de).

Au scrutin, M. Charles Dupin avait disparu, comme eût fait son aîné et comme a fait tout le temps la majorité des députés du second empire. Il avait vu le bon et le juste; mais, dans le scrutin, il embrassait le mauvais parti, — après en avoir, tout au long, exposé les inconvénients.

Napoléon III, tant qu'il conserva ses facultés intactes, posséda un don plus instinctif que raisonné : le flair spécial du véritable état de l'opinion démocratique, c'est ce qu'il appelait lui-même avoir « *l'oreille fine* ».

Il sentait vaguement qu'il avait quelque peu forcé la note et dépassé la mesure en présentant le sénatus-consulte du 25 décembre. Le pays, qu'il était en train de maîtriser, lui faisait l'effet d'un de ces chevaux à caprices qu'on risque de rendre vicieux en les tenant trop en rênes ; il résolut donc de « rendre la main », et, comme il disposait du règlement de la Chambre, il se décida à consentir de ce côté quelques améliorations de détail, faisant sonner si haut cette générosité qu'on semblait lui devoir encore de la reconnaissance !

L'un après l'autre, MM. de Kerdrel et de Montalembert avaient, devant la Chambre, signalé les inconvénients pratiques résultant d'une mauvaise organisation des bureaux. Pour toute la durée de la session, c'était le membre le plus âgé qui était chargé des fonctions de président ; c'était le membre le plus jeune qui devait faire office de secrétaire. Mais, parfois, les présidents, à raison même de leur vieillesse, manquaient d'autorité, et les secrétaires n'avaient aucune aptitude pour leur rôle. En mettant un terme à cet état de choses, en substituant des présidents et des secrétaires élus à des présidents et à des secrétaires d'âge, l'empereur fit une réforme à la fois utile aux affaires et sans danger au point de vue politique.

Les orateurs indépendants avaient aussi signalé le triste sort fait aux amendements législatifs qui, ayant besoin de l'approbation préalable du conseil d'État, étaient soumis aux sections ou à l'assemblée générale sans que personne fût là pour les défendre, malheureux enfants abandonnés de leurs pères naturels. Napoléon III ne vit aucun inconvénient à ce que les commissions parlementaires, plus soucieuses du succès de leurs amendements que du soin de leur dignité, usassent du droit de déléguer humblement près du conseil d'État des avocats d'office chargés d'obtenir les circonstances atténuantes pour les textes suspects du palais Bourbon.

Le pouvoir n'avait rien à perdre non plus à ce que le Corps législatif pût, dans les questions importantes demandant des études approfondies et des compétences diverses, élire deux commissaires au lieu d'un par bureau. Là encore, Napoléon III se fit honneur d'un libéralisme qui ne lui coûtait rien.

Mais, si l'empereur était lent dans ses résolutions, il était tenace dans ses rancunes. En touchant au décret organique sur les rapports des pouvoirs publics, il s'accorda une dernière satisfaction, ce fut de mettre à néant, par un texte exprès, la résolution votée par le Corps législatif dans la session de 1852, et en vertu de laquelle la dotation des sénateurs était regardée comme n'ayant pas un caractère suffisamment inamovible et viager. Napoléon III montrait ainsi à la Chambre qu'il avait remarqué et retenu tout ce qui s'était dit dans ses débats. L'opposition, il l'avait réprimée; les périls, il y avait pourvu; les concessions insignifiantes, il les avait faites de lui-même.

L'empereur venait de prouver qu'il ne laissait pas les injures impunies. Il voulut montrer qu'en revanche, aucun service ne restait avec lui sans récompense.

M. Troplong venait d'être appelé à la première présidence de la cour de cassation et allait être nommé président du Sénat. M. Mesnard devait être imposé à l'Institut en dehors de l'élection réglementaire. M. Baroche qui, depuis le 24 octobre, recevait un traitement de 100 000 francs, fut autorisé à prendre désormais le titre de ministre-président du conseil d'État. M. Rouher, qui n'était jusque-là que président de section, fut élevé au rang de vice-président (décret du 30 décembre 1852). Enfin, tous les sénateurs, sans distinction de services et de besoins, étaient pourvus d'une dotation viagère de 30 000 francs. Chacun avait ainsi sa part!

Désormais, Napoléon III avait une réputation établie de maître qu'on gagne à servir, qui soutient ses représentants, n'oublie aucun concours et appelle à lui toutes les ambitions : politique habile, et qui ne prête à la critique que parce qu'elle était un instrument de popularité au profit du césarisme.

Décidément, on entrait dans un autre ordre de choses.

L'empire autoritaire faisait son apparition en scène par les intrigues de cour, la résurrection de l'étiquette monarchique, et une émulation de dépenses qui mettait la corruption dans la société, en attendant qu'elle y introduisît la gêne.

Désormais, ce n'était plus sur la politique qu'on discutait, mais sur les préséances. Plus de débats publics au palais Bourbon; mais fêtes sur fêtes au palais des Tuileries. Le parlementarisme, vieux joujou brisé! le cérémonial, voilà le nouveau hochet à la mode!

La grave question du costume se présentait la première:
— Serait-on admis, dans les réunions officielles, en frac

ou en « habit habillé? » M. Sandfort, chargé d'affaires des États-Unis, croyait nécessaire, avant de se rendre en habit noir dans un bal, de sonder d'avance M. Drouyn de Lhuys, ministre des affaires étrangères, sur ce point délicat. Les journaux étrangers, n'ayant plus rien à dire de nos affaires intérieures, apprenaient à l'Europe que les maréchaux Magnan et Saint-Arnaud, le général de Lawœstine, commandant de la garde nationale, et M. de Nieuwerkerke étaient revenus à la culotte courte. M. de Maupas se signalait par une initiative hardie : il importait en France l'habitude anglaise de poudrer les cochers. Le *Moniteur*, lors de l'apparition de l'*Almanach impérial*, publiait un *erratum* pour restituer à MM. Billault, Baroche et Troplong le titre d'*Excellence* omis devant leur nom.

Mais ce luxe excessif de surface, ce vernis superficiel de beau monde déguisait mal une certaine bassesse de nature et une férocité d'appétits, dès longtemps aiguisée par le besoin mélangé à l'envie.

C'était le Bas-Empire qui recommençait ; mais le Bas-Empire finit par l'invasion des Barbares !

FIN

LISTE DES PORTRAITS

CONTENUS DANS CE VOLUME

A

ALBUFÉRA (duc D'), 148.
ALLARD (général), 219.
ANCEL, 148.
ANDELARRE (marquis D'), 88.

B

BACCIOCHI (comte), 297.
BARAGUEY D'HILLIERS (général comte), 268.
BAROCHE, 321.
BILLAULT, 42, 56.
BINEAU, 316.
BOINVILLIERS, 222.
BONJEAN, 209.
BOUDET, 232.
BOUHIER DE L'ÉCLUSE, 33, 85.
BOULAY DE LA MEURTHE (comte), 327.
BRENIER (baron), 224.
BUCHER DE CHAUVIGNÉ, 107.
BUSSIÈRE (baron DE), 191.

C

CALVIÈRES (marquis DE), 107.
CASABIANCA (DE), 174.
CHARLEMAGNE, 192.
CHASSELOUP-LAUBAT (comte DE), 40, 100, 148, 176, 217.
CROUSEILHES (baron DOMBIDEAU DE), 266.

D

DEVINCK, 26, 116.
DUPIN (baron Charles), 335.
DURFORT-CIVRAC (comte Henri DE), 32.

E

ESPINASSE (général), 217.

F

FLAVIGNY (comte DE), 148.
FOULD (Achille), 263.

G

GOUIN, 95, 149.

Granier de Cassagnac, 66.
Guyard-Delalin, 25, 65.

J

Jérôme (le prince), 259, 279.

K

Kerdrel (Audren de), 33, 105, 237.
Kervéguen (vicomte de), 198.

L

Lanquetin, 27.
Leconte, 149.
Legrand (Pierre), 34.
Lemercier (Vicomte Anatole), 149.
Lequien, 149.
Levavasseur, 244.
Louvet, 149, 181.

M

Magne, 246.
Mathieu (cardinal), 271.
Mercier (baron), 205.
Mesnard, 286.
Montalembert (comte de), 118, 226.
Morny (comte de), 9.
Mortemart (marquis de), 107.
Mortemart (vicomte Henri de), 148.

N

Napoléon III, 2, 48, 165, 275, 291, 310, 340.
Napoléon (prince), 278.

P

Parieu (Esquirou de), 165.
Persigny (comte Fialin de), 9, 179.
Perret, 29, 169, 207.

R

Roques-Salvaza, 241.
Rouher, 330.
Rudel du Miral, 76.

S

Ségur d'Aguesseau (comte de), 318.
Stourm, 171.

T

Talhouët (marquis de), 149.
Thorigny (de), 195.
Thouret (Antony), 46.
Tour (vicomte de La), 145.
Troplong, 280.

U

Uzès (duc d'), 148, 204.

V

Véron (docteur), 71.
Veuillot (Louis), 143.
Vuitry, 184.

TABLE DES MATIÈRES

I. — PREMIÈRE COMPOSITION DU CORPS LÉGISLATIF ET DU SÉNAT

Coup d'œil sur la France après le 2 Décembre. — Changement d'attitude de MM. de Morny, Rouher, Magne et Fould. — Opinion de Victor Hugo sur le coup d'État. — Portrait de Louis-Napoléon. — Ignorance des contemporains sur le vrai caractère de l'acte du 2 Décembre. — Parallèle entre MM. de Morny et de Persigny. — M. de Morny, qui a accepté la responsabilité du coup d'État, refuse celle des décrets sur les biens de la famille d'Orléans. — Deux circulaires et deux esprits différents. — Tableau des élections de 1852. — Appel d'un faux ouvrier à ses *frères*. — Le vote des invalides transformé en exercice militaire. — Curieuse circulaire administrative en faveur de M. Billault. — Candidatures de protestation de MM. Cavaignac, Carnot et Goudchaux, à Paris; de M. Hénon, à Lyon. — Double rencontre de deux destinées : Cavaignac et Louis-Napoléon. — Influence inattendue du journal *le Siècle*. — Nomination dans l'Ouest de trois opposants royalistes. — Un pâle prédécesseur des *Cinq*. — Premières nominations au Sénat. — Le prince Jérôme président du Sénat. — Parallèle entre MM. Billault et de Chasseloup-Laubat. — Nomination de M. Billault à la présidence du Corps législatif. — Origine de la haine de Louis-Napoléon contre la tribune.. 1

II. — SESSION ORDINAIRE DE 1852
AU CORPS LÉGISLATIF AVANT LE BUDGET

Mesures autoritaires de Louis-Napoléon avant la réunion du Corps législatif. — Règlement du budget par simple décret. — Ouverture de la session. — Discours du prince président. — Allocution de M. Billault. — Lettre de protestation de MM. Cavaignac, Carnot et Hénon. — Escarmouches entre légitimistes. — Une Chambre qui n'a rien à faire. — Intervention de M. Granier de Cassagnac dans la loi de réhabilitation. — Les débuts oratoires du docteur Véron. — L'indépendance de M. Rudel du Miral. — Loi de *sûreté générale à l'extérieur*. — La littérature française en dehors des frontières. — Traité d'extradition avec l'Angleterre. — Entente du gouvernement avec les royalistes contre le *parti du crime*. — Un cœur généreux. — Intervention toute judiciaire de M. Pierre Legrand. — L'opposition diplomatique du marquis d'Andelarre. — Échec du traité d'extradition devant la Chambre des lords. — La loi du 4 juin disparaît dans les cartons du conseil d'État.. 49

III. — SUITE DE LA SESSION ORDINAIRE DE 1852. —
LE BUDGET DE 1853

I. EN COMMISSION. — Liste des vingt et un membres de la commission du budget. — Élection de M. Gouin comme président de la commission. — Indépendance sans hostilité. — Le rapport de M. de Chasseloup-Laubat sur les dépenses. — Un programme prématuré de politique libérale. — Campagne du *Siècle* en faveur de la commission......... 93

II. EN SÉANCE PUBLIQUE. — 1° *Discussion générale du budget*. — M. de Kerdrel et le parti légitimiste au sein du Corps législatif. — Le parfait candidat officiel. — M. de Montalembert parle pour la première fois. — Sa jeunesse, son caractère, son talent. — Catholique et aristocrate, était-il libéral? — Son adhésion au coup d'État d'accord avec M. Louis Veuillot. — Sa rupture avec le gouvernement de Louis-Napoléon. — Explications données à ce sujet par les écrivains dévoués à l'Élysée. — Sa défense par Berryer. — Raisons véritables de la rupture. — Lutte transportée du domaine religieux sur le terrain politique. — Catholiques et ultramontains. — Parallèle entre MM. de Montalembert et Louis Veuillot. — Le seul orateur des ultramontains pendant la première législature. — Le *coin des indépendants*. — Essais infructueux de M. de Montalembert pour y puiser les éléments d'un véritable parti politique. — Son discours du 22 juin 1852. — Le prince Louis-Napoléon assiste à la séance; sa colère concentrée. — M. Perret reproduit, sous une forme moins agressive, les arguments de M. de Montalembert. — Leçon donnée à la commission du budget par le ministre d'État. — Résolution du prince président de dissoudre la Chambre. — Observations des ministres. — Le prince se réserve de prendre d'autres mesures. — Vote par le Corps législatif de l'impression du discours de M. de Montalembert. — M. Louvet donne enfin une formule exacte aux vœux politiques et budgétaires des *indépendants* (23 juin)................. 101

2° *Discussion des chapitres du budget (Dépenses)*. — Modification des dispositions personnelles de M. de Chasseloup-Laubat. — La dotation du Sénat est, malgré le gouvernement, changée de place au budget. — Il y a cinquante-sept opposants dans le scrutin pour les travaux du Louvre. — Le naufrage parlementaire d'un commissaire du gouvernement. — La commission demande la réduction des frais d'entretien de la garde nationale. — M. de Kerveguen en réclame la suppression totale. — Influence décisive de M. de Morny sur les résolutions de la majorité. — Question du ministère de police générale. — Le député qui a un secrétaire intelligent! — Un enthousiaste de la police. — M. Bonjean défend trop, puis abandonne le ministère de la police générale... 187

3° *Questions diverses*. — Incident Espinasse. — Provocation projetée par les officiers de l'état-major particulier du prince. — Une question indiscrète du comte de Flavigny sur les tarifs de douanes. — Réponse diplomatique. — Protestation de M. de Montalembert contre les décrets sur les biens de la famille d'Orléans, à propos des produits du domaine. — L'attitude de MM. de Kerdrel et de Montalembert, malgré leur bonne volonté, a nui à la cause de la liberté, plus qu'elle ne lui a servi...................... 217

IV. — FIN DE LA SESSION ORDINAIRE DE 1852

La loi relative aux interdictions de séjour dans le département de la Seine et l'agglomération lyonnaise. — Après avoir frappé les chefs, on veut tenir sous une étroite surveillance les soldats de l'armée démocratique. — Un commissaire du gouvernement ancien *carbonaro*. — La menace d'un coup de pied à M. Thiers. — Conseils au ministre de l'intérieur. — Résistance libérale opposée par MM. Bouhier de l'Écluse et de Kerdrel. — Un dévouement aphone. — M. de Morny enlève d'un mot le vote du Corps législatif. — Grandes lignes de chemin de fer. — Bruits de tripotages; accusations de *pots-de-vin*. — Intervention décisive de M. Magne; son discours obtient pour la première fois l'honneur de la publication *in extenso*. — Jalousie persistante entre les deux branches de la royauté. — Clôture de la session ordinaire de 1852. — Le manifeste de Louis-Napoléon contient une réponse écrite aux orateurs de l'opposition. — La pensée du rétablissement prochain de l'empire perce dans les derniers mots.................... 232

V. — SESSION ORDINAIRE DE 1852 AU SÉNAT

Les séances de la Chambre haute ont lieu, pour ainsi dire, *incognito*. — Le *roi Jérôme*. — Un courtisan du Danube. — Vote de l'augmentation de la liste civile du prince président. — Un vieux gentilhomme et un mauvais coucheur. — Un libéralisme tout relatif. — « M. de Besançon », *cardinal des armes*; son discours sur la mise à la retraite des officiers obtient, pour la première fois au Sénat, la faveur d'une reproduction intégrale. — Le droit de recevoir et de discuter les pétitions devient la plus importante des attributions du Sénat..................................... 250

VI. — SESSION EXTRAORDINAIRE DE 1852
TANT AU SÉNAT QU'AU CORPS LÉGISLATIF

Les Bonapartes et leur art de la mise en scène. — La comédie impériale au Sénat. — Retraite du prince Jérôme comme président. — Le monde officiel et le prince Napoléon. — Vœu du Sénat en faveur du mariage du chef de l'État. — M. Troplong autoritaire avant d'être bonapartiste. — Il se fait payer pour être de son avis. — Rapport concluant au rétablissement de l'empire. — Vote immédiat du Sénat. — Abstention unique du précepteur de Louis-Napoléon. — Les sénateurs se rendent à Saint-Cloud. — Allocution du premier vice-président, M. Mesnard, au prince président. — Le Corps législatif est convoqué comme commission de recensement du vote plébiscitaire. — Lettres de démission de deux députés royalistes. — Discours de M. Billault à l'empereur, dans la nuit anniversaire du 2 Décembre : « *Sire, la France se livre tout entière à vous!* » — Effusions attendries, et presque libérales, de Napoléon III. — La famille de Napoléon Ier. — Les princes au conseil d'État et au Sénat. — Dotation viagère et uniforme de 30 000 francs à tous les sénateurs. — Rancunes persistantes de l'empereur à la suite de la session ordinaire de 1852. — Suppression de tout contrôle budgétaire sur les dépenses. — Le Sénat surpris de ces restrictions inattendues. — Théorie brutale de M. Bineau. — Comment un sénateur de l'empire explique ses antécédents républicains. — M. Baroche et son adhésion au coup d'État. — M. Rouher à ses débuts. — Le loquace baron Charles Dupin prend la parole dans un sens, et vote dans un autre. — *L'oreille fine* de Napoléon III. — Il sait récompenser qui le sert. — L'étiquette de la nouvelle cour.......................... 275

FIN DE LA TABLE DES MATIÈRES

Imprimeries réunies, B, rue Mignon, 2.

NOUVEAUX OUVRAGES EN VENTE

Format in-8°.

DUC D'AUMALE — f. c.
Histoire des Princes de Condé, t. I à IV .... 30 »

A. BARDOUX
Madame de Custine, 1 vol. 7 50

DUC DE BROGLIE
Marie - Thérèse Impératrice, 1744-1746, 2 vol .... 15 »

DÉSIRÉ NISARD
Souvenirs et notes biographiques, 2 vol .... 15 »

EDMOND SCHERER
Melchior Grimm, 1 vol. 7 50

LUCIEN PEREY — f. c.
Histoire d'une grande dame au XVIIIe siècle. — La princesse Hélène de Ligne. — La comtesse Hélène Potocka, 2 vol .. 15 »

COMTE DE RAMBUTEAU
Lettres du maréchal de Tessé, 1 vol. 7 50

ERNEST RENAN
Drames philosophiques, 1 vol. .. 7 50
Histoire du peuple d'Israël, t. I 7 50

G. ROTHAN
La Prusse et son roi pendant la guerre de Crimée, 1 vol. 7 50

Format grand in-18, à 3 fr. 50 c. le volume.

ANONYME — vol.
La Neuvaine de Colette 1

L'AUTEUR DES HORIZONS PROCHAINS
Dans les prés et sous les bois 1

RENÉ BAZIN
Une Tache d'encre 1

PAUL BOURDE
En Corse 1

RHODA BROUGHTON
L'Amour esclave et maître 1

ÉDOUARD CADOL
Mariage de princesse 1

MARQUIS DE CASTELLANE
Madame Béguin 1

ÉDOUARD DELPIT
La Vengeance de Pierre 1

ALBERT DURUY
L'Armée royale en 1789 1

H. DE LA FERRIÈRE
Amour mondain, Amour mystique 1

A. GENNEVRAYE
Les embarras d'un capitaine de dragons 1

F. DE GIRODON-PRALON
Péché originel 1

GYP
Pauvres p'tites femmes ! 1

COMTE D'HAUSSONVILLE
Prosper Mérimée — Hugh Elliott. 1

H. LAFONTAINE — vol.
Thérèse ma mie 1

ANATOLE LEROY-BEAULIEU
La France, la Russie et l'Europe. 1

EUGÈNE MANUEL
Poésies du Foyer et de l'Ecole.... 1

ADRIEN MARX
Petits mémoires de Paris 1

DÉSIRÉ NISARD
Considérations sur la Révolution française et sur Napoléon Ier... 1

RICHARD O'MONROY
La Brune et la Blonde 1

PAUL PERRET
Après le crime 1

A. DE PONTMARTIN
Souvenirs d'un vieux Critique, 9e série 1

HENRY RABUSSON
Le Mari de madame d'Orgevaut.. 1

J. RICARD
La Course à l'amour 1

PIERRE SALES
Mariage manqué 1

L. DE TINSEAU
Ma cousine Pot-au-Feu 1

LOUIS ULBACH
La Belle et la Bête 1

Paris. — Imprimerie J. Cathy, 3, rue Auber.